本书系山东政法学院
出版基金资助出版

检察民事公益诉讼的理论、实践与制度完善研究

张　乾／著

法律出版社 LAW PRESS · CHINA
北京

图书在版编目（CIP）数据

检察民事公益诉讼的理论、实践与制度完善研究 / 张乾著. -- 北京 ：法律出版社，2024. -- ISBN 978 –7 –5197 –9214 –5

Ⅰ. D925.104

中国国家版本馆 CIP 数据核字第 2024L8X500 号

检察民事公益诉讼的理论、实践与制度完善研究
JIANCHA MINSHI GONGYI SUSONG DE LILUN、SHIJIAN YU ZHIDU WANSHAN YANJIU

张 乾 著

责任编辑 屈 瑶
装帧设计 臧晓飞

出版发行 法律出版社
编辑统筹 学术·对外出版分社
责任校对 晁明慧 王语童 裴 黎
责任印制 胡晓雅 宋万春
经 销 新华书店

开本 710 毫米×1000 毫米 1/16
印张 17.25 **字数** 241 千
版本 2024 年 11 月第 1 版
印次 2024 年 11 月第 1 次印刷
印刷 北京建宏印刷有限公司

地址：北京市丰台区莲花池西里 7 号（100073）
网址：www.lawpress.com.cn
投稿邮箱：info@lawpress.com.cn
举报盗版邮箱：jbwq@lawpress.com.cn

销售电话：010 –83938349
客服电话：010 –83938350
咨询电话：010 –63939796

书号：ISBN 978 –7 –5197 –9214 –5 **定价**：79.00 元

凡购买本社图书，如有印装错误，我社负责退换。电话：010 –83938349

前　言

公益诉讼制度是一项古老而又年轻的诉讼制度，说其古老是因为早在古罗马时期就出现了为保护社会公共利益而设立的市民公益诉讼；说其年轻是因为公益诉讼制度在我国一直处于缺位和探索状态，直到2012年《民事诉讼法》修改时才将其纳入，但也仅仅是框架性的原则规定。民事公益诉讼制度在2012年入法后并未发挥其应有的功能，易受侵害的国家利益和分散性社会公共利益仍未得到有效保护。因此，党的十八届四中全会提出探索建立检察机关提起公益诉讼制度，是直面公共利益保护不力现实的抉择。检察民事公益诉讼成为借力诉讼轨道整合国家和社会力量维护社会公共利益的重要途径，对推进国家治理具有重要意义。检察民事公益诉讼制度的确立作为本轮司法体制改革的重要成果，尽管社会公共利益的保护通过检察民事公益诉讼找到了最佳制度模式，但关于制度的完善还需要进一步研究，本书正是基于上述目的对检察民事公益诉讼的基本范畴、改革背景及理论基础、实践效果进行总结和论证，最后对制度的完善提出建议。

本书除了引言和结语外共分为5章，从检察民事公益诉讼制度的基本范畴、改革背景与理论依据、实践观察、评价及困境、制度完善依次展开研究，各部分的主要内容概括如下。

第一章围绕检察民事公益诉讼制度的基本范

畴展开,本书试图对相关概念进行辨析。公共利益作为一个政治学、经济学、法学中的原则性概念,得到了充分讨论和学术思考,但到目前为止还无法对公共利益进行立法上的精确定义,究其根源在于公共利益的内涵具有广泛性、不确定性、抽象性,是一个与公平正义、诚实信用等类似的概括性概念,但公共利益是真实存在的,可以通过公共利益的不确定性、公共性、整体性和程序性的基本属性以及与私人利益和国家利益的界分更好地理解其内涵和外延。公共利益确立的标准主要是公共福利和社会认同,反映的是人类社会最基本的一些价值取向和认同感,进行法律化转向后便成为司法保护的法益之一。《民事诉讼法》中有若干条款都规定了公共利益的内容,尤其以民事公益诉讼最为明显,民事公益诉讼背景下的公共利益主要限于典型的纯粹性公共利益,也即不特定多数人的利益,体现为较强的公共性和不可分性。通过比较考察,本书认为公益诉讼的内涵是指特定的主体对于侵害国家利益、社会公共利益的行为,在法律法规授权的前提下,依法向人民法院提起的诉讼。公益诉讼的特性主要体现在与私益诉讼的诉讼功能、原告资格、权利救济及裁判效力方面的差异中。在公益诉讼模式中,民事公益诉讼是重要的组成部分。检察机关作为公共利益的代表,负有维护国家利益和社会公共利益的职责,对涉及国家利益及社会公共利益的案件,检察机关有权提起诉讼成为世界上许多国家的普遍做法,2017 年我国《民事诉讼法》正式确立了检察民事公益诉讼制度,成为保护公共利益的重要方式。

第二章以改革背景与理论依据作为论证方向,本书认为检察民事公益诉讼制度的改革背景来自本轮的司法改革、国家监察体制改革、传统民事公益诉讼、国家治理的现实需要 4 个方面。通过比较分析,认为公益诉讼制度的政治基础在于政治参与,公民个人、社会组织都可以通过公益诉讼进行政治参与,实现一定的政治目的。在我国,检察民事公益诉讼是检察机关对社会组织及其他机关公益诉讼积极性不高的替代性补充,实质上仍然是一种政治行为。检察机关提起民事公益诉讼,有利于维护社会的公平正义,补强行政执法的不足,推进依法行政,实现国家治理体系和治理能力法治化,体现了新时代以人民为中心的发展思想的要求,是检察民事公益诉讼的哲学依据。关于检察民事公益诉讼的诉讼法理，本书认为是在福利国家的背景下，社会“法化”不足无法满足现代型纠纷的解决需求，现代型纠纷的产生带来了民事诉讼有关理论的突破，比如当事人适格理论，从根本上来说是社会治理司法化的路径需要，检察民事公益诉讼就是在诉讼理论突破的情况下为了缓解公共利益纠纷而产生的司法途径。检察机关通过提起民事公益诉讼履行法律监督职能，体现了宪法定位；检察机关借助诉讼轨道维护社会公共利益，维护民事法律的权威和尊严，保障法律统一正确实施，体现了法律监督的基本功能与价值。从履职姿态上来看，检察民事公益诉讼制度是一项更具主动性的诉讼职能，是检察机关以诉的形式履行法律监督职责的生动实践，其根本目的在于维护社会公共利益，社会公共利益归根结底是人民利益，因此能动检察成为新时代推动公益诉讼检察工作高质量发展的基本理念和理论基础。贯彻落实党的二十大报告作出的“完善公益诉讼制度”的部署，需要检察机关坚持能动检察，在工作理念、工作方法和技巧，以及目的和效果上保持积极主动的履职姿态，围绕解决人民群众急难愁盼的公益损害问题，积极稳妥地拓展公益诉讼案件范围，推进公益诉讼立法，不断满足人民群众对公平、法治、正义、安全、环境等方面的更高要求。

第三章围绕检察民事公益诉讼的实践情况进行了详细考察，本书试图对检察民事公益诉讼制度的实践效果作出合理评价。通过分析检察民事公益诉讼制度的历史发展脉络，对 2016 年以来检察公益诉讼的总体办案数据和具体实践情况进行观察，认为检察民事公益诉讼制度的功能逐步得到体现，生态环境、资源等国家和社会利益得到有效保护，公益保护的体系不断完善，检察公益诉讼制度弥补了传统公共利益保护诉权主体不足的缺陷，公共利益保护的规范初步形成。同时，以黄河流域生态保护为例，本书对检察公益诉讼在黄河流域生态保护中的具体实践、存在的问题及其成因进行了分析，并对黄河流域生态保护检察公益诉讼制度的完善提出了建议。

第四章围绕检察民事公益诉讼制度的评价、困境与展望展开。经过对检察公益诉讼的实践情况进行总结，得出中国特色公益司法保护之路初步形成的结论，其功能体现在保护公共利益、执行法律、形成公共政策、促进社会治理等方面。在检察民事公益诉讼制度的具体实践中，形成了恢复性司法理念、“保障法律统一正确实施”的善治理念、公平效率理念、双赢多赢共赢理念、补充司法理念等，本书着重对双赢多赢共赢和补充司法理念进行阐释。通过规范分析检察民事公益诉讼制度的规范面貌，根据检察民事公益诉讼的实践运行情况提出了制度目前存在的一系列困境，并对制度在国家治理体系中的角色定位、案件范围拓展、体系化建设进行了规划。

第五章围绕检察民事公益诉讼制度的完善展开。本书从中国式现代化的基本理论入手，分析了法治在中国式现代化中的逻辑意蕴，认为检察公益诉讼制度是中国式现代化在法治领域的具体实践。围绕着检察民事公益诉讼程序构建的逻辑起点，从诉讼主体、诉权基础、诉讼程序和诉讼权利义务方面剖析了检察民事公益诉讼与传统民事诉讼的差异，本书认为检察民事公益诉讼的根本目的在于保护社会公共利益，传统民事诉讼程序已经无法适应公益诉讼解决社会公共利益纠纷的需要。从构建民事诉讼的程序体系出发，案件决定程序的基本理念要求根据不同的社会纠纷类型设置不同的程序规则，将检察民事公益诉讼定位为一种相对独立的特殊程序显然更合适，程序的构建应该坚持公共利益最大化、注重效率、程序公正、检察克制等方面的基本原则，并提出从诉权、诉讼标的、诉讼攻击防御和既判力几个方面对程序完善进行理论上的反思与构造。根据检察公益诉讼制度的立法实践及其特点，分析了检察公益诉讼专门立法的基本路径，并着重对案件范围拓展的基本路径和社会公共利益保护体系的构建规划提出了初步思考。

目　录

引　言

一、问题的提出

检察机关提起民事公益诉讼是借助诉讼轨道整合国家和社会力量维护社会公共利益，对推进国家治理体系和治理能力现代化具有重要意义。但由于检察民事公益诉讼是一项年轻的诉讼制度，从试点到目前为止尚有很多问题未进行充分的理论论证，制度塑造缺乏理论上的支撑。特别是在实践中，检察机关在民事公益诉讼中的定位，程序规则与传统私益诉讼程序规则的冲突，案件范围的扩展，检察民事公益诉讼理论体系、程序规则的构建，立法供给的完善和未来发展等问题都需要从理论和实践方面进行研究、探讨。同时，党的二十大报告专门强调“完善公益诉讼制度”，这对检察民事公益诉讼的完善提出了新的更高要求，如何贯彻落实党的二十大精神，不断完善公益诉讼制度，需要从检察民事公益诉讼的基础理论入手，通过对实践情况进行考察，对制度完善提出建议和借鉴。

二、研究价值及意义

检察公益诉讼作为本轮司法体制改革的重要内容，是全面依法治国的重大举措，是对以人民为中心理论的基本回应，是检察制度的重要理论和实践创新，也是新时代检察工作的发力点。通过检察公益诉讼将公共利益纳入司法保护范围，体现了国家干预的基本原则，增强了公共利益保护的刚性，解决了一批长期困扰人民群众的生态环境、食品药品安全等问题，对于推动国家治理，实现社会公平正义具有重要意义。检察公益诉讼作为一种新型诉讼模式，显示出强大的生命力和价值，也带来了一些急需理论界研究的难点和问题。

公益诉讼对公共利益的保护具有重要作用，我国的国情和基本政治制度决定了检察机关在公共利益保护中的特殊地位。检察民事公益诉讼成为借助诉讼轨道整合国家和社会力量维护公共利益的重要途径，但检察公益诉讼制度的塑造和完善仍然是一个漫长的过程，因此研究检察民事公益诉讼制度能够丰富检察基础的理论成果，丰富检察学的研究内容，完善检察学乃至司法学的学科建构，为制度的塑造和完善提供理论支撑，也能够为制度发展提供指引，具有重要的实践意义。对于贯彻落实党的二十大报告作出的“完善公益诉讼制度”部署，完善我国公益司法保护制度具有重要价值。

三、文献综述

检察民事公益诉讼作为新型诉讼模式，打破了传统私益诉讼规则体系，是一种特殊的公益诉讼制度。2012 年《民事诉讼法》修改时将公益诉讼纳入其中，但仅仅是框架性的原则规定，民事公益诉讼制度入法后并未发挥其应有的功能，易受侵害的国家利益和分散性社会公共利益仍未得到有效保护。在这种情况下，十八届四中全会首次提出探索建立检察机关提起公益诉讼制度，既是直面公共利益保护不力现实的正确抉择，也是现有体制下现实而恰当的选择，由于检察民事公益诉讼制度产生的时间较短，因此会出现理论供给不足的困境。从目前的理论研究来看，检察民事公益诉讼制度经历了理论研究、试点探索到立法确立再到制度塑造的形成过程，围绕着检察民事公益诉讼制度形成和塑造理论界进行了充分的理论探索。

2015 年 7 月，根据全国人大常委会的授权，检察机关开始公益诉讼试点工作，至此，检察机关提起公益诉讼有了法律依据。在此之前，理论界围绕检察公益诉讼制度确立的必要性、可行性、依据、焦点问题及质疑等展开了论证与争论，这一时期的代表性研究成果主要涉及以下内容：一是赋予检察机关公益诉权的必要性、可行性。检察机关提起公益诉讼是世界各国的通例，同时各国也采取了不同的公益诉讼模式,尤其是美国的公益诉讼具有特殊功能,因此应当赋予检察机关公益诉权。[①] 二是诉讼地位问题。从民事诉讼的两造对立基本结构和当事人理论来看,检察机关的诉讼地位应该属于原告和形式的正当当事人。[②] 三是检察机关享有环境民事公益诉权的法律依据。国家积极作为和国家辅助性理论及法定诉讼信托理论是环境民事公益诉讼中检察担当的理论基础。[③] 四是检察民事公益诉讼的困境。困境主要体现在民事公益诉讼的受案范围模糊、具体程序规则缺失等方面,检察机关民事公诉权应由立法赋予和认可。[④] 五是检察民事公益诉讼的程序构建。主要围绕主体资格、举证责任分配、归责原则、调解和解程序适用、行政执法与公益诉讼程序的衔接进行了论证。[⑤] 还有学者从反面角度否定建立检察民事公益诉讼制度,认为与国家机构职能设置的合理性不符,纯属多余,同时检察机关加入民事公益诉讼会扭曲民事诉讼的程序构造,引发检察机构的无限膨胀,因此,反对建立检察民事公益诉讼制度。

这一时期的理论研究文献,主要围绕公益诉讼主体资格,中外比较,法理基础论证建立该制度的必要性、可行性进行论证,也有极少数学者从反面否定建立检察民事公益诉讼制度。有些理论研究文献对制度的确立具有重要意义,提供了智力支持,在检察民事公益诉讼制度确立后仍需要从国家治理,社会主要矛盾的变化,司法体制改革等方面补充论证制度的产生背景和基础,从研究的深度、研究的前瞻性及学科交叉方面进行完善,本书也将在已有理论研究的基础上从上述方面进行论述。

全国人大常委会于 2015 年 7 月作出的试点授权决定标志着检察机关提起公益诉讼有了法律依据。2017 年 6 月 27 日,全国人大常委会作出修改法律决定,以法律形式固定检察公益诉讼制度,标

---

① 参见汤维建:《论检察机关提起民事公益诉讼》,载《中国司法》2010 年第 1 期。

② 参见江伟、杨剑:《检察机关提起民事公益诉讼若干问题探讨》,载《国家检察官学院学报》2005 年第 5 期。

③ 参见蔡彦敏:《中国环境民事公益诉讼的检察担当》,载《中外法学》2011 年第 1 期。

④ 参见洪浩、邓晓静:《公益诉讼中检察权的配置》,载《法学》2013 年第 7 期。

⑤ 参见孙洪坤:《检察机关参与环境公益诉讼的程序研究》,法律出版社 2013 年版,第 267 页。

志着检察公益诉讼制度的正式建立。因此,2015 年以来的理论研究主要是围绕检察公益诉讼试点探索期间的问题、成效、程序构建及制度塑造展开的,形成了许多有价值的研究成果。有代表性的观点主要涉及以下内容:

第一,检察民事公益诉讼的试点情况。试点中面临的现实困境主要体现为起诉阶段作为原告的合法性以及合理性问题,诉中阶段的诉讼结构和处分权问题,诉后阶段的效力和既判力扩张问题。检察公益诉讼司法实践的探索历程符合我国的利益格局和"国家—社会形态",体现了法律监督机构的宪法定位与职能回归,是检察公益诉讼制度的独特性要求。①

第二,民事公益诉讼的基本理论问题。有学者以理论基础为出发点,认为民事公益诉讼的法哲学基础包括古典主义法律思想、进步主义法律思想、法律现实主义和法律程序主义;认为民事公益诉讼的政治学基础是公共领域与社会的功能、社会的公共利益代表机制和民权与公民自由运动,其政治意味更重,强调政治参与和公益维护,因此民事公益诉讼是社会的法律实践;认为民事公益诉讼的诉讼法学基础是民事诉讼机能与传统民事诉讼的定位,民事诉讼机能的扩张突破了传统民事诉讼当事人适格理论和既判力理论,进而带来了民事公益诉讼。同时,对民事公益诉讼的完善应当从三个方面展开:一是诉讼激励机制,我国民事公益诉讼的"成本—收益"机制不合理,需要克服在民事公益诉讼中的成本负担障碍、控制滥诉问题;二是原告资格问题,对社会组织和公民个人提起民事公益诉讼进行理论研究;三是民事公益诉讼程序的健全,从司法管辖、证据规则、特定程序保障和判决效力方面进行完善。② 还有学者主张应当在既有民事诉讼基本理论的基础上,对环境民事公益诉讼的诉讼目的、诉权、诉讼构造、诉讼标的、既判力等基本理论进行重新思考,

① 参见白彦:《检察机关提起公益诉讼的现实困境与对策研究》,载《法学杂志》2016 年第 3 期;刘辉、姜昕:《检察机关提起民事公益诉讼试点情况实证研究》,载《国家检察官学院学报》2017 年第 2 期;刘艺:《检察公益诉讼的司法实践与理论探索》,载《国家检察官学院学报》2017 年第 2 期。

② 参见白彦:《民事公益诉讼理论问题研究》,北京大学出版社 2016 年版,第 51 页。

认为环境民事公益诉讼之目的在于保护不特定多数人所共享的不可分割的公共利益，即环境公共利益；诉权方面，民事公益诉讼的诉权在性质上是公益保护请求权，在诉权主体方面，国家机关、自然人和社会组织都应该有权提起环境民事公益诉讼；在环境民事公益诉讼的诉讼构造方面，程序构造体现了较强的职权主义色彩，法院成为诉讼程序的积极管理者和推进者；在诉讼标的方面，环境民事公益诉讼的诉讼标的就是当事人诉的声明中所表达的公共利益；在既判力方面，环境民事公益诉讼终局判决的时间范围、主观范围和客观范围均对传统私益诉讼的既判力理论进行了突破。①

第三，检察民事公益诉讼的制度完善。有学者从行政权与司法权关系的基本理论出发分析了我国环境公益诉讼的发展方向，主张为了完善环境法治，需要维持行政权与司法权的动态平衡关系，行政权具有保护环境的优势，需要充分尊重行政执法权的权威性，防止司法权的不当干预和越位，同时环境法治的建立也离不开司法权的监督作用，明确环境行政公益诉讼与环境民事公益诉讼的主次关系，更好地发挥环境行政公益诉讼对行政权的监督制约作用。② 有学者认为，检察机关提起民事公益诉讼具有理论基础，是保护公共利益的现实需要；根据公共利益的类型，检察机关提起民事公益诉讼所保护的公共利益应该主要限于纯粹性公共利益；并从起诉条件、诉讼地位、诉讼权利等方面进行了程序设计。③ 有学者对检察民事公益诉讼的诉前程序进行了研究，认为诉前程序的功能在于补强社会组织的诉讼能力，其特性表现在适用的法定性、履行方式的特定性、后续衔接的强制性，并对检察民事公益诉讼诉前程序的入法路径进行了详细阐释。④

检察机关在民事公益诉讼中的诉讼地位一直是理论界和实务

---

① 参见段厚省：《环境民事公益诉讼基本理论思考》，载《中外法学》2016 年第 4 期。

② 参见王明远：《论我国环境公益诉讼的发展方向：基于行政权与司法权关系理论的分析》，载《中国法学》2016 年第 1 期。

③ 参见刘华英：《检察机关提起民事公益诉讼的制度设计》，载《当代法学》2016 年第 5 期。

④ 参见刘加良：《检察院提起民事公益诉讼诉前程序研究》，载《政治与法律》2017 年第 5 期。

界争议较大的问题,有学者提出了检察机关与民事诉讼程序的协调方案,从不同的诉讼阶段对检察机关的称谓进行了设计,主张检察机关在一审程序中是原告,在二审程序中是上诉人或被上诉人,在审判监督程序中是抗诉机关或者被申请人,同时对检察机关支持起诉的地位等问题进行了理论论证。① 有学者主张应当完善公益诉讼起诉主体制度,未赋予个人提起环境公益诉讼的资格存在缺陷,体现为社会组织和国家机关的诉讼积极性不高,尽管个人提起公益诉讼可能存在滥诉、主体诉权冲突等问题,但是可以在遵循救济穷尽和预防性原则的基础上通过相应的程序设计予以克服,进而通过立法明确赋予公民个人提起公益诉讼的权利。② 公益诉讼与私益诉讼的关系问题也是理论界研究的重点,有学者分析了环境民事公私益诉讼并行审理的困境与出路,检讨和反思了我国现行环境民事公私益诉讼的分离审理模式,对环境公私益诉讼的审理方案进行了构建,认为环境公益诉讼应当通过建立强制性合并制度、为诉讼实施权赋权予以融合,在审理程序构造方面实行分阶审理,最终实现环境侵害引发的公私益诉讼合并审理,确保纠纷的一次性解决。③ 检察公益诉讼制度包括民事公益诉讼和行政公益诉讼,诉讼竞合是实践中经常遇到的问题,对此理论界进行了积极回应,有学者认为检察公益"两诉"在性质上是同一的,两者存在大同小异、重叠交叉关系,应通过衔接机制形成两者的"互补"关系,在完善司法解释时明确"两诉"诉前、诉中和诉后衔接机制。④ 还有学者对民事公益诉讼的案件范围、边界、诉讼程序等疑难问题进行了分析,提出了完善建议。⑤

通过对前述有关理论研究的综述来看,学者们围绕检察公益诉讼试点中及制度发展过程中出现的问题、面临的困境进行了大量研

① 参见李浩:《论检察机关在民事公益诉讼中的地位》,载《法学》2017 年第 11 期。

② 参见蔡辉:《论我国公益诉讼起诉主体制度的完善》,载《江西师范大学学报(哲学社会科学版)》2018 年第 5 期。

③ 参见张旭东:《环境民事公私益诉讼并行审理的困境与出路》,载《中国法学》2018 年第 5 期。

④ 参见巩固:《检察公益"两诉"衔接机制探析——以"检察公益诉讼解释"的完善为切入》,载《浙江工商大学学报》2018 年第 5 期。

⑤ 参见柯阳友:《民事公益诉讼重要疑难问题研究》,法律出版社 2017 年版,第 176 页。

究，提出了有针对性的措施，围绕检察民事公益诉讼制度的塑造从基本理论、制度设计、发展方向等方面提出了建议，具有重要意义。但是，关于检察民事公益诉讼制度实践效果的评估、制度的功能定位、理论基础、制度的完善、未来面向等方面亟须进行深入的研究，这是本书需要着重解决的问题。

实践通常走在理论和立法的前面，检察民事公益诉讼虽然已通过立法确立，公益保护通过检察公益诉讼找到了最佳制度模式，但是关于检察民事公益诉讼的理论和制度完善研究需要进一步深入。特别是党的二十大报告专门强调“完善公益诉讼制度”，这对检察民事公益诉讼制度的完善提出了新的更高要求，贯彻落实党的二十大精神，完善公益诉讼制度，为保护国家利益、社会公共利益和服务保障中国式现代化提供更好的检察产品仍是需要深入研究的课题。当前，实践中检察民事公益诉讼与公益诉讼的规则体系产生了冲突，而公益诉讼又对传统的私益诉讼规则体系产生了冲击，在检察民事公益诉讼制度的塑造过程中需要充分考虑公益诉讼程序规则的特殊性，根据检察机关特殊主体的角色地位和法律监督的宪法定位，考虑检察民事公益诉讼需要什么样的特殊性诉讼制度和程序规则，这些特殊性诉讼制度和程序规则是否能够与公益诉讼和传统的民事诉讼相融合。因此，本书将围绕检察民事公益诉讼制度的基本范畴、理论基础、制度完善等问题通过相关学科的基础理论展开深入探索，借鉴国内外前沿理论和实践进行实证、交叉研究，以期为检察基础理论研究和检察民事公益诉讼制度的塑造提供理论支持。

四、主要研究方法

本书立足于民事诉讼和检察制度理论，注重运用历史研究方法，比如对公共利益、公益诉讼概念的梳理和演变考察，明晰基本概念的历史演变逻辑。公益诉讼不是中国特有的制度，通过分析不同政治体制下公益诉讼制度的差异为完善我国的检察民事公益诉讼制度提供借鉴。检察民事公益诉讼是一项实践性很强的司法制度，如何评估该制度的运行效果需要通过大量的实证分析，需要通过对大量办案数据的分析为本书提供论证依据，避免陷入从理论到理论的“虚无”境界。因此本书将从该制度试点和立法后的办案数据出发，合理评估制度的效果，深入分析制度运行中产生的焦点问题，为检察民事公益诉讼制度的塑造和完善提出意见建议。检察民事公益诉讼制度是民事诉讼制度和检察理论的重要创新，但该制度的研究和运行必然涉及很多学科，比如涉及政治学、社会学、宪法学、环境法学、刑事诉讼法学、行政诉讼法学、检察学等，因此本书将运用交叉研究方法，通过不同学科的系统理论来分析有关问题。

五、本书结构

本书除引言和结语外，正文分为5章。

第一章为检察民事公益诉讼制度的基本范畴。本章分为三节：第一节从民事公益诉讼视角下公共利益的概念出发，对公共利益的属性、与相关概念的界分进行了深入阐释；第二节在公共利益概念分析的基础上对公益诉讼的内涵、特征、与私益诉讼的区分等进行了概括介绍；第三节对检察民事公益诉讼进行了阐释，分析了检察民事公益诉讼的基本功能和特性。

第二章为我国检察民事公益诉讼制度的改革背景与理论依据。本章分为两节：第一节从司法改革、国家监察体制改革、传统民事公益诉讼功能缺失、国家治理的现实需要等方面介绍了检察机关提起民事公益诉讼的背景；第二节分析了检察机关提起民事公益诉讼的理论依据，包括政治哲学基础、纠纷解决、法律监督理论、能动检察理论，力争平息对该制度的争论与质疑。

第三章为我国检察民事公益诉讼制度的实践观察。本章分为三节：第一节从检察民事公益诉讼制度的历史发展脉络入手对制度的总体实践情况进行了观察；第二节从检察民事公益诉讼的发展并基于北大法宝中的相关数据对制度的具体实践境遇进行了分析；第三节围绕黄河流域生态保护检察公益诉讼实践的模式、困境及其成因，对黄河流域生态保护检察公益诉讼制度的完善提出了建议。

第四章为我国检察民事公益诉讼制度的评价、困境与展望。本章分为三节：第一节对检察民事公益诉讼制度进行了合理评价，包括制度的功能、理念；第二节对检察民事公益诉讼制度当前面临的困境进行了概括归纳；第三节以习近平法治思想为引领，对检察民事公益诉讼制度的角色定位、案件范围拓展及体系化建设进行了初步规划。

第五章为我国检察民事公益诉讼制度的完善。本章分为五节：第一节从中国式现代化的基本理论出发，阐释了法治是中国式现代化的逻辑意蕴，提出了检察公益诉讼制度是中国式现代化在法治领域的具体体现；第二节通过比较公益诉讼和私益诉讼的不同分析了检察民事公益诉讼在诉讼主体、诉权基础、诉讼程序和诉讼权利义务方面的特殊性；第三节从检察民事公益诉讼的定位出发，提出了程序完善的基本原则，从诉权、诉讼标的、诉讼攻击防御和既判力几个方面对检察民事公益诉讼程序完善进行了理论上的反思与构造；第四节对检察公益诉讼制度的立法完善提出了建议；第五节对制度的未来面向提出了思考。

六、本书主要创新及不足

检察民事公益诉讼是理论性和实践性很强的制度，本书对检察民事公益诉讼的基础性概念进行了厘清，注重运用实证研究方法，对近年来检察民事公益诉讼的办案数据进行了详细分析，通过实证考察可以更好地评估制度的实践效果，发现制度在实践运行中存在的突出问题，为制度的完善奠定基础。除了实证研究方法外，本书还注重运用比较研究方法，特别是通过比较公益诉讼与私益诉讼的异同可以为检察民事公益诉讼程序的定位提供思考，因此，在本书的研究方法方面存在创新之处。

在研究内容上，本书从检察民事公益诉讼制度的基本范畴、理论基础、实践观察、评价和制度完善等方面展开，各章之间形成了逻辑统一的关系，每一章坚持问题导向并形成了以下观点：第一，检察民事公益诉讼视角下的公共利益目前来看主要限于纯粹性公共利益，也即不确定多数人的利益，由不特定多数主体共同享有的整体上不可具体分配的利益，具有公共性的特征。随着社会的发展变化和对实践的探索，民事公益诉讼的类型也会逐步扩展，检察民事公益诉讼的保护范围也将不断扩大。第二，检察民事公益诉讼制度的理论基础一直是存有争议的问题，本书通过交叉学科的研究，提出了检察民事公益诉讼制度的政治基础是公共政策改革、社会治理法治化的路径选择，哲学基础是守望正义、以人民为中心的必然要求，诉讼法理是接近司法、缓解纠纷“法化”不足的理性选择,宪法基础是法律监督理论,新时代的能动检察理论是检察公益诉讼工作的理念指引,对平息该制度的争论、质疑与反对之声具有一定的价值。第三,本书通过对制度的实践进行考察,从制度的历史发展脉络入手对总体实践情况进行了观察,以黄河流域生态保护检察公益诉讼的实践模式为样本对制度的具体实践境遇进行了分析。第四,本书在对检察民事公益诉讼的实践进行观察的基础上,从功能、理念等方面对制度进行了合理评价,并归纳了制度当前面临的困境,在此基础上,以习近平法治思想为引领,对制度的角色定位、案件范围拓展及体系化建设进行了初步规划。第五,在检察民事公益诉讼制度的完善方面,本书阐释了检察公益诉讼是中国式现代化在法治领域的具体体现,通过比较公益诉讼和私益诉讼的不同分析了检察民事公益诉讼在诉讼主体、诉权基础、诉讼程序和诉讼权利义务方面的特殊性,对检察民事公益诉讼程序完善进行了理论上的反思与构造,提出了检察公益诉讼的立法完善建议及未来面向。

本书虽然在研究方法和研究内容方面具有一定的创新,但是仍然存在不足之处:第一,缺少对检察民事公益诉讼理论体系的深度研究,检察民事公益诉讼作为维护社会公共利益的司法制度,其理论体系如何构建,原理是什么,都是在未来的研究中需要着重思考的问题,理论体系的构建是保证检察民事公益诉讼行稳致远的关键。第二,缺少对检察民事公益诉讼程序规则的精细化创建,本书对检察民事公益诉讼程序进行了理论上的反思,但是对诉前、诉讼、执行和二审程序缺乏具体的详细构建,这是在此后的程序完善方面需要进一步讨论的课题。第三,本书在每一章都运用了法学学科的理论知识和其他学科的相关知识解决检察民事公益诉讼制度的实践问题,但是理论高度有待进一步提升,特别是检察民事公益诉讼特殊程序规则的完善需要深厚的诉讼法理和最新的国内外理论前沿知识,这是在以后的研究中需要补齐的不足。

第一章　检察民事公益诉讼制度的基本范畴

公益诉讼制度是一项古老而年轻的诉讼制度，说其古老是指早在古罗马时期，就出现了为保护社会公共利益而设立的市民公益诉讼，20 世纪 70 年代，美国出现了公民诉讼，之后在西方主要国家相继建立了各具本国特色的公益诉讼制度。说其年轻是指公益诉讼制度在我国一直处于缺位和探索状态，直到 2012 年《民事诉讼法》修改时才将其纳入，但也仅仅是框架性的原则规定，民事公益诉讼制度在2012 年入法后并未发挥其应有功能，易受侵害的国家利益和分散性社会公共利益仍未得到有效保护。为了更好地保护社会公共利益，十八届四中全会提出探索建立检察机关提起公益诉讼制度。因此，明确公共利益和民事公益诉讼的基本内涵，弄清不同政治体制下检察民事公益诉讼制度的差异，是研究我国检察民事公益诉讼制度的逻辑出发点。

第一节　公共利益

公共利益既是检察民事公益诉讼制度的逻辑起点，也是检察民事公益诉讼制度的根本目的所在。因此，公共利益在检察民事公益诉讼中具有重要意义，对公共利益的概念、属性及与相关概念的关系进行阐释与厘清，是研究检察民事公益诉讼制度的基础命题。

一、公共利益内涵辨析

马克思说过："人们奋斗所争取的一切，都同他们的利益有关。"[①]因此，利益是人类一切活动的最终归宿。法律成为近代世界社会控制的主要手段，法律是为利益设立的，全部法律的核心在于利益。"所有的法律，没有不为着社会上某种利益而生，离开利益，法律既无从产生，也无以存在。"[②]因此，法律为利益而存在，为利益而发挥作用，利益是法律的真正缔造者。从词源来看，利益在现代汉语中主要是指好处，也就是满足人们需要的事物。在西方语境下，《牛津法律大辞典》对利益（interest）的定义为："个人或者个人的集团寻求得到满足和保护的权利请求、要求、愿望或需求。"利益的基本定义仍然是预期满足标准的表达，体现为主体对客体的参与。[③] 利益产生于需求，有了人的需求才会产生利益，由于人的需求是多元的，导致利益也出现多元化现象，表现为个人利益、社会利益、国家利益、公共利益等。在不同的历史时期，公共利益体现出不同内涵，在法学、政治学、哲学及经济学等领域存有不同的理解和表达，因此有必要对公共利益的概念和历史演变进行梳理，以进一步界定法律上何为公共利益，这也是启动民事公益诉讼程序对公共利益进行司法保护的关键性因素。

从现有文献来看，公共利益概念萌芽于古希腊时期，定型于启蒙时代，繁荣于当代。[④] 古希腊时期产生了公共领域，公共利益体现为共同的善，社会出现了"整体国家观"的基本思想，这些公域中所涉及的利益就是公共利益。[⑤] 在启蒙时代，人们认为通过理性的力

---

① 马克思、恩格斯：《马克思恩格斯全集》（第 1 卷），人民出版社 1956 年版，第 82 页。

② 颜运秋：《公益诉讼理念研究》，中国检察出版社 2002 年版，第 6 页。

③ 参见［英］戴维·M. 沃克：《牛津法律大辞典》，北京社会与科技发展研究所译，光明日报出版社 1988 年版，第 454 页。

④ 参见张方华：《公共利益观念：一个思想史的考察》，载《社会科学》2012 年第 5 期。

⑤ 参见刘学在：《民事公益诉讼制度研究——以团体诉讼制度的构建为中心》，中国政法大学出版社 2015 年版，第 44 页。

量可以构建一个平衡个人利益与公共利益的社会结构。在当代，由于公共利益无法准确定义，因而无法达成共识，有学者指出："何谓公共利益，因非常抽象，可能言人人殊。"①公共利益概念呈现价值纷乱的多重景观，出现了不同的观点与学说。

虽然公共利益的历史可以追溯到古希腊时期，但可以说，它在漫长的历史长河中经历了最重要和最持久的学术审讯。学者们十分重视讨论公共利益，却存在重大分歧；几乎所有人都相信公共利益在公共政策和治理中至关重要，但对于究竟什么是公共利益，几乎没有一致意见。尽管缺乏共识，但近年来公共利益在广泛的学科范围内获得了认可，尤其在政治哲学、经济学及法学学科语境下公共利益体现了不同的内涵表达。从政治哲学的视角来分析，公共利益的概念和书面的政治思想一样古老。几个世纪以来，公共利益在政治哲学和政治理论中得到了广泛应用，一直被用来表示公民之间的某种共性或共同特征。例如，保护个人权利、私人财产、宪法遗产和其他各种公民、社会、经济和宗教价值观曾经是公民、社区和公共利益的核心。当然，没有政治权力的概念和使用，就不能理解公共利益，也就不能肯定地运用公共利益。这种权力概念，无论是行政的还是政治的，都是平衡国家利益与共同利益、群体利益等的支点。公共利益在政治讨论中占有特殊地位，主要是因为这一概念在限制甚至解释政策问题和行政行为时，在逻辑上和理性上都是可以接受的。公共利益被用来表达人们对公共政策的评价，而这一概念的逻辑要求评估政策对公众的影响。公共行政人员在作出公共决定或者政策时要坚持普遍性原则，应该考虑到一项决定或政策对所有受影响者的影响，而不仅仅是对特定群体的影响。换句话说，对一个特定的人来说，对或错、好或坏的东西，在类似或相同的情况下，对于另一个人来说，也必须是对或错、好或坏的。② 因此，公共利益在政治学语境下是一个具有规范性力量的概念，这种规范性主要体现在政府决策和执法过程中，公共利益用于选择合理的公共政策，是

---

① 陈锐雄：《民法总则新论》，台北，三民书局 1982 年版，第 913 页。

② See Stephen M. King, *Reflections on Defining the Public Interest*, *Administration and Society*, SAGE Publications, 2010, p. 956 – 960.

指导政府人员执法的标准。公共利益在政治学中就像一个确定性的语言符号,旨在将统一性、秩序性和客观性引入政府管理活动。公共利益的概念对于政府部门来说,就像正当程序条款对于司法机关一样重要。[①] 在经济学语境中,经济学家们的注意力集中在公共利益反映利益的多样性上,并将公共利益形象地描述为公共用地,这个术语也许更受欢迎,因为它表明了私人利益和公共利益之间的区别。通过承认公共利益或者公地的存在,经济学家们还建立了一种信托或义务,政府作为一个整体或每名公职人员主要是为了他人的利益而采取行动。[②] 从法学视角来看,法律与公共利益产生了交叉,法律在成为社会控制的主要手段后致力于平衡各种利益冲突,尤其是公共利益与私人利益之间的矛盾。在立法和司法程序中,公共利益成为法律实施过程中必须考虑的因素,虽然公共利益不是实质性的,只是方法上的,类似于将正当程序的概念适用于法律,但法律成为抵销传统伦理生活崩溃(主要指利益冲突)所产生缺陷的必要手段,公共利益实现平衡和相互平衡的目标最终在法律中得以实现。[③] 至此,公共利益在不同的学科语境中都具有了一定分量性的地位,从政治学的规范性到法律中的广泛运用,公共利益成为政治学、经济学、法学中的原则性概念,通过民主程序上升到国家意志并以法律形式表现出来后成为社会治理的重要支撑和支点,在现代社会中发挥着越来越重要的规范性作用。

尽管公共利益在不同语境中都占据了一席之地,但对于到底什么是公共利益一直未能形成统一定义,产生了不同学术观点。美国著名思想家、政治评论作家沃尔特·李普曼将公共利益描述为“当人们理性和合乎逻辑地思考,同时以无私和仁慈的方式行事时,公

---

① See Sara Rene Jordan, *The Public Interest in Public Administration*: *An Investigation of the Communicative Foundations of the Public Interest Standard*, Doctoral thesis of Texas A&M University 2007.

② See Stephen M. King, *Reflections on Defining the Public Interest*, *Administration and Society*, SAGE Publications, 2010, p. 958.

③ See Jane Johnston, *The public interest*: *A New Way of Thinking for Public Relations*, Public Relations Inquiry, Vol. 6, 2017, p. 13.

众利益是可以得到的”。[①]有的学者却将公共利益定义为个人和利益集团在我们的民主治理制度内正在进行的政治活动的产物。他认为,考虑到独特的程序动态,公共利益是流动的和高度特殊的;换句话说,公共利益这一概念本身没有道德、伦理或宪法基础,它只是各种政策立场的功利主义和务实的结果。[②] 有学者认为,政治舞台上不存在公共利益的概念。也有学者认为,如果公共利益被视为一种“概念”而不是一种“功能”,与“爱、正义和权力”大致相同,那么就没有义务去界定它。[③] 从不同的学说观点来看,公共利益一直存在争议和辩论,但也表明这是一个值得进一步分析的理论问题。虽然对于公共利益的内涵出现了言人人殊的现象,但仍然形成了一些极具代表性的理论学说,主要有以下五种:一是卢梭的公意说;[④]二是功利主义代表人物边沁的个人利益总和说;[⑤]三是哈耶克的抽象秩序说;[⑥]四是纽曼将公共利益分为主观公共利益和客观公益,主观公共利益纯粹是以受益者数量为判断标准,客观公益是以国家目的和任务作为判断标准;[⑦]五是庞德的需求满足理论。[⑧] 从卢梭的公意说、边沁的个人利益总和说、哈耶克的抽象秩序说到纽曼的主客观公益论及庞德的需求满足理论等有关学说,使公共利益的概念得到了充分讨论和学术思考,但到目前为止各国基本上都没有对公共利益进行立法上的准确定义,这充分说明公共利益是一个不可捉摸的概念,究其根源在于公共利益的内涵具有广泛性、不确定性、抽象

---

① See Stephen M. King, *Reflections on Defining the Public Interest*, *Administration and Society*, SAGE Publications, 2010, p. 958.

② Ibid.

③ See Jane Johnston, *The public interest: A New Way of Thinking for Public Relations*, Public Relations Inquiry, Vol. 6, 2017, p. 7.

④ 参见[美]E. 博登海默:《法理学:法律哲学与法律方法》,邓正来译,中国政法大学出版社 2004 年版,第 70 页。

⑤ 同上书,第 109 页。

⑥ 参见刘学在:《民事公益诉讼制度研究——以团体诉讼制度的构建为中心》,中国政法大学出版社 2015 年版,第 44 页。

⑦ 参见胡建淼、邢益精:《公共利益概念透析》,载《法学》2004 年第 10 期。

⑧ 参见[美]E. 博登海默:《法理学:法律哲学与法律方法》,邓正来译,中国政法大学出版社 2004 年版,第 155 页;[美]罗·庞德:《通过法律的社会控制·法律的任务》,沈宗灵、董世忠译,商务印书馆 1984 年版,第 41 页。

性，是一个与公平正义、诚实信用等类似的概括性概念，但公共利益是真实存在的，因此可以通过公共利益的属性特征及与相关概念的界分中理解其内涵和外延。

二、公共利益的属性

关于公共利益的基本属性和特征问题理论界已经研究颇多，学者们的研究主要有以下观点：(1)公共利益的不确定性，也即公共利益在不同的法律规范中表达和内涵都各异；公共利益的阐释性，主要体现为在法律适用过程中需要坚持个案认定与利益平衡原则，对个案中公共利益的内涵进行精确阐释与利益衡量；公共利益的适应性，现代型社会复杂问题、疑难案件多发，公共利益内涵的模糊性和变动性可以更好地适应不同复杂案件的需要，有利于疑难复杂问题的解决。① (2)公共利益的整体性与普遍性，公共利益可供多人享用，是一种不特定多数人都需要的整体性利益；公共利益的抽象性，体现为概念的模糊性与不确定性，无法准确界定内涵；公共利益的相对性，主要表现为与私人利益相对应而存在，在不同的国家或者地区公共利益也不同；公共利益的发展性，不同的历史时期，公共利益具有不同意义，人们对其认识也不尽相同。② (3)公共利益的不特定性，主要指公共利益受益主体的不确定性；公共利益的共享性，也即公共利益可以共同享有，不能为个人所独享，也不能够分割，是一个整体性利益；公共利益具有道德上的正当性、内容上的独立性。③ (4)公共利益的不确定性、社会共享性、长远性、价值选择性、法定程序性。④ 因此，从已有研究来看，不同学者对公共利益的属性认识也不尽相同，但从总体上看公共利益的基本属性主要有不确定性、公共性、整体性和程序性。

---

① 参见梁上上：《公共利益与利益衡量》，载《政法论坛》2016 年第 6 期。

② 参见王景斌：《论公共利益之界定——一个公法学基石性范畴的法理学分析》，载《法制与社会发展》2005 年第 1 期。

③ 参见余少祥：《什么是公共利益——西方法哲学中公共利益概念解析》，载《江淮论坛》2010 年第 2 期。

④ 参见柯阳友：《民事公益诉讼重要疑难问题研究》，法律出版社 2017 年版，第 10 页。

公共利益的不确定性。公共利益的不确定性也就是公共利益的模糊性、不确切性、不明确性和历史性。公共利益的不确定性带来了其内涵的笼统性，致使有的学者认为公共利益仅仅具有象征意义，①因此可以说不确定性是公共利益的最主要属性。然而，建立公共利益概念的任务不能仅仅因为其不确定性而被放弃。这是因为，只要人存在于社会中，大多数公共决定都是以公众利益名义作出的。② 不确定性的公共利益主要表现为主体不明确和利益内容不明确。公共利益属于利益的下位概念，利益是预期满足标准的表达，体现为主体对客体的参与和评价，是主体的主观性认识，这种主观性认识具有不确定性，利益产生于需求，有了人的需要才会产生利益。由于人的需求具有多元性和广泛性，利益的内容也会多元化和具有不确定性，利益不是一成不变的，具有较强的弹性，利益内容的多元则导致公共利益内容的不明确，所以公共利益的内容在不同语境下不同的时代背景下均有不同。公共利益的形态体现了较强的历史性，不同社会会产生不同的公共利益形态，公共利益会随着社会环境的发展而变化，所以立法机关和公共政策制定者认为公共利益应在特定的时间框架内界定，而非简化为单一的定义，进而产生了环境公共利益、食品药品安全公共利益、消费公共利益等不同的公共利益类型与形态，却无法列举出全部的公共利益类型。公共利益的内容在不同时代背景下体现了较强的适应性，目前环境保护成为世界各国普遍关注的问题，因此，环境公共利益成为急需保护的利益。随着社会的发展，信息安全公共利益也许会成为人们普遍关注的利益问题，就可能产生信息安全公共利益，可以说公共利益的内容不是一成不变的，存在很大的不确定性。

公共利益的主体到底是国家、集体、个人还是其他主体存有分歧，这源于一定程度上对公共利益与国家利益、集体利益、个人利益之间的区别尚不清晰，况且这些主体还存在一定的重叠与交叉，就会出现不同的主体作为公共利益的承受者。公共利益表现在权利

---

① See Stephen M. King, *Reflections on Defining the Public Interest*, *Administration and Society*, SAGE Publications, 2010, p. 960.

② See Seong Wook Heo, *The Concept of Public Interest Demonstrated in Korean Court Precedents*, Journal of Korean Law, Vol. 6, 2006, p. 109.

形式上,其主体范围可以是公民个人、集体及国家,但是公共利益的主体又不能与个人、集体相混淆,也不是国家所能代替的。公共利益的主体必须是不特定的多数人。① 不特定的多数人到底是多少人？公共利益中的“公共”如何界定由多少人组成？一直是理论界争论的难题,主要有两种观点,有学者以“地域论”解释公共的概念,认为公共利益就是一个相关空间内大多数人的利益。② 有学者认为公共的含义是不确定多数人,公共利益就是大多数不确定数目的利益。③ “地域论”以地域作为认定公共利益的标准,公共的基本含义是地域内的大多数人,这有利于判断该地域内行政机关的行政行为是否符合公共利益原则,但随着地域空间的被打破,不同空间内人们的交流越来越多,空间内的社会主体也可能到其他地域享受公共利益,此时地域论的标准就会表现出局限和不足。以不特定多数人作为判断公共的标准具有科学性,公共利益涉及的是不确定的多数受益人的利益,是大众的利益,其重要特征是受益主体的不特定性,不能单纯用数量多少进行界定,必须体现受益主体的不确定性,这是目前理论界中广为认可的公共利益判断的基本方法。所以,公共的不确定性和利益内容的多元性带来了公共利益的不确定性特征,主要表现为不特定多数人的利益。公共利益反映了人类社会最基本的一些价值取向和认同感,④这种普遍的认同感和与每个人都息息相关的现实利益可以作为现代社会认定公共利益的基本路径。

公共利益的公共性。公共利益概念的重心在于公共而非利益,公共性是指一种共有性而非私有性,一种共享性而非排他性,一种共同性而非差异性。公共利益的利益主体体现了公众性而非私人性,利益分配体现了公平性而非独享性,利益本位体现了社会性而非个人性。⑤ 公共利益是由全体社会成员共同享有的,在存在形态上具有普遍性,不是特定的、部分人的利益,任何个人不能单独享

---

① 参见李卓:《公益诉讼的法社会学研究》,吉林人民出版社 2009 年版,第 39～40 页。

② 参见颜运秋:《公益诉讼理念研究》,中国检察出版社 2002 年版,第 25 页。

③ 参见颜运秋:《公益诉讼理念研究》,中国检察出版社 2002 年版,第 25 页;陈新民:《德国公法学基础理论》(上),山东人民出版社 2001 年版,第 186 页。

④ 参见李卓:《公益诉讼的法社会学研究》,吉林人民出版社 2009 年版,第 36 页。

⑤ 参见颜运秋:《公益诉讼理念研究》,中国检察出版社 2002 年版,第 22 页。

有，个体从公共利益受益后不能排除其他社会个体从中受益，这种非排他性体现了公共利益的公共性。例如，我们每个人都享有的环境公共利益，环境属于公共产品，在整个社会中普遍存在，属于不特定多数人所共有的利益，并不属于个人私有，个体不是环境公共利益的所有权主体，作为公共产品的环境公共利益每个人都可以自由地享有，每个人享有的同时并不能排除他人对环境公共利益的受益，体现了公共利益的公共性属性。

公共利益的整体性，也即公共利益的不可分性，公共利益在主体上是整体的而不是局部的利益。美国学者约翰·罗尔斯认为："公共利益具有不可分性和公共性，不能像私人利益那样被划分，不能由个人多要一点或少要一点。"①因此，每一个社会主体都可以平等地享受公共利益，公共利益不可能只提供给共同体成员中的某个人，而不提供给其他人，不能由个人按照他们的偏爱多要一点或者少要一点，公共利益对受益对象都是整体存在的，共同体成员共同享有，这体现了公共利益的整体存在。

公共利益的程序性，也即利益的产生与实现方式问题。在西方语境中，公共利益被认为是政府行为和公共政策制定的最高标准，基于公共利益的公共性，必须由国家组织和推行集体协议，通过集体安排来提供公共利益。② 这种集体安排就是集体审议，也就是政治进程中的民主程序。现代社会如此复杂，每个人都不能直接参与决定什么是公共利益的过程。因此，我们需要一个权利下放制度。人民把他们的权力下放给他们的代表，以便参加决定程序。这种决定程序就是政治过程，公共利益不是独立于政治进程本身而存在的东西。在一个民主国家中，政治过程在寻求公共利益的过程中创造了公共利益。广泛参与、容忍和集体审议的政治进程最能产生公众利益。在达成这样一个政治决定之后，在场的每个代表都可以说："我们已经决定这样做了。""我们"指的是这个群体中的每一个成

---

① ［美］约翰·罗尔斯：《正义论》，何怀宏、何包钢、廖申白译，中国社会科学出版社 1988 年版，第 266 ~ 267 页。

② 同上书，第 267 页。

员。[①] 在集体审议中产生的公共利益体现了人民意愿，满足了不确定多数人的利益，民主程序使处于紧张状态的多元群体都能够发表意见，达到了利益平衡，实现了最低限度的共识，集体审议形成的公共利益通过立法确认后便得到法律的承认和保护，此时才会成为法律上的公共利益。与此同时，公共利益的实现也依赖于正当程序，在实现公共利益的过程中公权力必须严格遵守正当法律程序原则和公开、公正、回避、听证等执法理念，避免对公民人身权和财产权的损害。因此，公共利益在某种意义上可以说是一种程序性利益，既包括其产生方式的集体审议和民主协商，也包括其实现方式的正当程序原则，公共利益离不开正当程序，程序性是公共利益的重要特征。

三、公共利益与相关利益形态的界分

公共利益与私人利益。利益是满足人们需要的事物，体现为主体对客体的参与，是预期满足标准的表达，其本质是人们通过一定的社会关系表现出来的社会化需要。利益产生于需求，有了人的需求才会产生利益，人的需求是多元的，导致利益也呈现多元化现象。私人利益从字面上理解是指私人对能满足其各种需要的客观对象的认识，私人利益是个别化的个体利益，或每一社会成员的利益，普遍性的个体利益，因为它是每一个个体都具有的利益，诸如，生命、健康、自由等。此处的“私人”并非单个的公民个人，也包括集体、法人、其他组织等主体。[②] 所以，从社会关系角度来看，“私人利益是指通过生产性活动所占有的、为其生存和发展所需的各种物质和精神的产品”，这种利益为特定个人所享有，而非共同所有，属于个人权利，[③]体现了排他的支配性和非共享性，类似于民法上的物权的占有、使用、收益和处分的排他性权利。公共利益则是指不特定多数人的利益。可以说，公共利益与私人利益在利益主体、受益对象、

---

① See Daniel A. Farber, *Environmentalism, Economics and the Public Interest*, Stanford Law Review, Vol. 41, 1989, p. 1042.

② 参见付子堂主编：《法理学进阶》(第4版)，法律出版社2013年版，第44页。

③ 参见刘晓欣：《“公共利益”与“私人利益”的概念之辨》，载《湖北社会科学》2011年第5期。

基本属性等方面都存在差异，两者始终在冲突中共生，在共生中冲突。

公共利益与私人利益是辩证统一的，既要考虑两者的差异，典型的私人利益当然不是公共利益，比如个人对物权的享有就属于私人利益的范畴，个人生命的利益、私有财产的利益、缔结合同的自由和言论自由等都可以视为私人利益，不能认定为公共利益；同时，更要注重两者的联系、统一与平衡。虽然公共利益包含的范围远远超过所有个人利益的总和，公共利益不能简单地认为是私人利益的集合，公共利益表面上与个人无关，实则是每一个人潜在的利益，个人在某一时刻就会成为公共利益的主体，从公共利益中受益。因此，可以说公共利益与私人利益是互为融合的关系，私人利益一般包括个别化的私人利益和具有普遍性的私人利益。比如个人的私有财产属于个别化的私人利益，每个消费者享有的食品安全利益就是普遍性的私人利益，普遍性的私人利益经过民主程序往往就成为法律上的公共利益，这种公共利益是普遍并且连续不断地为人们所共享。可以说公共利益离不开私人利益，维护好私人利益也能够更好地实现公共利益，私人利益的实现也离不开公共利益的维护，对不确定多数人有好处的公共利益也必然有利于每一个社会个体，公共利益与私人利益在根本上是一致的，这体现了公共利益与私人利益的辩证统一关系。因此，笔者更倾向于寻求两者的一致性，保持公共利益与私人利益的动态平衡，实现两者的共同发展。

公共利益与国家利益。公共利益与国家利益同属于利益的范畴，是利益总概念中的两个分概念，公共利益与国家利益的关系在理论界形成了不同的观点。比如公共利益与国家利益一致论，沈宗灵认为国家利益与社会整体利益是统一的，国家利益就是社会公共利益；①李昌麒认为，国家利益和社会公共利益从根本上来讲是一致的。② 但更多的是论述公共利益与国家利益的不一致性，日本民事诉讼法律专家小岛武司教授将利益分为私人利益、国家利益和公共

---

① 参见沈宗灵主编：《法理学研究》，上海人民出版社1990年版，第61页。

② 参见李昌麒主编：《经济法学》（修订本），中国政法大学出版社1999年版，第82页。

利益三种类型，并倡导站在公共立场上关注公共利益；[①]王景斌教授认为，公共利益与国家利益并不相同，公共利益是国家利益的上位概念，还包括社会利益，不属于公共利益的国家利益主要是从政治、主权等方面考虑的利益；[②]王德新认为国家利益与公共利益完全等同，只有到了共产主义社会才有可能实现；[③]潘申明将国家利益区分为正当化的国家利益和非正当化的国家利益，正当化的国家利益属于公共利益的范畴。[④] 因此，总体上来说，公共利益与国家利益并不等同，二者有交集也有差异，分析两者的异同应当从国家利益的产生背景进行探讨。

国家利益是私人利益与公共利益相互矛盾冲突的结果，整个社会的资源总是有限的，当不足以满足所有社会个体成员的利益需求时就会出现私人之间、私人与社会公共利益之间的不可调和的矛盾和冲突。为了整个社会的发展，此时人们通过缔结社会契约建立共同体国家，共同体国家是一个从社会中产生但又凌驾于社会之上并日益同社会脱离的独立权力机构，以此形成了政治生活中的共同利益，这种共同利益表现为各阶级共享的普遍利益，这种普遍利益就是国家利益。[⑤] 在资本主义发达的社会关系形成之前，国家与社会是混为一体的，统治阶级往往通过国家的形式实现其共同利益，国家利益与公共利益融为一体，由此出现了国家利益就是公共利益的理论观点；随着资本主义的发展，国家和社会从浑然一体的状态中发生了分离，形成了国家和社会两种不同的形态，国家与社会二元结构模式使公共利益与国家利益不再混为一体，国家利益与公共利益出现了分野，国家利益就是公共利益的观点受到了挑战。

从国家的起源和目的来看，国家通过设立若干国家机器由政府

---

① 参见[日]小岛武司：《诉讼制度改革的法理与实证》，陈刚、郭美松等译，法律出版社2001年版，第41页。

② 参见王景斌：《论公共利益之界定——一个公法学基石性范畴的法理学分析》，载《法制与社会发展》2005年第1期。

③ 参见王德新：《法哲学视野下"公共利益"概念之辨析》，载《中国农业大学学报(社会科学版)》2011年第3期。

④ 参见潘申明：《比较法视野下的民事公益诉讼——兼论我国民事公益诉讼制度的建构》，华东政法大学2009年博士学位论文。

⑤ 参见颜运秋：《公益诉讼理念研究》，中国检察出版社2002年版，第28页。

代表行使一定的社会公共服务职能以满足社会全体成员的利益需求，每个个体成员从出生到死亡都离不开社会公共服务职能，比如维护社会秩序、保护生态环境、提供公共设施和公共福利，政府源源不断地向社会提供公共利益，既满足自身利益需要，实现阶级统治的目的，也能够维持整个社会的正常运转，促进了社会公共利益的实现。在这种情况下，公共利益与国家利益具有一致性，国家利益在形式上表现为公共利益，也包含社会公共利益的要求。但是国家作为阶级斗争的产物体现了较强的政治意义，国家利益主要是为了满足政治统治的需要。① 因此，国家利益主要是指统治阶级的政治利益。在外延上包括国际政治范畴中的国家利益和国内政治意义上的国家利益，②体现为国家的安全利益、经济利益、外交利益、军事利益等。

公共利益与国家利益不同，公共利益本身没有阶级性，也不具有政治意义，主要表现为社会的整体利益。③ 马克思主义国家利益观认为国家利益与公共利益是否一致主要从统治阶级与被统治阶级的关系来确认。④ 我国作为社会主义国家，无产阶级是统治阶级，无产阶级代表了绝大多数人的利益，因此国家利益与社会公共利益在很多方面存在交集。比如国家履行公共管理职能为社会提供公共利益服务，但也并非完全等同，国家利益中的政治利益、主权利益等往往不属于公共利益，某些地方政府为了发展经济增加财政收入而破坏环境资源的行为虽然增加了国家利益，但是侵害了社会公共利益。所以，在某种意义上可以说国家利益主要是统治阶级的利益，也包括为社会提供的公共利益，两者的结合构成了完整意义上的国家利益。所以，国家利益与公共利益不能完全等同，公共利益包括国家利益和社会利益，国家利益是一种区别于社会利益的公共利益。

---

① 参见刘学在：《民事公益诉讼制度研究——以团体诉讼制度的构建为中心》，中国政法大学出版社 2015 年版，第 57 页。

② 参见王景斌：《论公共利益之界定——一个公法学基石性范畴的法理学分析》，载《法制与社会发展》2005 年第 1 期；王德新：《法哲学视野下"公共利益"概念之辨析》，载《中国农业大学学报（社会科学版）》2011 年第 3 期。

③ 参见徐卉：《通向社会正义之路——公益诉讼理论研究》，法律出版社 2009 年版，第 54 页。

④ 参见胡锦光、王锴：《论公共利益概念的界定》，载《法学论坛》2005 年第 1 期。

四、民事领域的公共利益

公共利益确立的标准主要是公共福利和社会认同,公共利益反映的是人类社会最基本的一些价值取向和认同感,如社会的秩序、安全、环境资源等。[①] 这种带有公共福利性质的非常现实、极为实际的利益大都由政府提供,公共利益也就成为衡量政府公共政策的重要标准,被用来表达对公共政策的评价。虽然公共利益不是任何一个特定人的利益,但是任何社会个体成员平等拥有的潜在利益,在某一时刻或将来的某一时间都可能受益。亚里士多德曾说过,“凡是属于最多数人的公共事物常常是最少受人照顾的事物”,这就属于公地悲剧。因此,与每个人都息息相关的非常现实、极为实际的利益由于其公共性、受益对象的不确定性极易带来社会个体成员的冷漠意识,致使公共利益很少受到关注,也就出现了公地悲剧的现象。因此公共利益需要进行法律化转向,这是通过民事诉讼途径对公共利益进行司法保护的前提条件。

公共利益的法律化是指公共利益从作为一种政治哲学、政治理想的法律外的执政理念向法律内的具体法律概念、法律规范的转向。有论者从外在和内在视角两个方面对公共利益的法律化进行了分析,外在视角下的公共利益,如同正义、自由和秩序,在政治哲学、法学中具有极为重要的地位,是法律所追求的基本目标;内在法律视角下的公共利益是作为法律文本中一个具体的法律概念出现的,有着特定的对象指涉。当公共利益成为一个法律文本和法律实践中的具体法律概念时,便具有了法律规范的特质。公共利益法律化的路径是与宪法理念相结合的,因此,在美国的《权利法案》、法国的《人权宣言》等宪法性文件中都规定了公共利益。公共利益首先通过民主代议机构制定宪法完成了自身的法律化,然后通过国家立法机关的立法活动加入各个部门法成为法律文本中的法律概念。[②] 在我

---

① 参见李卓:《公益诉讼与社会公正》,吉林大学2006年博士学位论文。

② 参见倪斐:《论公共利益的现代法律转向》,载《政治与法律》2009年第9期;倪斐:《公共利益法律化:理论、路径与制度完善》,载《法律科学(西北政法大学学报)》2009年第6期;倪斐:《公共利益法律化——基于思想流变的中西方考察》,载《江海学刊》2017年第2期。

国现行法律中，公共利益是个常见的法律概念和法律规范，已经成为法律文本中不可或缺的内容，比如《宪法》《民法典》《城市房地产管理法》等法律中都含有公共利益条款，而且公共利益条款在某些法律中也不止一次出现。例如《宪法》第 10 条、第 13 条等都规定了公共利益的内容，《民法典》《民事诉讼法》等法律中也都有若干条款规定了公共利益的内容，公共利益在不同法律中的内涵、法律规范的目的都可以作为研究的重要课题。所以，公共利益已经成为我国法律中的重要组成部分，成为一个重要的法律概念，体现了不同类型的法律功能，主要表现为立法宗旨、法律保护的客体、国家权力行使的正当性及权利行使的限制 4 种功能。由于无法对公共利益进行法律上内涵外延的准确界定，立法者采取了以立法为中心的法律化路线将公共利益条款分布于各个部门法中，建立公共利益法律规范，发挥公共利益对公权力和私权利的限制功能。因此公共利益不但成为国家立法的依据，也成为社会成员活动的依据，而且是国家的立法、执法、司法机关活动的遵循，国家立法机构通过在法律中嵌入公共利益条款实现了对社会的调控和治理。

根据前述分析，公共利益已经在我国法律中占据举足轻重的地位，《民事诉讼法》也不例外，《民事诉讼法》中有若干条款都规定了公共利益的内容，尤其以民事公益诉讼最为明显，因此有必要对民事公共利益的具体类型进行分析。《民事诉讼法》第 58 条规定了民事公益诉讼制度，检察机关在有关机关和组织不提起诉讼的情况下可以针对生态环境和资源保护、食品药品安全领域侵害社会公共利益的行为提起民事公益诉讼。虽然公共利益的范围是不确定的，但是现阶段我国民事公益诉讼视角下的公共利益主要是指关涉不确定多数人的生态环境和资源保护及食品药品安全利益，也就是所谓的环境公共利益、食品药品安全公共利益（消费者公共利益）。《民事诉讼法》条文规定的民事公益诉讼类型从目前来看并不多，主要是基于司法资源的稀有性考虑，司法通过对法律价值的维护实现社会整合，社会整合是通过调整和协调系统内部的各套结构，防止社会系统的各个组成部分严重的紧张关系和不一致对系统的瓦解。[①]

① 参见李卓：《公益诉讼的法社会学研究》，吉林人民出版社 2009 年版，第 58 页。

因此，司法相较于行政而言具有无可比拟的优势，比如司法的中立性、终极性，程序公正等，但是司法手段成本高、时间长、程序烦琐，所以民事诉讼只能是公共利益救济的最后途径，行政手段仍然是维护社会公共利益的首要方式，只有当行政救济无力或者行政机关怠于履行职责致使社会公共利益受到侵害时，才能启动司法程序，通过民事公益诉讼方式实现对公共利益的司法保护。这体现了司法理念从被动转为主动、诉讼机能不断扩大的趋势。

总体来说，并不是所有的公共利益都要通过民事公益诉讼程序进行救济，需要纳入民事公益诉讼保护范围的公共利益必须是其他救济方法穷尽或者无效果，只能通过民事公益诉讼才能予以救济。[①]一般来说，此种类型的公共利益属于典型的纯粹性公共利益，也称为扩散性利益，即不确定多数人的利益，由不特定多数主体共同享有的整体上不可具体分配的利益。这种具有社会公益性质的利益体现了公共性特征，其利益主体是所有人中的不特定多数人或者全体成员，并非私人利益的线性叠加，它面向所有社会成员开放，整体上不可分割且具有普遍性。比如城市居民呼吸新鲜空气的利益，社会成员享受公共绿地、公共广场的利益，消费者食用安全食品的利益。一旦纯粹性公共利益受到侵害，不仅共同体中的某个人或某些人会受到侵害，而且具有极大的牵连效应，整个社会共同利益状态也必将受损。虽然受损的公共利益与每个个体成员都息息相关，但由于处于无保护状态下的公共利益最容易受到侵害，当社会公共利益无人救济时，就需要作为公共利益第一道防线的行政机关通过行政手段维护公共利益。行政途径无法达到预期目的，立法机关通过赋予社会组织或者国家机关公益诉权通过民事诉讼程序实现修复受损社会公共利益状态的目标。目前《民事诉讼法》对公益诉讼范围的规定采取的是“列举＋概括”的立法模式，规定的两类公益诉讼类型保护的公共利益主要体现为生态环境和消费者利益，这两类公共利益属于当下公共利益范畴中急需保护的法益客体。但是这并不表明公益诉讼的保护客体仅限于生态环境和消费者利益，公共

---

① 参见潘申明：《比较法视野下的民事公益诉讼——兼论我国民事公益诉讼制度的建构》，华东政法大学2009年博士学位论文。

利益是一个变化中的利益形态，所以立法者通过一个“等”字进行了概括列举，为民事公益诉讼类型扩展预留了空间。因此当前民事公益诉讼所保护的公共利益主要限于属于纯粹性公共利益的生态环境利益和消费者利益；随着社会的发展变化和实践的探索，民事公益诉讼的类型也会逐步扩展，民事公共利益的保护范围也将不断扩大。

第二节　公益诉讼

一、公益诉讼的内涵

公益诉讼又被称为民众诉讼、公共诉讼、公法诉讼、[①]现代型诉讼，虽然在不同的历史时期具有不同的称谓，但是诉讼目的基本稳定，都是为了公共利益而进行的诉讼。古罗马时期已经出现了公益诉讼，但美国是第一个进行近现代意义公益诉讼的国家。美国传统的法律制度是以维护私人权益为中心的，诉讼不是为了维护公共利益而提起的，大多数诉讼仍与两三百年前一样致力于促进私人利益，比如财产利益、合同利益及人格权利益等，也就是说，传统法律并不是为了维护公共利益而设计的。但是，随着工业化、城市化、全球化进程的推进，美国的社会结构发生了变化，侵犯公共利益、公民基本权利的案件日益增多。[②] 环境公害、消费公害事件频发，有学者曾指出，“社会冲突的大量出现是一定的诉讼形式产生的根据”。[③]在美国社会中，理想的公共政策模式是公民通过投票箱将自己的意愿传递给立法者，立法者在他们给予行政机构的立法方向上反映多数人的价值选择，而行政机构又通过向公民提供公平的公共服务来实现这些价值目标。但是现实往往与之相反，现实中公民在政策问题上的声音难以被听到，公民无法通过政策的改变或者形成解决不

---

① 参见颜运秋：《公益诉讼理念研究》，中国检察出版社2002年版，第53～54页。

② 参见侯佳儒：《环境公益诉讼的美国蓝本与中国借鉴》，载《交大法学》2015年第4期。

③ 参见颜运秋：《公益诉讼理念研究》，中国检察出版社2002年版，第52页。

断出现的环境公害、消费公害等社会矛盾。[①] 立法的滞后、政府部门的怠政使很多原本适合立法或者行政层面解决的公共利益纠纷不得不大量涌入司法部门,人们也期望司法机构能够对人类社会对正义的深刻和持久的需求作出反应。

在这种背景下,司法机构从维护社会公平正义出发,进行角色转变,从传统的被动中立到积极的能动司法,并认为如果不对社会正义问题作出实质性贡献,现代司法机构就不能再获得社会和政治合法性,司法机构围绕实质正义进行了卓有成效的工作。比如,为了便利所有阶层的人都能诉诸司法,司法机构努力消除穷人与司法系统之间存在的贫穷障碍,使普通民众,特别是边缘群体能够伸张正义,对边缘化群体扩散性利益的保护导致了公益诉讼的产生,可以说公益诉讼是创造性司法工程的有效武器,它赋予司法机关权力,使其成为社会正义的载体和社会转型的有效手段。[②] 布朗诉教育委员会案成为美国公益诉讼的里程碑,该诉讼改变了在教育领域针对黑人的隔离和歧视政策,宣布结束了学校的隔离。这起案件是典型的公益诉讼模式,司法机构根据宪法原则和公共利益法规为成千上万甚至数百万的普通民众寻求救济,该案例挑战了几十年来根深蒂固的法律保护习惯,成为公益诉讼的制度渊源。[③] 自此,现代公益诉讼从美国走向很多国家和地区,现代型诉讼成为解决公害纠纷,维护社会公共利益,维护弱势群体和扩散性利益并实现实质正义的重要工具,利用诉讼改变现有的权力和特权模式,通过诉讼促使现行法律得到执行或者促使政府履行责任,推动社会治理。

公益诉讼从美国走向全球后,迄今为止理论上还未对其达成统一认识,也就是没有形成统一的概念表达。公益诉讼是一个跨越国界,跨越不同制度、不同文化的法律概念,因此往往无法对公益诉讼

---

① See John Denvir, *Towards a Political Theory of Public Interest Litigation*, North Carolina Law Review, Vol. 54, 1976, p. 1159.

② See Hari Bansh Tripathir, *Public Interest Litigation in Comparative Perspective*, Stanford Law Review, NJA Law Journal. 49, 2007, p. 49.

③ 参见徐卉:《通向社会正义之路——公益诉讼理论研究》,法律出版社 2009 年版,第 103 页。

概念提供一个单一、跨文化的有效定义。[①] 国内外对公益诉讼内涵的研究亦呈现多样化特征。

1. 国内学者对公益诉讼内涵探索的代表观点。

有学者认为，公益诉讼指的是检察机关、社会团体和个人根据法律规定，就损害社会公共利益的行为向法院起诉的法律制度。公益诉讼包括以下内容：提起公益诉讼的原告资格，公益诉讼诉求的内容，公益诉讼的具体类型，公益诉讼的对象。[②] 这一定义的主要特点在于：一是享有公益诉权的主体限于检察机关、法定社会团体和个人；二是诉讼的客体是损害社会公益的行政行为或私人行为；三是诉讼的对象限于相关行政机关及企业。上述定义在诉权主体、诉讼对象方面略显不妥，因为享有公益诉权的主体除了检察机关、社会团体和个人外，行政机关作为维护社会公共利益的主体也应该享有诉权；公益诉讼的对象不应该限于行政机关和企业，凡是侵害社会公共利益的行为人都应该纳入被诉的范围，包括行政机关、企业、自然人等。有学者认为公益诉讼主要有他益形式的公益诉讼、自益形式的公益诉讼和法律援助形式的公益诉讼三种类型，并认为对公益诉讼有三种不同的理解，即字面意思上的“公共利益＋诉讼”，诉讼法上的公益诉讼，民权运动意义上的公益诉讼。[③] 这一界定的主要特点在于，三种类型公益诉讼的共性在于诉讼中均含有公共利益的元素，不同点在于诉讼中是否包含私人利益。公益诉讼从严格意义上来看应该是纯粹意义上的或者是狭义上的公益诉讼，原告与案件无直接利害关系，诉讼是为了公共利益。有学者对公益诉讼的定义进行了拆分，认为定义中应当包括三个方面，即诉讼保护的内容是什么、谁可以提起诉讼及诉讼的类型是什么，并认为公益诉讼是特定主体根据法律授权就损害社会公共利益的行为向法院提起的民事诉讼或者行政诉讼，根据被诉对象可以分为行政公益诉讼和民

---

① See Helen Hershkoff, *Public Law Litigation: Lessons and Questions*, Hum Rights Rev. 10, 2009, p. 167.

② 参见白彦：《民事公益诉讼理论问题研究》，北京大学出版社 2016 年版，第 32 页。

③ 参见林莉红：《公益诉讼的含义和范围》，载《法学研究》2006 年第 6 期。

事公益诉讼。[①] 该定义与我国目前的公益诉讼制度基本符合，但行政公益诉讼主要由检察机关提起，自然人及社会组织不享有行政公益诉讼的诉权，行政公益诉讼的国家化是与我国目前的政治体制相适应的。因此，可以对两者分别进行定义，民事公益诉讼和行政公益诉讼的诉讼原理不同，分别定义有利于明确两种诉讼类型的不同程序规范。上述列举的只是国内部分学者关于公益诉讼内涵的部分观点，也是代表性观点，由于篇幅限制尚有其他的一些观点未列出。

2. 国外学者关于公益诉讼内涵的主要观点。

公益诉讼是一种在美国发展并传播到世界其他地区的特定法律文化现象，公益诉讼似乎在许多不同国家得到了发展，体现了共同的背景，但在特定条件下，采取了不同形式，采取了与本国政治、文化体制相符合的形式。由于世界各个国家的政治体制、文化的差异，公益诉讼之内涵在国外也呈现多样性特征。公益诉讼被描述为许多相似的术语：人权诉讼、战略诉讼、实验案件诉讼、影响诉讼、社会诉讼和社会变革诉讼。一些人认为通过法院法令，改革法律规则，执行现有法律，并阐明公共规范，寻求社会变革是公益诉讼的定义特征。另一些人指出，公益诉讼是旨在超越个案的诉讼，它涉及通过法院驱动方法进行重大的社会改革。还有一些人建议，公益诉讼关注弱势群体或弱势群体的个人利益，帮助社会进行系统性的政策变革。在美国背景下，“公共法律诉讼”一词被用来指涉及对大型公共机构，如学校系统、监狱、精神卫生设施、警察部门和公共住房当局的运作进行广泛审查的指控，以及需要对这些机构进行长期结构调整和监督的补救办法。[②] 经过分析，国外学者对公益诉讼的定义主要涉及以下方面：一是民权运动意义上的公益诉讼。公益诉讼是弱势群体利用法律解决因机会和权利在社会中的差别和不平等分配而产生的社会和经济问题的斗争。[③] 公益诉讼通常是指为执

---

① 参见刘学在：《民事公益诉讼制度研究——以团体诉讼制度的构建为中心》，中国政法大学出版社2015年版，第67页。

② See James A. Goldston, *Public Interest Litigation in Central and Eastern Europe: Roots, Prospects and Challenges*, Human Rights Quarterly, Vol. 28, 2006, p. 496.

③ See Helen Hershkoff, *Public Law Litigation: Lessons and Questions*, Hum Rights Rev. 10, 2009, p. 167.

行公众利益而在法院提起的法律诉讼,是由最高司法机关通过司法能动主义手段创新的一种创造性司法武器,其目的是保护和维护社会边缘阶层的权利和利益,他们在社会上落后,在经济上受到压迫和剥削,因此不能向法院寻求补救救济。正是在这一背景下,该学者将公益诉讼描述为法律援助行动的战略分支,其目的是使穷苦大众能够伸张正义。因此,法院制定了一种新的司法程序模式,极力通过司法机构发挥积极主动作用,确保由于各种原因无法诉诸司法程序的人能够诉诸司法。[①] 民权运动意义上的公益诉讼定义的主要特点在于,将公益诉讼看作一种社会弱势群体争取权利的方式,诉讼的内容是机会和权利在社会中的差别和不平等分配,关注的重点在于长期被排除在常规政治之外的群体的需要和利益,那些群体是政治舞台上的失败者,为了维护公平正义,需要通过司法加强对弱势群体权益的保护,促进法律和政策变革。二是诉讼法意义上的公益诉讼。这类公益诉讼概念强调公益诉讼的公共性特征及原告与所诉案件没有利害关系。比如有学者认为,公益诉讼是一种基本权利,通常是宪法权利的可能性,或通过法院行动为新民主政府纠正错误提供机会的可能性。[②] 诉讼法意义上的公益诉讼与现代型诉讼更为相似,其出发点是为了保护公共利益,体现了较强的公共性,原告作为诉权主体大多是为了维护公共利益而向法院寻求司法保护,原告与案件没有直接利害关系,提起诉讼纯粹是为了公共利益或者客观的法律秩序,并非为了主观的私人利益,是一种客观诉讼。

通过比较国内外关于公益诉讼内涵的观点,笔者认为所谓的公益诉讼,是指特定主体对于侵害国家利益、社会公共利益的行为,在法律法规授权的前提下,依法向人民法院提起的民事公益诉讼和行政公益诉讼。根据我国目前的法律规定,特定的主体主要包括法律规定的组织、行政机关和检察机关,与所诉案件没有直接的利害关系,自然人尚不能成为公益诉讼的诉权主体。诉讼的目的仅限于维

---

① See Hari Bansh Tripathir, *Public Interest Litigation in Comparative Perspective*, Stanford Law Review, NJA Law Journal. 49, 2007, p. 50.

② See James A. Goldston, *Public Interest Litigation in Central and Eastern Europe: Roots, Prospects and Challenges*, Human Rights Quarterly, Vol. 28, 2006, p. 494.

护不特定多数人的利益,也就是公益诉讼的目的仅限于维护公共利益,是纯粹的公益诉讼,而不是公益与私益混合之诉,为了私益提起的客观上有维护公共利益作用的诉讼(主观上为自己,客观上为他人)不宜归入公益诉讼的范畴。从类型上来,公益诉讼包括民事和行政两类公益诉讼,民事公益诉讼是特定主体根据法律授权针对侵害社会公共利益的民事违法行为向法院提起的诉讼;行政公益诉讼是指依法向法院提起的针对行政主体违法行使职权或不作为对公共利益造成损害的行政诉讼。

二、公益诉讼的特征

关于公益诉讼的特征,国内外学者研究颇多。公益诉讼具有如下特征:目的的特定性,即诉讼目的是维护公共利益和秩序;当事人的扩散性,即公益诉讼的起诉主体不限于具体的合法权利直接受到不法侵害者,也可以是与侵害后果无直接利害关系的组织和个人;诉讼请求的复杂性,即公益诉讼的诉讼请求包括损害赔偿、修复受损的公共利益、预防性请求等;诉讼范围的扩大性。① 有学者认为公益诉讼具有如下特征:代位性、利他性、广泛性、公益性、执法补充性。② 公益诉讼具有诉讼目的的公益性,利害关系的广泛性。③ 还有学者从公益诉讼与传统私益诉讼的区别中提出公益诉讼具有设置目的是公共利益保护之需要、受案范围体现公益性、起诉主体的广泛性、举证责任的特殊性、裁判效力的延展性。④ 以上是国内学者关于公益诉讼特征的代表性研究观点,内容上有重复,基本上是从诉讼目的、原告资格、诉讼请求、判决效力等方面进行分析,这些观点既符合诉讼法理,也符合公益诉讼的程序机理。对公益诉讼与私益诉讼的异同分析或许更能够体现公益诉讼的特殊性。

---

① 参见李卓:《公益诉讼的法社会学研究》,吉林人民出版社 2009 年版,第 28 ~ 34 页。

② 参见白彦:《民事公益诉讼理论问题研究》,北京大学出版社 2016 年版,第 33 ~ 34 页。

③ 参见颜运秋:《公益诉讼理念研究》,中国检察出版社 2002 年版,第 58 页。

④ 参见最高人民检察院民事行政检察厅编:《检察机关提起公益诉讼实践与探索》,中国检察出版社 2017 年版,第 8 页。

三、公益诉讼与私益诉讼之区别

在传统的私益纠纷中，诉讼被视为一种解决私人之间权利纠纷的手段。这种对私人权利纠纷争议的关注或多或少决定了传统私益诉讼模式的基本要素：第一，诉讼是两极化的，双方当事人陷入了一场对抗性的争论中，法院将在胜利者的基础上作出决定。第二，诉讼具有追溯力。争议是关于已完成的事件，这些事件是否发生，如果发生，对当事方的法律关系有什么影响，诉讼旨在确定过去事件的法律后果。第三，权利与救济是相互依存的逻辑关系。诉讼目的就是权利救济，救济的范围以对权利所造成的损害为衡量标准。第四，诉讼是一段自成一体的插曲，在时间上是有限度的，司法介入以确定有争议的问题而告终，判决的影响仅限于当事人。如果原告胜诉，就会有一种简单的补偿性转移，通常是金钱的转移，但有时还会返还一件东西或履行一项明确的行为。第五，诉讼过程是由当事人发起的，是由当事人控制的，法官处于被动、中立裁判的地位。[①] 由此可以得出传统私人诉讼的主要特征体现在当事人的两造对抗性，诉讼的追溯力，权利与救济的相互依存性，裁判效力的非延展性，诉讼过程的当事人中心主义。

公益诉讼是指个人和组织利用诉讼行使集体权利或影响社会变革，其目的是促进和维护公共利益，确保不忽视和不改变对大量人民宪法权利的侵犯。因此，公益诉讼往往对公共政策提出挑战。公益诉讼的诉讼标的不是私人之间的纠纷，往往是对政府政策或政府行为的不满。公益诉讼是能动性司法工程的产物，与两造对抗性诉讼不同，允许第三方公共利益代表介入司法程序；是一种涉及法院、当事人和政府的合作之诉，它们共同实现对社会正义、法治、善政和基本人权的法定或宪法承诺。

因此，公益诉讼与私益诉讼的主要区别体现在诉讼功能、原告资格、权利救济及裁判效力方面，其他程序方面的具体差异将在后面的章节进行比较论述。从诉讼功能来看，私益诉讼的功能非常单

---

① See Abram Chayes, *The Role of the Judge in Public Law Litigation*, Harv. L. Rev., Vol. 89, p. 1282 – 1283(1976).

一，仅仅是为了解决私人之间的纠纷，确认私人之间的权利义务关系，保护私人的合法权利；公益诉讼的功能则略显复杂，从表面上来看是为了维护不特定多数人的利益，实则是一种社会变革的诉讼手段，公益诉讼当事人并不主张私人利益，诉讼主题是对公共政策表达普遍的不满，通过诉讼改变不合理的公共政策，以此追求推进社会改革的目标。公益诉讼是一项重要的参与性活动，对于处于社会边缘地位的弱势群体来说，公益诉讼有时提供了在某一特定时间唯一或最便宜的进入政治生活的机会，成为参与政治过程的有效方式，对于他们利益的维护有助于减少未来暴力冲突的可能性，有助于建立更牢固的法治社会，可以说公益诉讼也是一种建设和平的工具。从原告资格来看，私益诉讼体现为两造对抗，当事人须与案件有直接利害关系，当事人必须维护某些特定的法律利益——一种法律事先界定的直接受到侵犯或威胁的经济、财产或个人安全利益。但在公共利益的诉讼中，这种理论上的法律利益标准限制了对公共利益的保护，为此司法机关淡化了对原告特有的与案件事实有直接利害关系的要求，并试图放宽旧的“法律利益”标准，只要求“有事实上的损害”，突破了原告资格范围，[①]原告提起公益诉讼只要有事实上的损害即可，用事实损害标准代替法律利益标准，被普遍认为是对传统私法的突破。从权利救济来看，在传统的私益诉讼中，权利与救济是相互依存的逻辑关系，无救济就无权利，救济的范围多多少少是从一般理论下的实质性侵权行为中衍生出来的，救济在逻辑上源自被告对实质性义务或责任的违反，比如在通常的合同纠纷案件中，权利或利益的侵害与适当的赔偿措施是紧密联系在一起的，一旦确定被告违约，原告的救济是必然的，救济以被告违约所造成的实际损害为衡量标准，权利救济体现了补偿性，影响也限于对直接的当事人。在公益诉讼中，权利与救济不存在紧密的逻辑关系，救济往往是前瞻性的、灵活的和补救性的，对不特定多数人产生广泛影响，甚至包括缺席者。公益诉讼所寻求的救济着眼于未来，是纠正性的，而不是补偿性的，因此从逻辑上讲，它并非源自所主张

---

① See Abram Chayes, *Public Law Litigation and the Burger Court*, Harv. L. Rev., Vol. 96, 1982, p. 10.

的权利，权利与补救之间的紧密联系被削弱，致使法院无法在权利—补救关系的范围内像私人诉讼那样作出公平的处理决定。法院对公益诉讼作出的裁判不是解决私人纠纷的法令，更像是行政命令，是面向未来的计划，旨在调整未来的行为，而不是弥补过去的错误，其目的是在复杂、持续的实际情况下实现广泛的公共政策目标。从裁判效力来看，私益诉讼中的裁判模式主要是评估过去的具体行为对当事人的影响，裁判是用于解决私人之间纠纷的必须服从的法令，裁判效力的主体范围仅仅及于诉讼的双方当事人，司法判决的直接效力不得超越诉讼程序中实际当事人的范围，对其他人无任何约束力，体现了法院、原被告三方之间的特定关系。由于公益诉讼不是由私人之间关于私人权利的纠纷引起的，其诉讼的目标是证明公共政策的正当性，公共政策的对象是不特定多数人，所以通过公益诉讼法院作出的裁判或者救济对出席法庭的直接当事人产生影响，对不出席法庭的不特定多数人（具有原告资格的主体）也产生了广泛影响，司法裁判的效力必定会超越实际参加诉讼程序的当事人的范围，裁判对不特定的多数人都有效力，这体现了裁判效力的扩张性。

虽然公益诉讼与私益诉讼表面上看起来似乎是一对矛盾，在诉讼功能、原告资格、权利救济及司法裁判效力方面有差异，在具体的诉讼法理与程序方面也有区别，但实际上两者也具有统一融合的关系，不是绝对对立的。公益诉讼与私益诉讼的界限有时难以界定清楚，因为通过私益诉讼可以规范私人行为，某种程度上也实现了维护社会秩序的目的，所以私益诉讼本身就隐含了保护公共利益的效果，[①]以至于有学者认为私益诉讼本身具有维护公共利益的天性，民事私益诉讼与民事公益诉讼不应该进行二元划分。[②] 公益诉讼捍卫的是不特定多数人的利益，不特定多数人的利益是由成千上万的不特定的私人利益集合而成，公共利益实际上是更大范围内的私益，[③]

① 参见黄忠顺：《论公益诉讼与私益诉讼的融合——兼论中国特色团体诉讼制度的构建》，载《法学家》2015 年第 1 期。

② 参见丁宝同：《民事公益之基本类型与程序路径》，载《法律科学（西北政法大学学报）》2014 年第 2 期。

③ 参见朱金高：《民事公益诉讼概念辨析》，载《法学论坛》2017 年第 3 期。

因此在保护公共利益的同时也为私人利益的实现创造了有利条件,间接地保护了不特定多数人的私益。公益诉讼与私益诉讼的辩证统一关系再次印证了两者存在一致性,尤其是在程序法理和诉讼程序适用方面可以相互交融,这也是将民事公益诉讼写进《民事诉讼法》的理由之一。但是仍有必要研究公益诉讼与私益诉讼的程序差异,尤其是不同的主体提起公益诉讼的程序特殊性,为下一步的立法改革和司法实践提供理论支撑。

四、民事公益诉讼的产生

公益诉讼作为世界现存的一种现代制度,在各个国家都得到了足够重视,也形成了独特的公益诉讼模式。关于两大法系主要国家(美国、英国、印度、法国、德国、日本)公益诉讼制度的域外考察研究,理论研究成果已经很多,本书不再赘述,只是略作阐述。美国是现代公益诉讼制度的发源地,公益诉讼又被称为公法诉讼、公共诉讼等,适用公益诉讼审理案件的范围比较广泛——选举、分配、流产与避孕、就业与住房歧视、环境规制和监狱条件等问题,形成了公民诉讼、集团诉讼、总检察长诉讼等公益诉讼模式。通过公益诉讼促进了美国社会的变革与进步,保护了群体利益,形成了有效的社会公共政策,公益诉讼由于其独特的法律和政治功能,为越来越多的国家所关注和借鉴,并逐渐在世界范围内拓展。① 在英国也产生了检察总长提起公益诉讼的模式,通常是检察官代表公众提起公益诉讼,个人为公共利益提起的诉讼法院一般不予受理,在特殊条件下检察长可以授权个人提起公益诉讼,地方政府可以以自己的名义不经检察机关直接提起辖区内公共利益的诉讼。② 大陆法系的法国、德国等国家均是由检察机关作为公共利益的代表提起民事诉讼的制度,同时也允许部分社会团体基于维护社会公共利益的目的提起公益诉讼;民事公益诉讼和行政公益诉讼作为日本的两种公益诉讼模式,其中民事公益诉讼主要表现为团体诉讼,行政公益诉讼主要

---

① 参见胡云红:《比较法视野下的域外公益诉讼制度研究》,载《中国政法大学学报》2017 年第 4 期。

② 参见陈小平、潘善斌、潘志成等:《环境民事公益诉讼的理论与实践探索》,法律出版社 2016 年版,第 12 页。

表现为控告之诉、民众诉讼和居民诉讼，并通过制定《公益通报者保护法》鼓励民众进行监督和检举。[①] 从世界主要国家的公益诉讼制度来看，大部分国家都面临同样的社会矛盾与冲突，比如环境问题、消费者权益保护问题，在此背景下形成了符合本国国情的各具特色的公益诉讼制度，公益诉讼呈现出本土化特征，本土力量塑造了世界各地丰富多样的公益诉讼实践并推动公益诉讼持续走向深入。不同国家的政治、经济和文化环境产生了不同的公益诉讼模式，但是其主线具有相似性，公益诉讼都是代表弱势群体通过法律手段解决社会问题，通过诉讼实现对于弱势群体法律上和现实中的授权，[②] 这体现了社会正义的要求。

从世界各国公益诉讼的模式和类型来看，民事公益诉讼是重要的组成部分，大部分案件都针对民事领域提起。民事诉讼不仅可以成为保护个人利益的场所，也可以担当起保护公共利益的重任。有学者将民事公益诉讼分为分散利益型民事公益诉讼，纯粹型民事公益诉讼，公益、私益混合型民事公益诉讼，民事公益诉讼在诉讼目的、当事人及判决结果的扩张性方面与传统私益诉讼不同。[③] 也有学者认为民事公益诉讼是指特定诉权主体对损害公共利益的违法行为，依法向法院提起诉讼，追究行为人的民事责任的法律制度。民事公益诉讼的原告与案件不存在直接的利害关系，原告资格受到法律的严格限定，原告的诉讼权利也受到限制；在审判结果的影响方面不同于传统的民事诉讼，民事公益诉讼的案件容易形成一定的社会影响力，裁判结果有可能促进社会政策的调整，甚至促进法律的修改，是一种有效的保障机制或者监督机制，能够充分保障社会公众的利益。[④] 刘学在认为，民事公益诉讼具有诉讼目的的公益性、原告资格的特殊性、处分权主义与辩论主义适用的适当限制性、判

---

① 参见胡云红：《比较法视野下的域外公益诉讼制度研究》，载《中国政法大学学报》2017 年第 4 期。

② 参见徐卉：《通向社会正义之路——公益诉讼理论研究》，法律出版社 2009 年版，第 288 页。

③ 参见张艳蕊：《民事公益诉讼制度研究——兼论民事诉讼机能的扩大》，北京大学出版社 2007 年版，第 27 ~ 31 页。

④ 参见白彦：《民事公益诉讼理论问题研究》，北京大学出版社 2016 年版，第 36 ~ 41 页。

决效力的扩张性、政策形成功能之导向上的侧重性。[①] 朱金高认为，民事公益诉讼是为了公共利益的诉讼，并非动用公权力，公益诉讼归根结底是为了不特定多数人的私益而诉。[②] 从以上学者关于民事公益诉讼的内涵及属性解读来看，民事公益诉讼是公益诉讼的一种，是公益诉讼在民事领域的运用。简言之，民事公益诉讼是特定主体根据法律的授权针对侵害社会公共利益的行为，依法向法院提起诉讼，并追究行为人民事责任的诉讼制度。民事公益诉讼与传统民事诉讼在原告资格、诉讼目的、程序机理、判决效力等方面都有所不同，具体的程序差异笔者将在后面的章节中详细分析。

第三节　检察民事公益诉讼

作为调节利益工具的诉讼经历了从传统的私益诉讼到近现代的公益诉讼之转变，公益诉讼的出现是基于社会出现了大量环境污染、消费者利益损害等现代纠纷。民事公益诉讼作为公益诉讼的下位概念主要是就民事领域侵害社会公共利益的行为进行司法救济的一种程序设计，检察机关提起民事公益诉讼作为民事公益诉讼的重要组成部分在域内外不少国家都已存在。我国的检察民事公益诉讼制度于 2017 年 6 月正式写入《民事诉讼法》，经历了长期的实践探索，在公益保护方面焕发出巨大的制度生命力。

一、域外检察民事公益诉讼图景的总体考察

检察机关提起民事公益诉讼在大陆法系与英美法系国家同样存在，比如在英国，往往由总检察长以自己的名义在公共利益受到侵害时向法院提起诉讼，也可以由总检察长或者检察长审查核实后授权公民以总检察长的名义向法院提起保护公共利益之诉。在美国，法律将维护政府利益和公共利益的诉权广泛赋予政府、公民、个人和其他社会组织，公民在维护公共利益方面作为

---

① 参见刘学在：《民事公益诉讼制度研究——以团体诉讼制度的构建为中心》，中国政法大学出版社 2015 年版，第 68 ~ 74 页。

② 参见朱金高：《民事公益诉讼概念辨析》，载《法学论坛》2017 年第 3 期。

“私人检察官”发挥了重要作用。在法国，早在1804年的《法国民法典》中就从实体法的角度规定了检察机关在民事诉讼中的职权，确立了检察机关提起民事诉讼制度，规定检察机关代表国家保护公共利益。在德国，检察机关和公民或公益团体都可以根据法律的规定提起公益诉讼。[①] 鉴于我国与苏联检察制度的相似性，笔者着重介绍现代苏联民事诉讼程序中的公共利益及检察机关参与民事诉讼的总体情况。

苏联民事诉讼程序中的检察民事公益诉讼。1917年前的俄国民事诉讼程序，是以欧洲大陆的民事诉讼制度，特别是以法国的民事诉讼程序为蓝本建立的。在苏联共产党执政初期，布尔什维克政府试图打破过去，建立一个与社会主义新国家相适应的新司法程序。因此，它颁布了一系列关于法院改革和程序改革的法令，进行了曲折的民事程序改革试验，这标志着近代苏联民事诉讼的开端。从比较的角度来看，现代苏联民事诉讼程序可以说是欧洲大陆法系和英美普通法系民事诉讼程序混合之后的一种创新。现代苏联的民事诉讼程序的目的是调查发现事实真相和保护公共利益。保护公共利益是该制度对诉讼程序的所有参与者，包括当事各方及其各自的律师规定的义务。苏联民事诉讼的具体目标有三个：保护、教育和威慑。第一个目标是保护苏联的国家、社会组织和公民个人的合法利益，实现这一目标的主要途径是使任何希望维护合法权利或受保护利益的人都能诉诸法院。苏联民事诉讼的一个同样重要的目的是教育，通过适用民事诉讼规则，苏联法院力求以尊重法律、尊重他人权益的精神教育全体公民。苏联民事诉讼规则的威慑作用源于前两个目标，如果对普通公民进行适当的教育，使其尊重他人的权利和利益，并意识到每一次侵犯公民合法权益的行为，法律都通过民事诉讼规则提供法律保护，从而遏制今后侵犯这些权利和利益的行为。[②] 在苏联民事诉讼中，公共利益是指广大公众可认知的、

---

① 参见最高人民检察院民事行政检察厅编：《检察机关提起公益诉讼实践与探索》，中国检察出版社2017年版，第21～26页。

② See Christopher C. Osakwe, *The Public Interest and the Role of the Procurator in Soviet Civil Litigation: A Critical Analysis*, Texas International Law Journal, Vol. 18, 1983, p. 41－43.

整个社会不可分割的利益。这是一种与社会所有成员,无论是作为个人还是作为有组织的团体都有利害关系的利益,是所有人共同的利益。公共利益可能产生于纯粹的私人诉讼、为维护集团成员的集体利益而采取的集体行动或检察官为保护广大公众权利而采取的更广泛的行动中。公共利益涉及整个社会的一般福利、国家的安全、政府机构的权威,公共利益超越了个人利益和可识别群体成员的特殊利益,在当时的苏联体制下,利益发生冲突时必须以公共利益为中心,不允许一个人以损害整个社会普遍福利的方式行事。由于民事诉讼必须具有保护国家安全利益、公共秩序和公共道德的要求,因此在这些压倒一切的利益受到私人诉讼威胁或损害时,就不符合公共利益。维护这一原则的一种手段是,如果有任何迹象表明公众进入审判会危及公共和平,或如果公众通过公开审判而破坏公共道德,那么就向公众关闭审判。①

虽然在民事诉讼中,行政和司法部门共同承担维护公共利益的责任,社会团体在维护公共利益方面也发挥着作用,但维护公共利益的最重要的部门是检察机关。由于检察机关具有较强的独立性,检察官可以为了维护公共利益作为第三人提起和参与民事诉讼,民事诉讼中没有一个不受检察干预的领域,体现了典型的社会主义国家干预特征。检察官参与民事诉讼,不一定主张独立的权利要求,也无须经利害关系人同意,法律规定的参与形式也较多,比如可以代表实际利害关系方提起民事诉讼,然后将诉讼移交给实际利益方,而仅作为介入者留在诉讼中;作为实际利害关系方已经提起的诉讼中的介入方;对任何正在进行的民事案件,进行调查,以核实遵守法律的情况;对尚未成为既判力的任何判决或决定或有关程序性裁决进行复审;对已成为既判力的判决和决定进行监督复审;根据新发现的已成为既判力的判决或决定的证据启动复议;对判决的执行进行最高监督等。上述形式中最广泛的形式是检察官代表当事人提起民事诉讼,作为起诉方或介入方参与随后的审判,以及作为干预方参与实际利益方已经提起

---

① See Christopher C. Osakwe, *The Public Interest and the Role of the Procurator in Soviet Civil Litigation*: *A Critical Analysis*, Texas International Law Journal, Vol. 18, 1983, p. 50 - 51.

的诉讼。总之,检察官可以对向苏联任何法院提起的所有民事诉讼进行干预,干预的形式多种多样,参与的检察官在民事诉讼中享有独立地位。① 苏联民事诉讼立法不是以当事人的私人利益为基础,而是以社会主义国家的利益为基础,维护需要保护的公民的合法权益和受保护的利益。为此,检察官广泛参与了保护各种公共利益的民事诉讼程序,如苏联的社会和国家结构,社会主义经济制度,社会主义财产关系,公民的政治、劳动、住房和其他个人和财产利益,以及国有企业和机构、集体农场和其他合作社或社会组织的权利和合法利益。检察官参与民事诉讼是对法院进行检察监督的一种形式,其目的是在民事诉讼中打击违法行为,加强社会主义法治,确保在苏联全境正确、统一地适用法律,而不考虑地方差异,不受任何地方压力的影响。

因此,检察机关作为公共利益的代表,提起民事公益诉讼成为世界上许多国家的普遍做法。从苏联检察机关参与民事诉讼的程序来看,其目的是维护社会公共利益,维护社会主义法治统一,这可以说是检察机关提起或者参与民事诉讼或者民事公益诉讼的出发点和落脚点,是最终的归宿。苏联检察官在维护旧的公共利益类型方面发挥了重要作用。例如,检察官可以启动民事诉讼,以获得宣布婚姻无效的法令;可以提起民事诉讼,为非婚生子女取得抚养费,或者确立与被告的亲子关系。检察官提起这些诉讼,不仅是为了保护有关个人的私人利益,也是为了维护更广泛的公共利益。随着社会的发展,各种现代型纠纷或者新兴矛盾多发,尤其是在环境保护、消费者利益维护、食品药品安全等新的社会关切领域需要填补维护公共利益的空白,这就需要对民事诉讼规则进行变更,保证民事诉讼中公共利益得到更好的保护,实现社会的公平正义。反观目前我国检察机关提起的有关领域的民事公益诉讼正是适应了社会的发展需要,回应了社会关切,弥补了在新型纠纷中保护公共利益的立法及司法空缺。

---

① See Christopher C. Osakwe, *The Public Interest and the Role of the Procurator in Soviet Civil Litigation: A Critical Analysis*, Texas International Law Journal, Vol. 18, 1983, p. 88.

二、我国检察民事公益诉讼的产生——司法保护公共利益的重要路径

从世界范围来看，当代社会形态的基本特征是一体化高度发达，公民的基本权利和义务也不再排他性地只涉及个人的权利和义务，还涉及团体、社会以及阶层的、超个人的、集体的和“社会的”权利和义务。所以现代社会的复杂性常常导致这样一种情形，即一项单独的人类行动可能对许多人有益或者有害，比如一个污染环境的行为造成了不特定多数人利益的侵害，这种不特定多数人的利益就是现代型集体利益或者说公共利益，现代型集体利益的过于分散以至于不能为公共行政机构在其日常行动中充分“感受”并“认真对待”，政府部门对公共利益呈现出一种迟缓、僵化的状态。[①] 在我国的国家权力架构中，立法、司法和行政机关都承担着维护公共利益的职责，[②]但行政权是一种最广泛的权力，是社会治理的主要实施者，影响着社会方方面面的公共利益，成为维护和实现公共利益的最重要部门，但是基于现代社会治理的复杂性，行政机关在维护社会公共利益方面呈现出乏力甚至缺位的现象。由于在很长一段时期内，我国是以 GDP 增长作为地方政府部门的重要考核标准，GDP 的增长带来了我国经济的飞速发展，但也带来了一些矛盾和问题。经济考核压力导致一些地方政府部门开始放松监管标准，特别是在招商引资中引进的大型污染企业，当地政府的税收和经济发展都要依赖这些企业的贡献，行政监管特别是行政处罚的限制导致“违法成本低、守法成本高”成为常态，环境污染、生态破坏、食品药品安全成为少人问津的问题。因此，经济主导的发展模式和政绩考核体系成为行政机关在维护和实现公共利益方面乏力和缺位的重要原因。

为了解决因现代型集体利益或者说公共利益遭受侵害而带来的社会治理难题，补足行政机关在维护社会公共利益方面的缺位，

---

① 参见［意］莫诺·卡佩莱蒂：《比较法视野中的司法程序》，徐昕、王奕译，清华大学出版社 2005 年版，第 372 页。

② 参见刘辉：《检察公益诉讼的目的与构造》，载《法学论坛》2019 年第 5 期。

国外很多国家建立了专门的政府代理人制度,诸如美国的环境保护局、瑞典的消费监察专员办公室、英国的公平交易主任和种族关系委员会、印度的限制交易契约司法常务官等。专门的政府代理人制度虽然发挥了一定的维护公共利益的作用,但实践证明专门性政府代理人仍然存在迟缓、僵化甚至滥权的现象。[①] 为此很多国家探索通过司法维护社会公共利益的途径,出现了私人检察官制度、集团诉讼等制度,通过司法权的扩张强化司法审查制度,提升法院在社会治理中的地位。从维护社会公共利益的历程来看,我国并未像西方国家那样设置专门的政府代理人制度,而是探索通过司法来维护公共利益的路径,首先解决由谁启动司法程序的问题,为此在2012年修改《民事诉讼法》时确立了民事公益诉讼制度,赋予法律规定的机关和社会组织公益诉权,但是从2012~2014年的民事公益诉讼办案数据来看,该制度并未发挥应有功能,生态环境和资源保护、食品药品安全等公益保护问题越发凸显。2014年党的十八届四中全会提出探索建立检察机关提起公益诉讼制度,经过试点并修改法律后于2017年正式确立检察公益诉讼制度。

检察机关作为法律监督机关,负有监督国家法律统一正确实施的宪法职责,检察民事公益诉讼制度是以诉讼方式履行宪法赋予的法律监督职能,能够更好地促进国家治理,维护公共利益,有利于促进国家治理的法治化。[②] 检察民事公益诉讼的确立体现了通过司法方式维护社会公共利益的趋势,对公共利益纠纷解决方式的完善具有重要意义,是创新社会治理的新型模式,能够改善社会组织和法律规定的机关公益诉权行使积极性不高的问题,符合检察机关的宪法定位和法律监督职责。同时,在我国现行国家体制下,检察机关依法独立行使检察权,具有专业队伍,较强的诉讼能力,赋予检察机关民事公益诉讼的补充诉权既可以节省成立新部门所消耗的大量资源,也可以充分发挥和拓展现有国家机关的职能。从办案数据和社会效果来看,检察民事公益诉讼制度的建立对于维护社会公共利

---

① 参见[意]莫诺·卡佩莱蒂:《比较法视野中的司法程序》,徐昕、王奕译,清华大学出版社2005年版,第386页。

② 参见庄永廉等:《如何做好新时代公益诉讼检察工作》,载《人民检察》2019年第23期。

益,完善国家治理发挥了重要作用,笔者将在本书第三章重点论述其功能价值。进入新时代,随着我国社会主要矛盾的变化,社会利益格局发生了变化,群体性利益、多元主体利益不断呈现,检察权以代表公共利益为职责使命,[①]检察机关作为司法机关必将通过公益诉讼成为维护公共利益的主力军,检察民事公益诉讼也会成为保护社会公共利益的重要司法路径。

三、我国检察民事公益诉讼制度的本质

检察民事公益诉讼是由检察机关提起的旨在维护社会公共利益,行使法律监督职责的行为,本书将检察民事公益诉讼的性质归纳为国家性、人民性、主动性、补充性。

国家性。国家性是对我国检察民事公益诉讼制度的总体概括,表明该制度在起诉资格上由原来的社会组织、法律规定的机关的二元结构到社会组织、法律规定的机关和检察机关的"三足鼎立"。从开始试点到立法再到全面推行检察公益诉讼制度,检察机关逐渐成为公益诉讼的主力军和最重要的发起主体。以至于有学者认为目前我国公益诉讼呈现出明显的"国家化"现象,反映了我国独特的"国家—社会"关系,检察机关提起公益诉讼具有专业性、权威性、经费有保障等方面的优势,但公益诉讼的过度"国家化"不利于公共利益的保护,容易产生"社会事务,国家担责"的恶性循环。[②]其实,从我国目前的实际情况来看,公益诉讼的"国家化"有其必然性,既能够克服社会组织提起公益诉讼存在的障碍,又能够更好地维护公共利益,实现国家治理的法治化,还能够产生示范引导作用,特别是引导社会大众、社会组织提高公共利益保护意识,有利于社会组织诉权积极性的提高。因此,检察民事公益诉讼的国家性在相当长的一段时间内仍然会存在,即便将来社会组织在维护社会公共利益方面的力量足够壮大,作为国家机构的检察机关也会仍然坚守公共利益保护的最后一道防线。

---

① 参见苗生明:《新时代检察权的定位、特征与发展趋向》,载《中国法学》2019年第6期。

② 参见陈杭平、周晗隽:《公益诉讼"国家化"的反思》,载《北方法学》2019年第6期。

人民性。人民性是检察民事公益诉讼制度的政治属性，表明该制度的出发点和落脚点是为了人民。我国的根本政治制度是人民代表大会制度，国家机关的一切权力来自人民，受人民监督，对人民负责。检察机关当然也不例外，检察民事公益诉讼制度始于全国人大常委会的授权，确立于全国人大常委会的法律修订，可以说检察民事公益诉讼制度的产生来自人民的需求和人民的赋权。检察民事公益诉讼制度的根本目的在于保护公共利益，公共利益鲜明的公共性特征其实反映的是人民的利益。目前从检察民事公益诉讼的案件范围来看，主要限于事关人民切身利益的领域，可以说检察机关作为社会公共利益的代表，提起民事公益诉讼代表人民，为了人民，依靠人民。[①] 2019 年 10 月 23 日，时任最高人民检察院检察长张军向第十三届全国人民代表大会常务委员会第十四次会议作最高人民检察院关于开展公益诉讼检察工作情况的报告，接受代表的审议和监督，充分体现了检察公益诉讼制度的人民性。

主动性。检察机关提起民事公益诉讼是法律监督职能中更带有主动性的一项诉讼职能，主动性是检察民事公益诉讼区别于传统检察业务的重要特征。在检察机关各项法律监督职能中，刑事检察、民事检察、行政检察中的检察机关往往处于案件的中间或者终端环节，也就是案件一般来自公安机关、监察机关、审判机关等，检察机关承担的主要是审查起诉、诉讼活动监督等职能，总体上看主动性体现得不明显，主要是被动办案。在民事公益诉讼中检察机关既是公共利益侵害线索的发现者，也是案件的调查者，还是诉前程序、诉讼程序的实施者和监督者，还需要跟进诉后公共利益的修复，可以说所有诉讼活动都需要检察机关的主动参与和推进，直至公共利益得到彻底保护，因此，检察民事公益诉讼体现了较强的主动性。

补充性。补充性体现的是检察权的谦抑性和起诉资格的兜底性，这是与行政公益诉讼的根本区别，行政公益诉讼中的检察机关独享起诉权，但民事公益诉讼的起诉主体包括社会组织和法律规定的机关及检察机关，多元主体在社会公共利益维护中形成了协同关

---

① 参见庄永廉等：《如何做好新时代公益诉讼检察工作》，载《人民检察》2019 年第 23 期。

系,其中法律规定的机关和社会组织是处于第一位阶的诉讼提起者,第一位阶的诉讼提起者提起民事公益诉讼时检察机关一般不再提起诉讼,但可以支持起诉,充当诉讼协助者的角色;[①]第一位阶的诉权主体未能提起民事公益诉讼的,此时检察机关作为社会公共利益的代表,需要发挥补充性、兜底性和社会公共利益最后一道防线的作用,在启动民事公益诉讼程序上成为起诉的兜底者。因此,在检察民事公益诉讼制度中,检察机关的定位是社会公共利益的代表,体现的是社会公共利益终局维护者的角色。

---

① 参见庄永廉等:《如何做好新时代公益诉讼检察工作》,载《人民检察》2019 年第 23 期。

第二章　我国检察民事公益诉讼制度的改革背景与理论依据

十八届四中全会提出探索建立检察机关提起公益诉讼制度，2015 年 7 月，最高人民检察院根据授权开始公益诉讼试点工作，2017 年 6 月，全国人大常委会正式以法律形式确立检察公益诉讼制度。至此，检察机关开始发挥公益诉讼法律监督职能，成为维护国家和社会公共利益的主要力量。因此，检察公益诉讼制度的产生有其特定的历史背景，同时作为一项年轻的制度不乏质疑的声音，比如杨秀清从宪法视角、法律移植视角进行理性分析后认为，作为法律监督者的我国现有检察机关提起公益诉讼因不符合公益诉讼的本质要求而不具有理论上的正当性。① 比如，章礼明从检察机关与行政机关的角色分工出发，认为检察机关提起公益诉讼并非国外的通行做法，赋予我国检察机关原告诉权有诸多弊端，容易扰乱我国现行的法律体系，破坏民事诉讼的程序结构，引发检察机关的膨胀，因此检察机关不宜作为环境民事公益诉讼的原告。② 尽管上述学者对检察机关不宜作为公益诉讼的诉讼主

---

① 参见杨秀清：《我国检察机关提起公益诉讼的正当性质疑》，载《南京师大学报（社会科学版）》2006 年第 6 期。

② 参见章礼明：《检察机关不宜作为环境公益诉讼的原告》，载《法学》2011 年第 6 期。

体的分析有一定的合理性，但是否能够赋予检察机关公益诉讼原告资格应该从制度的生成背景和理论基础进行论证。因此，笔者在本章中将着重对检察民事公益诉讼制度的改革背景和理论依据进行阐述，力争平息对该制度的争论与质疑。

第一节　检察民事公益诉讼制度的改革背景

一、从属于本轮司法改革

改革通常是指变革旧事物、旧制度，一般会涉及政治、经济、文化、社会等领域，改革是社会发展的强大动力。司法改革，顾名思义是司法领域的变革，由于司法制度是一个国家政治制度的重要组成部分，是一个国家掌握政权的阶级实现其统治和管理社会的重要工具，司法改革往往与政治改革不可分割，因此我国的司法改革是一场政治革命，是建设社会主义法治国家的重要举措。司法改革是对社会转型和发展中出现的新情况、新矛盾、新问题的直面回应，比如司法权配置不合理、司法权的地方化和行政化、独立公正行使司法权的多重障碍、人民陪审员与监督员制度的不完善、司法责任制度不够合理，人权保障不力等。① 对这些问题的变革具有重要意义，不但能够平衡司法内部非均衡困境，也关系到国家治理的合法性基础与执政党的执政基础，有利于矫治国家治理难题、协同推进国家治理体系建设。② 所以，从某种意义上来说，司法改革并不仅是狭义的司法领域的改革，从十八届四中全会《中共中央关于全面推进依法治国若干重大问题的决定》作出的以国家治理为主线的司法改革战略就可以看出司法改革涉及国家政治层面，关涉国家治理体系，司法与政治不是二元对立的格局，而是相互协同的战略伙伴关系，司法改革是一种全方位多角度的系统性变革，是一种重要的政治性变革，体现了国家主权者的意志。

从时间来看，我国的司法改革从新中国成立之后就一直断续存

---

① 参见陈业宏、唐鸣：《中外司法制度比较》，商务印书馆2015年版，第711页。

② 参见廖奕：《国家治理现代化与司法改革顶层设计的均衡模型》，载《国家检察官学院学报》2015年第4期。

在，有学者认为当代中国司法改革的历程分为新中国成立初期的司法改革、“文革”后的司法重建以及司法改革的展开与推进三个阶段，①这一划分对于我们从整体上认识与理解我国的司法改革具有重要作用。同时，该学者又在《改革开放四十年来的司法改革实践与司法理论探索》一文中对我国司法改革实践的演进进行了概括——“司法重建——‘司法技术性改革’——‘司法体制性改革’”，这一总结不仅是对改革开放以来司法改革实践历程的精辟描述，更是对每一阶段司法改革实践的核心主题进行的精准归纳。②陈卫东教授认为，我国的司法改革经历了从“法治建设”到“依法治国”再到“法治中国”的多个阶段，司法改革的脉络和重心也开始从一般层面的“司法改革”发展到“司法体制改革”。③ 司法改革作为政治改革的一部分，主要由中国共产党进行规划和设计，历次党的代表大会报告中体现得尤为明显。第一次提出司法改革的当属党的十五大，这在理论界已达成共识。④ 之后，党的十六大报告对司法体制改革进行了规划，十七大报告对深化司法体制改革、十八大报告对进一步深化司法体制改革进行了规划，十九大报告从深化司法体制综合配套改革，全面落实司法责任制方面对司法体制改革进行了部署。⑤ 在党的十八大之前所进行的司法改革大都缺乏总体规划，统筹安排不足，是政法机关内部的自我改革与各自为政，零散且不系统，未纳入国家政治权力变革的总体框架，大多是一些治标性改革措施，并未涉及司法体制的变革，所以也无法称之为真正意义上的司法改革。因此，党的十八大特别是十八届三中、四中全会确立的改革内容，往往称为本轮司法改革。⑥ 本轮司法改革带有全局

---

① 参见崔永东：《司法改革与司法公正》，上海人民出版社 2016 年版，第 165 页。

② 参见崔永东：《改革开放四十年来的司法改革实践与司法理论探索》，载《政法论丛》2018 年第 5 期。

③ 陈卫东：《改革开放四十年中国司法改革的回顾与展望》，载《中外法学》2018 年第 6 期。

④ 参见张文显：《全面推进法制改革，加快法治中国建设——十八届三中全会精神的法学解读》，载《法制与社会发展》2014 年第 1 期。

⑤ 参见党的十六大、十七大、十八大、十九大报告。

⑥ 参见陈卫东：《当前司法改革的特点与难点》，载《湖南社会科学》2016 年第 2 期。

性和系统性，特别是将司法改革纳入了“法治中国建设”的整体框架之中进行的全局性、深入性的改革，符合司法规律，有利于实现司法公正，因此，此次司法改革有着不同于以往改革的深远意义。[①] 可以看出，本轮司法改革具有不同于以往司法改革的鲜明特征，有必要对本轮司法改革的特点进行概括总结，进而分析检察公益诉讼制度与本轮司法改革的相关性。

从党的十八届三中、四中全会通过的决定文本可以初步分析出我国本轮司法改革的显著特点，本轮司法改革的特点体现在以下几个方面：一是改革道路的政治性。本轮司法改革是政治体制改革的重要内容，为此成立了原中央全面深化改革领导小组，所有改革方案都必须由其审批。此前的几轮司法改革大都是在中央政法委主导下各个政法机关的自我行动，本轮司法改革的很多内容超出了政法机关的内部范畴，改革则由中央进行顶层设计并统一部署。[②] 二是改革内容的全局性。本轮司法改革的关键和重心在于体制改革，司法管理体制、人员分类管理、司法责任制等改革都带有全局性和系统性，属于体制、机制、制度上的深入变革。因此，本轮司法改革的内容是全局性、整体性和长远性的体制性变革，而不再是局部的、具体的和暂时的技术性改革。三是改革方法的科学性。本轮司法改革在方法论上采取了顶层设计统摄下的自上而下的一体化改革路线，坚持试点先行、总结完善、全国推进的改革方法，司法改革方案由原中央全面深化改革领导小组通过后在全国进行分批试点，通过试点获得可复制可推广的经验，然后在全国总结推广。[③] 四是改革目标的宏观性。本轮司法改革除了完善司法制度外，还有一个宏观目标就是推进国家治理体系和治理能力现代化和法治化，这与以往的司法改革不同，通过提出国家治理现代化的总体目标，实现了司法改革的目标升级。

纵观检察公益诉讼制度，也是迎着本轮司法改革的浪潮，在立

---

① 参见崔永东：《司法改革与司法公正》，上海人民出版社2016年版，第168页。

② 参见陈卫东：《改革开放四十年中国司法改革的回顾与展望》，载《中外法学》2018年第6期。

③ 同上。

法上正式获得确认，检察机关成为社会公共利益的代表，并具有公益诉讼起诉人身份。本轮司法改革之前，检察机关在实践中不断进行公益诉讼的探索，但由于立法不明确、与传统诉讼理论的冲突等导致检察公益诉讼制度一直未能建立，这种困境终于在本轮司法改革中被打破。2014 年，党的十八届四中全会提出，探索建立检察机关提起公益诉讼制度。检察公益诉讼第一次在党的重要文件中出现，是党中央紧紧围绕法治国家、法治政府、法治社会一体建设目标作出的正确战略抉择，这一决策符合检察机关的宪法定位、符合我国的政治格局、符合公益的本质特点，符合诉讼规律，为公益保护开出了药方，公益诉讼至此有了国家队。按照本轮司法改革顶层设计、试点先行、总结完善、全面推进的改革进路，最高人民检察院注重顶层设计与依法进行，制定了试点方案，经全国人大常委会授权后开始试点，对试点案件的范围类型、诉前程序、原则要求、试点地区等作出了明确规定。检察机关通过近两年的试点取得了预期效果，凸显了检察公益诉讼制度的优越性，为全面推开检察公益诉讼提供了宝贵经验，也为制度的最终建立提供了实践支撑。2017 年 7 月，全国人大常委会修订法律，正式确立检察公益诉讼制度，检察机关提起公益诉讼全面实施。2018 年 7 月 6 日，中央全面深化改革委员会审议通过了《关于设立最高人民检察院公益诉讼检察厅的方案》，为推进公益诉讼专业化建设，更好地履行检察公益诉讼职责提供了组织保障。因此，检察公益诉讼制度的建立遵循了本轮司法改革的路径和规律，是改革的重要内容，也是一项极具中国特色的司法制度，其目的在于保护国家和社会公共利益，同时将侵害公共利益的治理难题纳入法治轨道，也探寻出了一条推进国家治理体系和治理能力现代化和法治化的重要途径。所以，检察公益诉讼是党中央顶层设计推行的一项司法体制改革工作，通过立法机关对检察机关在公共利益问题上的赋权增能，推动了检察机关提起公益诉讼在本轮司法改革中予以试点、推行和确立，并最终走向完善。

二、转机于国家监察体制改革

监察体制改革是党中央作出的事关全局的重大政治变革，不仅是为了推动全面从严治党、推动反腐败斗争持续深入发展，更具有重要的制度、现实和创新意义。[①] 监察体制改革有利于完善公权力监督体系，由于监察体制改革关涉国家权力的重新配置，其影响之广可以预见，尤其是将检察机关的自侦职权转隶至监察委员会对检察机关带来了冲击，但也为检察机关重塑性变革提供了时代背景和契机。

由于国家监察体制改革属于重大的政治体制改革，在国家权力层面产生了权力交接与转移，在全面从严治党方面形成了统一高效的监察体制和体系，在推进国家治理体系和治理能力方面形成了法治路径。因此，从整体来说，监察体制改革是党中央作出的适合我国国情需要的一项重大战略部署，是推进中国特色社会主义制度完善与创新的制度实践，所有国家机关、党员干部及公职人员都应该顾全大局并坚决拥护和支持。检察机关对党中央的重大决策部署一贯坚持线性回应，这是检察机关国家性的重要体现。但仍然有必要分析国家监察体制改革对检察机关的检察职权、机构等方面带来的具体深刻的影响，这是检察机关在新时代谋求转型发展、视转隶为转机所必须考虑的前提条件。从已有的理论研究和检察机关的自身情况来看，在监察体制改革的时代背景下，出现了“质疑论”“悲观论”“机遇论”等不同认识。比如，对检察机关的宪法定位产生了质疑和动摇，认为监察体制改革过程中将检察机关的自侦权转移后，需要重新厘清检察机关的宪法定位和权力属性，职务犯罪侦查权是检察机关最具刚性和监督属性的权力，是检察机关定位为法律监督机关的主要根据，监察体制改革后监察委员会事实上成为了真正意义上的法律监督机关。[②] 有的认为检察机关自侦职权转隶后，地位被削弱了，职能也大幅萎缩，检察机关的法律监督职能基本上已经被监察委员会吸收了，有必要进行改革。[③] 有的学者认为监察体制改革后检察机关失去了对监督对象直接进行处理的自侦权，

---

① 参见袁曙宏：《深化国家监察体制改革的四重意义》，载求是网 2019 年 8 月 9 日。

② 参见胡勇：《监察体制改革背景下检察机关的再定位与职能调整》，载《法治研究》2017 年第 3 期。

③ 参见李声高：《国家监察权运行机制研究——兼论检察机关改革的方向》，载《时代法学》2017 年第 6 期。

致使法律监督丧失了支撑，进而导致诉讼监督进一步软化和弱化，检察制度面临严峻挑战。① 有的却认为监察体制改革提供了强化法律监督职能的机遇，比如监察体制改革为检察机关破除“侦查为中心”的工作思维，回归宪法规定的法律监督机关定位，拓展法律监督领域，聚焦法律监督主责主业提供了契机。② 总体来看，监察体制改革是国家作出的重大政治性变革，带来了国家机构和国家权力格局的重大变更。从20世纪90年代全国各地检察机关相继设立反贪局开始，职务犯罪侦查业务和自侦权力逐步成为检察机关的核心部门和核心权力，在某种程度上成为检察机关开展法律监督工作的根基、支撑和“拳头”。侦查至上、侦查中心在检察机关内部成为普遍的理念，重自侦轻监督的现象存在，传统的民事检察、行政检察基本上不属于检察机关的中心业务，关注和重视程度不高，带来了检察机关业务发展的不均衡、不平衡现象。国家监察体制改革打破了检察机关的业务发展局面，传统上被认为是检察机关的“牙齿”和“拳头”，为检察机关发挥法律监督职能提供足够威慑力的自侦权被剥离，对检察机关来说确实是一个冲击。客观分析，监察体制改革剥离了检察机关的职务犯罪职权后，对检察机关的职能、内设机构及相关业务都有一定的影响。③ 从我国检察制度的法律监督本质来看，监察体制改革未改变检察机关的宪法定位和检察权的属性，2018年宪法修改也未对检察机关的定位进行修订，因此，辩证来看监察体制改革只是重新配置了职务犯罪侦查权力，对我国宪法体制和国家机构职权配置进行了完善与发展，并未动摇检察机关的宪法地位和职权，反而为检察机关在新时代谋求转型发展提供了机会。

监察体制改革是对检察机关法律监督职权的重构，一方面让检察机关从办理自侦案件的“决定者”和“实施者”的角色混同中解脱

---

① 参见朱孝清：《国家监察体制改革后检察制度的巩固与发展》，载《法学研究》2018年第4期。

② 参见何盼盼：《回归宪法本位：监察体制改革对检察工作的影响与应对》，载《太原理工大学学报（社会科学版）》2018年第2期。

③ 参见胡勇：《监察体制改革背景下检察机关的再定位与职能调整》，载《法治研究》2017年第3期。

出来，[①]同体监督的逻辑错位不复存在，检察机关的行政属性随着自侦职权的剥离明显减弱，司法属性得到进一步固化，法律监督职权的行使并非一定要以自侦职权为支撑和倚重，两者的关联性是检察机关以往过于依靠自侦职权威慑力的自我思维，所以，自侦职权的剥离并未从根本上动摇检察机关的法律监督定位。另一方面，既然监察体制改革分离了检察机关近 1/3 的职权和人员，相应的内设机构也面临着业务萎缩的尴尬境遇，为此检察制度需要巩固和发展，法律监督权需要进行重构，很多学者也提出了建设性意见，比如姚建龙认为监察体制改革后，检察机关应该完善以公诉权为核心的检察制度，积极推进公益诉讼改革。[②] 朱孝清认为，检察制度的巩固需要通过保留部分侦查权、赋予检察监督以约束力来增强监督刚性，同时坚持内涵式和外延式双轮驱动的发展战略，围绕人民对美好生活的需求逐步拓展检察职能，提请合宪性审查，维护宪法权威；拓展司法审查，维护公民权利，拓展行政检察，促进依法行政。[③] 这些建议具有重要的理论意义，为检察机关坚持宪法定位，巩固和发展法律监督职能提供了路径指引。

检察机关视转隶为转机，摆脱了侦查中心主义的痼疾，厘清了自身存在已久的同体监督这一体制性矛盾，能够更充分地践行国家法律监督机关的角色定位。[④] 为此，时任最高人民检察院检察长张军在 2019 年最高人民检察院工作报告中首次提出推进刑事、民事、行政、公益诉讼四大检察业务均衡发展，这是新时代推动全国检察机关转型发展的战略规划，也是检察权重塑的基础，是检察机关回归法律监督定位，强化法律监督主业，推进内设机构改革的逻辑支撑。根据法权平衡理论，为了保持国家机构横向权力结构的平衡

---

① 参见袁博：《监察制度改革背景下检察机关的未来面向》，载《法学》2017 年第 8 期。

② 参见姚建龙：《监察委员会的设置与检察制度改革》，载《求索》2018 年第 4 期。

③ 参见朱孝清：《国家监察体制改革后检察制度的巩固与发展》，载《法学研究》2018 年第 4 期。

④ 参见何盼盼：《回归宪法本位：监察体制改革对检察工作的影响与应对》，载《太原理工大学学报（社会科学版）》2018 年第 2 期。

性，国家机关之间的权力分配要保持适当的平衡状态。[①] 因此，既然检察机关的自侦职权被剥离了，就要通过赋权增能在法律上赋予检察机关新的职权。检察制度的巩固和发展既要走内涵式发展道路，充分发挥已有刑事、民事和行政检察职能，又要走外延式扩张道路，不断拓展新的法律监督路径和选择，比如检察公益诉讼，以保持中国特色检察制度的生命力。所以，公益诉讼作为检察机关大有可为的法律监督业务是在国家监察体制改革、司法体制改革的背景下为平抑自侦权被剥离后检察机关职权的功能性失衡，由法律赋予检察机关作为公共利益的代表行使保护国家利益和社会公共利益的诉权。目前来看，检察公益诉讼体现了极大的制度生命力，有力地保护了“两益”，从属于本轮司法改革的潮流，更是转机于自侦职权转隶后检察机关业务增长的现实需要。

三、承接于传统民事公益诉讼

纵观我国公益诉讼的发展历程，个人、社会组织及检察机关成为推动公益诉讼起步、探索与发展的力量组合，20 世纪八九十年代以个人提起公益诉讼为主，到 21 世纪初社会组织开始介入公益诉讼。检察机关则一直走自己的探索之路，具体的检察机关公益诉讼的探索历程将在下文中详细阐述，本部分主要论述个人和社会组织参与公益诉讼的实践情况。周伟教授对公益诉讼的历程进行了具体的划分，他认为从 20 世纪 80 年代到 2004 年是公益诉讼从无到有，从陌生到接纳的过程，这一阶段以公民个人提起的诉讼居多（详见表 2－1 代表性案例），是我国公益诉讼的初步形成时期。从这一阶段公民个人提起诉讼的有关案例来看，类型主要集中在侵害消费者利益公益诉讼和宪法规定的公民权利公益诉讼，诉讼目的以维护私益为主兼顾维护公共利益，基于各种原因诉讼的胜诉率并不高。因此，这一阶段个人提起的诉讼虽然引起了社会的广泛关注，也具有一定的政策调整功能，比如郝某松诉北京铁路局售货不出具发票案，最终原告获得胜诉，致使原铁道部要求全国铁路部门为消费者

---

① 参见袁博：《监察制度改革背景下检察机关的未来面向》，载《法学》2017 年第 8 期。

提供正规发票,促成了带有维护公益性质的私人诉讼进入了法院的裁判过程。但是这一阶段的公益诉讼仍然围绕着主观诉讼进行,单纯以维护公共利益为主的客观诉讼在公民个人提起的诉讼中基本没有,或者说这些个人诉讼的主要功能是维护私益,但又具有维护公共利益的部分功能,因此尚不能称之为纯粹的公益诉讼,只能看作我国带有维护公益性质诉讼的萌芽或者是起步。这种带有维护公益性质的诉讼对纯粹公益诉讼的产生、法律制度的发展具有一定的推动作用。

表2-1 20世纪80年代至21世纪初个人提起诉讼典型案例

序号	年份	案件名称或者内容	案件类型	案件结果
1	1996	丘某东诉龙岩市电信局未执行话费半价规定案	消费者权益	原告撤诉
2	2000	王某等诉成都家家快餐有限公司收取服务费歧视案	平等权权益	原告败诉
3	2000	高某诉北京敦煌餐饮公司拒绝提供服务歧视案	平等权权益	原告胜诉
4	2000	丘某东诉广州市邮政快递公司额外收取费用案	消费者权益	原告败诉
5	2001	乔某祥诉铁道部春运涨价侵犯知情权案	消费者权益	原告败诉
6	2002	蒋某诉中国人民银行成都分行录用规定身高歧视案	平等权权益	不予受理
7	2003	王某诉上海某置业开发公司侵犯残疾人无障碍权案	平等权权益	双方和解
8	2003	林某诉某银行侵犯残疾人无障碍权案	平等权权益	原告胜诉
9	2004	张某著诉安徽省芜湖市人事局录用公务员歧视案	平等权权益	原告胜诉
10	2004	杨某诉漳州市人事局录用公务员歧视案	平等权权益	原告撤诉
11	2004	吴某等诉海南省公安厅录用人民警察歧视案	平等权权益	原告败诉

续表

序号	年份	案件名称或者内容	案件类型	案件结果
12	2004	陈某诉深圳市人事局、国税局录用公务员歧视案	平等权权益	不予受理
13	2004	丘某东诉厦门航空公司收取机场建设费案	消费者权益	驳回请求
14	2005	郝某松诉北京铁路局售货不出具发票案	消费者权益	原告胜诉

21 世纪初到 2015 年之前是公益诉讼实践推动法律制度完善的关键时期，这一阶段体现了公益诉讼从起步到发展、从萌芽到深入的过程，公益诉讼法律制度在诉讼实践的推动下不断完善。具体来看，个人提起带有公益诉讼性质的诉讼范围逐步扩大，但仍然以消费者权益及平等权等宪法性权利受侵害的案件为主，同时还出现了少许环境权方面的诉讼，比如 2004 年陆某东诉永达公司环境污染损害赔偿纠纷案，法院判决永达公司设置的路灯已构成光污染，遭受污染的居民有权起诉。社会组织从 2005 年开始参与到公益诉讼的实践中，但案件类型集中于环境资源领域，这是《国务院关于落实科学发展观加强环境保护的决定》中首次明确提出“推动环境公益诉讼”的结果，在政策指导下自 2006 年开始，社会组织进行了环境民事公益诉讼的实践探索与制度构建，出现了一系列典型案例。比如，首例环保社团组织公益诉讼案：2009 年 7 月，朱某茂、中华环保联合会诉江苏江阴港集装箱有限公司环境污染侵权案，该案最终以调解结案；首例由民间组织作为原告的环境公益诉讼案：2011 年 9 月，重庆绿色志愿者联合会与北京自然之友诉曲靖铬渣污染案，目前也以调解结案。尽管这些典型案例带来了一定的社会影响力，出现了诸如“公益诉讼一小步，环境保护一大步”的评价，但是社会组织提起的公益诉讼案件仍然较少，社会公共利益并未得到有效保护，有学者统计，从 2005 ~ 2014 年的 10 年时间里，环境民事公益诉讼进入法院受理程序的共 47 件，每年不到 5 件。[①] 也

① 参见巩固：《2015 年中国环境民事公益诉讼的实证分析》，载《法学》2016 年第 9 期。

有学者统计了1995～2014年的20年时间里全国法院共受理72件环境公益诉讼案件，其中社会组织提起的只有17件。特别是在2012年《民事诉讼法》修改后的2013年，大家普遍认为环境公益诉讼的春天来了，但公益诉讼特别是环境公益诉讼并未大规模爆发，甚至出现了“零受案率”的尴尬境遇，公益诉讼遭遇了立法后的第一次低潮。

因此，可以看出在2015年之前社会组织虽然积极探索公益诉讼并呼吁立法授权，且2013年正式实施的《民事诉讼法》和2015年正式实施的《环境保护法》都明确了社会组织提起公益诉讼的基本规定，而且根据2015年最高人民法院发布的司法解释，我国有700多家符合提起环境公益诉讼条件的社会组织，但是基于各种原因最终踏上公益司法之路的社会组织屈指可数，特别是法律规定的原则性，社会组织自身的诉讼能力、专业能力，费用支出等都制约了其提起公益诉讼的积极性。也有学者从法经济学的角度认为环境公益诉讼原告积极性不高的根源在于公益诉讼的集体行动属性所导致的“理性冷漠”，是追求自身利益最大化的理性经济人在成本—收益算计之下的理性选择，体现了中国公益精神的缺失。[①] 客观来说，社会组织提起的公益诉讼特别是环境公益诉讼在推动社会进步，通过个案纠正社会制度的缺陷与不足，改变行为规则，促进环境法治等方面具有重要意义，有利于畅通公众参与诉讼的渠道，扩大司法保护的范围，克服诉讼主客场影响，督促环境行政执法，实现环境正义，提升司法公信力。[②] 但是，通过分析1995～2014年社会组织提起的公益诉讼案件数，同时2013年立法授权后公益诉讼也并未实现人们的预期，足以说明公益诉讼并未发挥制度效果，未达到立法目的，更未实现公益诉讼的价值，特别是环境公益诉讼制度的整体功效并未充分发挥。如何破解公益诉讼制度效果不甚理想的窘境，在司法改革的背景下，党的十八届四中全会提出探索检察机关提起公益诉讼制度，这既是回应社会公共利益受侵害急需

---

① 参见陈亮：《环境公益诉讼研究》，法律出版社2015年版，第262页。

② 参见孙茜：《我国环境公益诉讼制度的司法实践与反思》，载《法律适用》2016年第7期。

维护的现实需要，也是破解传统公益诉讼制度效果不佳的路径选择，更是推进国家治理体系和治理能力法治化的重要途径，公益诉讼自此加入了检察机关这一“国家队”，检察机关成为公益诉讼中一支新生的法律力量。

自 2015 年 7 月，检察机关开始直接在涉及国家利益和社会公共利益的领域试点提起公益诉讼。从 2015 年 7 月到 2017 年 6 月试点期间，检察机关共办理公益诉讼案件 9000 余件，提起公益诉讼案件 1100 余件。[①] 试点期间检察机关集中办理生态环境和资源保护领域公益诉讼案件，将这类案件作为法律监督的重点，两年试点期间共办理生态环境和资源保护领域公益诉讼案件 6500 余件。检察公益诉讼制度成效初步显现，增强了公益保护的刚性，成为促进生态文明建设的有效手段，丰富了生态司法保护的内容，为完善环境保护体系，推进生态文明建设提供了制度路径。[②] 在 2019 年全国两会召开期间，时任最高人民检察院检察长张军在作最高人民检察院工作报告时再次强调了检察公益诉讼的办案效果。[③] 检察公益诉讼在生态环境和资源保护领域发挥了应有的制度功能。检察机关试点公益诉讼制度后，通过比较社会组织和检察机关提起公益诉讼的案件数，可以看到公共利益司法保护格局发生了前所未有的变化，检察机关成为公益诉讼的主力军和“主心骨”，检察公益诉讼制度克服了社会组织在提起公益诉讼时的一系列缺陷，真正推动了公益诉讼的快速发展，以至于有学者认为我国的公益诉讼出现了明显的“国家化”现象，实践中由于检察机关提起公益诉讼具有权威性、专业性、拥有法定调查权、经费有保障，所以公益诉讼的提起日趋向检察机关靠拢。[④] 公益诉讼的“国家化”既与我国的国家—社会形态有密切关系，更是基于时下社会公共利益保护不力的现实选择，

---

① 参见曹建明：《最高人民检察院工作报告》，2018 年 3 月 9 日。

② 参见徐日丹等：《最高检召开新闻发布会通报检察机关公益诉讼试点工作情况》，载《检察日报》2017 年 7 月 1 日，第 2 版。

③ 2018 年全年共办理公益诉讼案件 113，160 件，其中生态环境和资源保护 59，312 件，通过办案督促治理被污染损毁的耕地、湿地、林地、草原 211 万亩，督促清理固体废物、生活垃圾 2000 万吨。参见张军：《最高人民检察院工作报告》，2019 年 3 月 12 日。

④ 参见陈杭平、周晗隽：《公益诉讼“国家化”的反思》，载《北方法学》2019 年第 6 期。

虽然在某种程度上公益诉讼的“国家化”加重了国家的负担,使国家承担了不必要的责任,但这种负担和责任在国家可承受的范围之内,社会公共利益的保护显然更重要,并且社会公共利益的保护也是国家的重要任务。可以看出,公益诉讼的“国家化”现象在相当长的一段时期内仍将继续存在,只有在社会组织、公民个人能够足以承担起维护社会公益的职责时,公益诉讼的“社会化”或者说公益诉讼的“非国家化”才会到来。

四、国家治理体系的现实需要

国家治理体系的现代化离不开法治的现代化。[①] 法治在国家治理中对于调整社会关系和社会利益具有重要意义,是衡量国家治理体系现代化的一个重要标志。[②] 在法治推动国家治理体系现代化的征程中离不开司法机关的公正司法、严格执法,检察机关作为党领导下的法律监督机关,法律监督的主要价值就是维护国家法制的统一,保证法律的统一正确实施,在推动国家治理法治化中是重要的参与主体。检察机关通过履行司法权保障国家法律的正确实施,维护国家和社会公共利益,确保法律的社会控制功能有效发挥,通过执法办案、延伸法律监督触角服务社会治理大局,维护社会的和谐稳定;通过综合运用法律、道德、教育、预防等手段探索国家治理有效途径,推动国家治理法治化水平的总体提升。

近年来,随着经济和社会的快速发展,生态环境资源保护、食品药品安全问题多发,严重损害了国家利益和社会公共利益,既反映了“公地悲剧”的治理难题,也反映了行政执法存在的困境,因此迫切需要在国家治理中寻求多元主体的共治,在行政执法不足时借助司法手段解决侵害公共利益的问题是国家治理法治化的路径选择。检察机关作为法律监督机关和司法机关,是社会公共利益的坚定维护者,为了探索维护社会公共利益和解决“公地悲剧”的世界性难题,检察机关充分发挥司法能动作用,探索出了一条维护社会公益

---

① 参见张文显:《法治与国家治理现代化》,载《中国法学》2014 年第 4 期。

② 参见俞可平:《推进国家治理体系和治理能力现代化》,载《前线》2014 年第 1 期。

的特色之路，并最终通过法律制度予以确认。因此，检察民事公益诉讼制度的生成有特定的时代背景，是国家治理的现实需要，更是国家治理体系中不可缺少的一环。检察民事公益诉讼制度的主要目的是通过诉讼手段维护社会公共利益，发挥司法的社会功能，解决生态环境、消费者权利保护“法化”不足的问题，让扩散性利益（不特定多数人利益或者公共利益）纠纷接近司法正义的大门，让更多的社会权利性纠纷通过法治途径予以化解。可以说，检察民事公益诉讼制度体现了国家治理的司法化倾向，目的在于通过公共利益的司法保护实施国家相关政策，补齐国家治理短板。

第二节　检察民事公益诉讼制度的理论依据

一、政治哲学理论

（一）公共政策改革、社会治理法治化的路径选择

关于政治的具体内涵有不同的观点，比如法国学者认为政治的本意是治理国家，是人类社会治理的方法和实践；美国学者则认为政治是指人民制定政策，处理公众事务的活动。① 可以说，政治是处理阶级关系、政党关系、民族关系、国家关系以及其他有关社会关系的活动。法律是国家意志的体现，由国家强制力保障实施，法律的根本目的在于通过调整利益关系实现对社会的控制。因此，法律与政治具有共同的目标与价值，即服务于社会，实现社会的良性治理。

法律与政治存在相互依存，相互影响的共生关系。法律依靠国家强制力保证实施，离开了国家政权，法律就失去了存在的依托。从这个意义上来看，法律的制定、适用、遵守和监督都是政治活动的结果，一切共同的规章都是以国家为中介的。政治制度、政治现实的形式决定法律的形式，法律随着政治制度和政治现实的变化而变化，因此，政治优先于法律，对法律起导向作用。法律的推行也有赖于政治的强力支持，法律需要依靠国家的力量使其惩罚在不被遵守

---

① 参见付子堂主编：《法理学进阶》（第 4 版），法律出版社 2013 年版，第 251 页。

时得以实现。反过来,政治要想实现其社会功能,也需要通过法律规范政治过程,形成与社会的良性互动,法律的程序化机制消解了政治权力的刚性和霸气,避免了政治权力对社会的非理性控制,符合社会的根本利益和现代法治的基本原则。[①] 因此可以说,法律也是一种特殊的政治力量,法律规定处理同一层次上不同利益主体之间的横向矛盾及不同层次上的利益主体之间纵向利益矛盾的准则,以此协调政治关系,将各种利益纷争限定在一定范围之内从而保持社会稳定。法律也可以规范政治行为,政治行为主要包括政治斗争、政治管理、政治统治和政治参与等多种形式,在法治社会中,政治统治就是法律统治,也即形成一种法治秩序。[②] 政治参与属于一种广泛参与的对话行为,有利于推动法律变革、改进公共政策,是实现公民权利的重要手段。

政治参与作为公民表达政治意愿的途径,使影响公民切身利益的政府政策更多地以民意为基础,实现民众对政府的有效控制,是一个政治系统稳定运行的重要保证,有利于国家与社会之间建立权力平衡机制。传统的政治参与途径主要体现为政治选举,属于制度化的普通公民控制政府的最为有效的工具。同时,还有非制度化的政治参与行为,主要是各种各样的利益表达形式。现代社会利益高度分化,利益主体的多元化产生了利益表达方式的多样化,比如公民个人向政府提出直接诉求,群体性自发行动等。[③] 近代国家的民主形式主要体现为代议制,也就是说公民不直接参与公共政策的制定,而是通过一套权力委托机制实现自己的民主权利。然而,实践中的代议民主制度与这一制度的原则之间常常是相互矛盾的,人民并未实际享有和行使应有的民主权利,造成了民主政治逻辑结构与事实结构的悖论。[④] 所以在 20 世纪 60 年代国外出现了“有效民主政府的崩溃”理论,当时的公民认为自己不但不能当家作主,反而成

---

① 参见付子堂主编:《法理学进阶》(第 4 版),法律出版社 2013 年版,第 253 ~ 254 页。

② 同上书,第 255 ~ 256 页。

③ 参见孙关宏等:《政治学概论》(第 2 版),复旦大学出版社 2008 年版,第 205 ~ 206 页。

④ 同上书,第 207 ~ 208 页。

为受害者，公民在公共政策问题上的声音几乎从未被听到过。在立法中也被忽视了，因为它不能与组织良好、资金充足的特殊利益集团的游说努力进行竞争。基于民主政治的无力，公民个人及社会团体寄希望于通过向法院提起诉讼接触政治制度，进行社会变革。在这种背景下，公益诉讼便成为一种重要途径。

从国外这一时期公益诉讼的实践来看，其目的并非维护个人私益，而是对第三人合法权益的争议或者寻求社会变革，当诉讼明确提出超出个人利益问题时，法院将面临重大的政治和宪法选择。公益诉讼是全体公民的权利吗？这一问题的答案取决于法官所采用的宪法模式。如果他们认为宪法是以参与性政治理论为基础，那么个人或群体的公共利益诉讼可能会更容易被接受。如果允许每个人提出公共利益问题，诉讼就会成为对政治进程的替代或补充，使法院超越其关于个人权利和义务的核心职能。但是，如果宪法的规则和惯例不再允许参与，公共利益诉讼只有在一定程度上是合法的。① 国外大部分国家的法官在公共利益诉讼问题上往往采取混合民主的宪法形式，这种形式允许公民参与制定他们所关心的问题的政策，法官在面对公共利益问题时会让绝大部分关于公共利益的纷争都能纳入决策过程或者司法审查范围，鼓励公民个人、各团体之间为寻求利益共识而进行对话和交流，所以公共利益诉讼成为政治进程的一部分。诉讼过程本身就是一个传播思想和促进政治讨论的机会。例如，受到广泛关注的诉讼可能会引发立法改革，阻止未来的不法行为，并创造持续的公民参与，即使在法庭上不成功的诉讼也可能引起公众对政治行动的愤怒。从这个角度看，公益诉讼带来的司法裁决不仅是法律法令，而且对于维持、巩固和发展公民政治参与也至关重要。② 所以，从国外的公益诉讼实践来看，大多数都涉及公共政策问题，其目的是利用法律的工具和原则改变现有的权力和特权模式。公益诉讼不仅是一种法律实践形式，也是一种政治实践，公益诉讼成为公民接触政治制度的重要形式，旨在通过法律

① See David Feldman, *Public Interest Litigation and Constitutional Theory in Comparative Perspective*, The Modern Law Review, Vol. 55, 1992, p. 48.

② See Scott L. Cummings & Deborah L. Rhode, *Public Interest Litigation*: *Insights from Theory and Practice*, Fordham Urb. L. J, Vol. 36, 2009, p. 609.

渠道重新配置权力，一个重要内容就是增加边缘化群体诉诸法律的机会，使个人能够了解自己的权利，确保对法律机制的信任，成为一种表达政治诉求的有效形式，在促进法律变革的情况下改变了基本的政治关系。所以从理论上讲，公益诉讼可以产生一系列重要影响，包括政策制定、政治动员、政府监督和法律执行。诉讼是一项重要的参与性活动，对于处于社会边缘地位的群体来说，诉讼有时提供了在某一特定时间唯一或最便宜地进入政治生活的机会，成为弱势群体利用法律解决因机会和权利在社会中的差别和不平等分配而斗争的一部分。通过对国外公益诉讼的实践分析可见，公益诉讼成为公民利用诉讼寻求政治对话、接触政治制度、表达政治诉求、实现政治目的或社会变革的有效法律手段。从根本来说，公益诉讼是一种政治行为，这种政治行为体现为政治参与，所以公益诉讼既是一种法律手段，也是一种政治手段，体现了法律与政治实现社会良性治理的共同目标与价值。

从我国公共利益保护的现实情况来看，一般由行政机关履行公益保护职责，行政机关既是公共利益的管理者，又是参与者与裁判者，在保护公益方面必然会出现“既是裁判员，又是运动员”的缺陷，所以需要补充与完善公共利益代表机制，可以进行国家的适度干预，也可以引入新的公权力机关补强行政机关在保护社会公共利益方面的不足。可以看出，检察民事公益诉讼制度的建立符合我国的利益格局和“国家—社会”形态，符合我国的本土需求与生发条件，是目前我国公共利益保护机制的必要补充。[①] 根据法律规定，当下我国提起民事公益诉讼的主体包括法律规定的机关、社会组织和检察机关。从公益诉讼的实施情况来看，其他机关和社会组织的诉讼积极性不高，公益诉讼出现了一定的国家化现象，即大部分公益诉讼都由检察机关承担了诉讼主体责任，检察公益诉讼制度对公共利益的保护机制进行了有力补充。综上所述，从目前出现的公益诉讼国家化现象来看国家适当干预理论是成立的，国家干预主要体现为国家对社会经济活动进行干预和控制，将该理论运用于政治与司

---

①　参见刘艺：《检察公益诉讼的司法实践与理论探索》，载《国家检察官学院学报》2017 年第 2 期。

法领域具有一定的参照价值。从国外公益诉讼的实践情况来看，政治参与在一定程度上成为公益诉讼的政治基础，公民个人、社会组织都可以借助公益诉讼实现一定的政治目的。由于我国国情不同，公民个人直接提起公益诉讼寻求政治参与与社会变革尚不具有可行性，虽然根据《民事诉讼法》的规定，社会组织具有提起民事公益诉讼的诉讼资格，但是在理性冷漠理论下，社会组织的积极性不高。因此，与其说检察民事公益诉讼体现了国家干预，但是基于司法权的谦抑性，更不如说检察民事公益诉讼是检察机关对其他诉权主体提起民事公益诉讼积极性不高的替代性补充，本质上仍是一种政治参与行为，其背后的政治逻辑也体现为政治参与，从原来的公民个人、社会组织直接参与，到由检察机关作为社会公共利益的代表进行间接参与，实质上仍然是代表不特定多数人所进行的一种政治行为，是进行法律制度完善、公共政策改革、社会治理法治化的法律与政治实践。

（二）守望正义、以人民为中心的必然要求

检察民事公益诉讼是检察机关代表不特定多数人提起的公共利益之诉，有利于维护社会公平正义，补强行政执法的不足，推进依法行政，实现国家治理体系和治理能力法治化。因此检察民事公益诉讼制度必然伴随有哲学思想的指引，符合公平正义的价值要求，是新时代以人民为中心思想的重要体现。可以说检察民事公益诉讼的哲学依据既包括传统哲学思想，也有公平正义的基本价值要求，还有新时代以人民为中心的重大思想论断。

关于检察民事公益诉讼的传统哲学思想，主要涉及进步主义和现实主义法律思想。进步主义法律思想诞生于19世纪末的美国，该思想重视法律与社会的互动关系，注重通过法律进行社会控制，庞德的社会控制论就是最鲜明的例证，社会控制的手段主要包括利益协调，政府的资源再分配福利政策。在进步主义法律思想看来，法律不再被视为一种抽象的规范，而被看作一种表达公共政策的手段，法律最终目的是社会福利，法律原则和法律机构的设置旨在满足公共需要，法律职业应当成为具有公共精神、公共政策导向的倡导者，法律不能够牺牲公众利益，法院和行政机关在作出判决和行政决定时都应当考虑公共利益，法院和政府对于不断变化的公共需求和利益负有回应的责任。① 总的来说,进步主义法律思想强调福利国家的概念,立法机关、政府机关、司法机关都被看成人民福利的维护者。由此可以看出,民事公益诉讼与进步主义法律思想之间具有内在联系,其本质上是特定主体以司法手段解决相关利益冲突。进步主义法律思想的要义是一方面主张把法律作为解决社会问题、调解利益冲突的方式,另一方面强调通过国家干预实现利益的平衡和对弱势群体利益的保护,体现社会正义,进步主义法律思想在价值目标、实现方法上都为民事公益诉讼制度奠定了理论基础。② 现实主义法律思想则倾向于把法律的规范性因素或规定性成分降到最低的限度,认为法律是一种活的制度。③ 主张将法律研究的重心从规范或者规则转向事实,法律是一个与社会政策紧密联系的动态体系并作为一种社会变革的工具,法律应该体现当下的社会政策。强调司法的社会功能和社会变革功能,也即通过解决潜在的、趋于分裂的纠纷而保证社会的安宁。因此,法律现实主义思想对公益诉讼的影响之一便是不再将法律视为客观、中性的规则体系,认为书本上的法与实践中的法存有差距和冲突,法律规则要随着社会事实及社会政策的变化而变化。这表明社会公共利益冲突所反映的社会问题是法律现实主义研究的对象之一,同时法律现实主义注重司法的能动作用,强调要通过法律解决社会现实问题,通过司法的力量调整社会利益,实现对社会的控制,这也是民事公益诉讼的制度价值,即通过司法途径维护社会公共利益。综上所述,进步主义法律思想坚持追求和实现为人们所共享的公共价值,从注重自由放任的私人权利到关注公共利益的转变体现了进步主义法律思想孕育的公共利益思想和价值。法律现实主义思想则强调法律是动态变化的,倡导司法要积极能动地推动社会变革,实现公共价值。上述思想为公益诉讼制度的产生提供了理论渊源,为制度目标的实现奠

---

① 参见徐卉:《通向社会正义之路——公益诉讼理论研究》,法律出版社 2009 年版,第 20 ~ 22 页。

② 参见白彦:《民事公益诉讼理论问题研究》,北京大学出版社 2016 年版,第 53 ~ 54 页。

③ 参见[美]E. 博登海默:《法理学:法律哲学与法律方法》,邓正来译,中国政法大学出版社 2004 年版,第 162 页。

定了基础。

关于检察民事公益诉讼符合公平正义的价值要求。法律制度本身就是公平正义基本价值的体现,检察民事公益诉讼作为一种诉讼制度,同样需要关注公平、正义、秩序等价值需求。公平正义的价值在社会价值理念中往往处于优先顺位,但是关于公平正义这一抽象概念的理解和探讨是理论界无法回避的问题。西方学者认为:"正义乃是使每个人获得其应得的东西的永恒不变的意志。"从公平正义的主观向度来看,正义被认为是某种态度、一种公平的意愿和一种承认他人的要求和想法的意向。"正义本身乃是'他者之善'或'他者之利益',因为它所为的恰是有益于他者的事情。"正义体现在能使每个人获得其应得的东西,主要包括分配正义和矫正正义,分配正义由立法机构负责权利、义务和责任等的分配问题,当分配正义的规范被违反时,矫正正义便开始发挥作用,这往往是由司法机关执行的,比如一个违约行为将通过一个规定支付损害赔偿的判决而得到矫正。因此,分配正义与矫正正义在某种程度上都是人类的共同需求,比如法律的正确适用、基本人权、公正的奖惩制度等。① 根据上述正义的有关理论,无论是环境公共利益、消费公共利益,还是食品药品安全公共利益以及有关法律规定都是正义的体现,因为公共利益可以看作是不特定多数人享有的一种权利,这种权利是立法机关通过分配正义的方式使每个人都可以获得其应得的东西,是不特定多数人的共同需求,体现了为他人利益的他者之善,而正义本身就隐含了为他者利益的价值。虽然民事公益诉讼视角下的公共利益是每个人都应获得的东西,但是这种体现立法机构分配正义的公共利益常常会因为其公共性而受到侵害,此时就需要发挥法律制度的作用。民事公益诉讼就是为了维护公共利益、为了矫正侵害公共利益的违法行为而产生的一种现代型法律制度,检察民事公益诉讼制度是由作为司法机关的检察机关作为诉讼主体而发挥矫正正义作用。每个人都有享有公共利益的权利是分配正义的体现,而通过民事公益诉讼维护公共利益体现了矫正正义的

---

① 参见[美]E. 博登海默:《法理学:法律哲学与法律方法》,邓正来译,中国政法大学出版社2004年版,第277~286页。

要求。

关于检察民事公益诉讼以人民为中心的基本理念。以人民为中心的发展思想有其自身的形成逻辑，我国自古以来历朝历代为了维护统治阶级的统治地位就提出过民本思想，比如孟子的“民为贵，社稷次之，君为轻”（《孟子尽心下》）。这些内容无不体现了民贵君轻、以民为本的思想，以人民为中心的发展思想吸收了我国自古以来的一系列民本思想，可以说民本思想是以人民为中心思想生成的历史逻辑。[①] 马克思唯物史观始终坚持人民立场，认为人民是历史的主体和历史的创造者，人民是推动历史前进的决定性力量，所以以人民为中心的发展思想鲜明地继承和体现了马克思唯物史观的价值理念，是马克思唯物史观的最新时代发展，马克思唯物史观成为以人民为中心思想的理论渊源。[②] 我们党的宗旨是全心全意为人民服务，中国共产党自成立以来一切活动的根本目的和最终归宿就是为了人民的利益，一切为了人民、一切依靠人民是中国共产党的根本活动遵循，所以党的宗旨成为以人民为中心思想形成的实践逻辑。我国进入新时代后，社会主要矛盾发生了根本变化，人民日益增长的美好生活需要和不平衡不充分的发展之间的矛盾成为社会主要矛盾，在现实社会中体现在很多方面，既包括对物质生活的改善，更包括对民主、法治、公平、正义、安全及环境等方面的需要，因此进入新时代人民对美好生活的需要越来越广泛，越来越全面。[③] 与过去相比发生了很大变化，为了满足人民在新时代的多样化、全面化需求，更好地解决社会主要矛盾，在这种背景下以人民为中心的发展思想应运而生，可以说社会主要矛盾的转化是以人民为中心思想生成的现实逻辑。以人民为中心的发展思想体现了人民的主体地位，以人民的需要为发展导向，是习近平新时代中国特色社会主义思想的核心内容与基本方略，也成为检察机关开展一切检察工

---

① 参见付海莲、邱耕田：《习近平以人民为中心的发展思想的生成逻辑与内涵》，载《中共中央党校学报》2018 年第 4 期。

② 参见姜强强、张晓东：《以人民为中心：习近平新时代中国特色社会主义思想的价值核心》，载《江西社会科学》2018 年第 12 期。

③ 参见陈华兴、孙婉君：《习近平关于“以人民为中心”重要论述的理论内涵与时代价值》，载《浙江学刊》2018 年第 6 期。

作的理念指导。以人民为中心的发展思想要求检察机关的各项检察业务工作要将人民对美好生活的需要作为出发点，人民群众在新时代有了更高要求。检察机关作为党领导下的司法机关，随着司法体制改革和政治体制改革的推进，也应该适应人民对法治、公平、正义、环境等方面的新要求，将人民的需要作为一切检察工作的出发点。检察民事公益诉讼作为检察机关的重要业务，目前主要是对生态环境和资源保护、食品药品安全等领域侵害公共利益的行为进行矫正以恢复受损的社会公共利益。上述案件都涉及人民群众反映强烈、需求强烈的领域，所以检察民事公益诉讼制度的根本目的在于维护不特定多数人的利益，也就是维护公共利益。不特定多数人的利益虽然与全体人民的利益不能等同，但是在某种程度上也可以说是人民的利益，公共利益与人民利益密切相关，公共利益必然隐含在人民利益之中。因此，通过检察民事公益诉讼制度维护社会公共利益与维护人民利益具有高度契合性，检察民事公益诉讼制度是秉承以人民为中心思想的生动实践，以人民为中心思想成为检察民事公益诉讼制度的基本准则、价值导向、理念指引，为各项检察工作提供了政治和方法论依据。

二、纠纷解决理论——接近司法、缓解纠纷“法化”不足的理性选择

检察民事公益诉讼作为一种解决社会纠纷的手段，作为推进国家治理法治化的重要路径，是通过法律程序维护社会公共利益的特殊形式，因此必然有其特定的诉讼法理基础。检察民事公益诉讼属于民事公益诉讼的特殊形态，民事公益诉讼的诉讼法理同样适用于检察民事公益诉讼。关于民事公益诉讼的诉讼法理基础，主要集中在诉讼机能的扩张和当事人适格理论的发展两种主张。例如，有学者认为民事公益诉讼是民事诉讼机能扩张的结果，传统的民事诉讼重在解决直接利害关系人之间的民事权益之争，随着社会的不断变化，却无法适应社会纠纷的解决需求，在此基础上民事诉讼的机能开始扩张，表现在通过拓宽民事诉讼起诉资格降低民事诉讼门槛。民事诉讼起诉资格由以直接利害关系为基础到以诉的利益为基础发生了转变，让侵害社会公共利益的行为也能纳入司法审查的范

围,接近司法正义的大门慢慢敞开;以法院为代表的司法机关在诉讼中充分发挥司法能动作用,社会政策形成机能突出,司法裁判的影响力具有了扩张性。诉讼机能的扩张拓宽了民事诉讼起诉资格,让法院的司法能动作用越来越明显,这为民事公益诉讼的形成提供了条件。① 综上所述,民事诉讼机能的扩张是民事公益诉讼制度产生的催化剂,民事公益诉讼制度的产生则突破了传统诉讼直接利害关系当事人适格,诉讼标的私益性,判决效力相对性等理论,具有诉讼主体多元化,诉讼目的公益性和判决效力扩张性的属性,是一种现代型诉讼形态。②

有学者认为民事公益诉讼制度的诉讼法理在于当事人适格理论的发展,传统当事人适格理论坚持直接利害关系原则,对于扩散性的公共利益则视而不见,致使公共利益无法得到有效救济。传统当事人适格理论是从实体角度出发,强调的是民事诉讼当事人与民事实体主体的统一性,司法救济与权利相关联,只有那些自身权利受到威胁的人才有资格获得救济,这在私法中是必须坚持的原则,但是在公法中却忽略了公共利益的存在,当公共利益受侵害时往往面临无法通过诉讼进行救济的尴尬,因为不能找到相应的权利主体。尤其是随着现代型纠纷比如消费者利益诉讼、环境侵害诉讼的出现,直接利害关系原则受到质疑,现代型纠纷往往具有较强的公共性而得以社会化和政治化。为了更好地解决现代型纠纷,当事人理论开始从实体当事人向程序当事人转变,推动了当事人外延的扩大,诉的利益成为司法救济的对象,当事人理论的发展为民事公益诉讼的发展奠定了理论基础。③ 除了诉讼机能的扩张及当事人适格理论的发展外,还有公共选择、诉讼信托等有关理论,这些理论同样为民事公益诉讼的产生和发展奠定了基础。但民事公益诉讼的出现主要是在福利国家背景下,社会“法化”不足无法满足现代型纠纷的解决需求,现代型纠纷的产生带来了民事诉讼有关理论的突

① 参见张艳蕊:《民事公益诉讼制度研究——兼论民事诉讼机能的扩大》,北京大学出版社 2007 年版,第 58~83 页。

② 参见白彦:《民事公益诉讼理论问题研究》,北京大学出版社 2016 年版,第 70~71 页。

③ 参见颜运秋:《公益诉讼理念研究》,中国检察出版社 2002 年版,第 156~168 页。

破，比如当事人适格理论，司法机关由被动中立转为能动司法，从根本上说是社会治理司法化的路径需要，笔者将从社会纠纷的角度阐释检察民事公益诉讼的法理基础。

纠纷在人类社会中普遍存在，体现为多种形式，比如政治的形式、经济的形式、法律的形式、艺术的形式等，因此纠纷具有复杂性和多样性特征，也具有广义和狭义之分，从广义上看，纠纷是特定主体基于利益冲突而产生的一种双边的对抗行为。① 纠纷也是法学概念，是指社会主体间的一种利益对抗状态。② 狭义的纠纷主要是指可以通过法律程序解决的社会现象，从法律意义上来看纠纷是失衡的社会关系表面化或公开化的表现形式，是在相对的社会主体之间发生的，可以通过法律途径解决的表面化的不协调状态。③ 纠纷解决的方式具有多元化，包括诉讼、仲裁、调解及和解等各种途径。解决纠纷对于化解矛盾、消除纷争、维护正常的社会秩序具有重要意义，在纠纷解决的方式中，诉讼是最为正式和最权威的途径，处于核心地位。因为诉讼是由国家主导的按照法律规定进行的纠纷解决活动，具有公权性、强制性、程序性，以及诉讼地位平等性等特点，④ 最能体现法律的规范性，是纠纷解决的终极手段。作为解决平等主体之间的人身关系和财产关系纠纷最为正规和最具权威性的形式，民事诉讼具有多元功能，比如私权保护、私法秩序维护、纠纷解决、程序保障等。因此传统民事诉讼主要考虑实体上具有直接利害关系的私人主体权利保护，解决的是私人利益受侵害问题，私人利益得到了应有的法律保护，但是对于不特定多数人利益受侵害的纠纷往往无济于事，这主要是由于当事人适格理论的限制。传统的当事人适格理论要求原告必须与案件有直接利害关系，否则便不具有诉讼资格或者是诉权，这在法律框架内堵塞了不特定多数人接近正义的大门，公共利益的法律保护路径处于缺失状态，公共利益保护的"法化"不足问题越来越严重。这就出现了一个现象：随着民事司

---

① 参见范愉：《非诉讼程序（ADR）教程》，中国人民大学出版社 2002 年版，第 2 页。

② 参见何兵：《现代社会的纠纷解决》，法律出版社 2003 年版，第 1 页。

③ 参见赵旭东：《纠纷与纠纷解决原论——从成因到理念的深度分析》，北京大学出版社 2009 年版，第 7 ~ 8 页。

④ 参见常怡主编：《民事诉讼法学》，中国政法大学出版社 2002 年版，第 24 页。

法环境的变化，传统民事诉讼的功能随着现代法体系在福利国家与社会国家中的功能扩大与结构变化，虽然一直得到修正或强化，但显然已经发生动摇，“法化”不足与民事诉讼功能的停滞问题出现了，传统的民事诉讼功能无法满足或者适应现代福利国家中出现的现代型纠纷的解决需求，传统民事纠纷解决体系在某种程度上丧失了实效性。

公共利益纠纷是现代型纠纷的一种主要表现形式，主要涉及生态环境、消费者权益保护等公害事件，发端于20世纪六七十年代的西方各国，以日本为例，20世纪70年代前半期，四大公害、森永牛奶中毒事件及萨利德迈药品等重大公害事件和消费者受害请求救济的诉讼大量出现。在环境公害中，大阪空港诉讼是一个典型案例，该案件不仅请求损害赔偿，还请求禁止夜间飞行，法院在判决中未就环境权进行判决，却根据人格权禁止晚上9点以后进行夜间飞行。这一判决的影响是巨大的，随后，空港、基地、新干线及高速公路等的噪音防止、反对设置火力和核能发电站、取消填海造湾等诉讼陆续在全国各地提起。但是这一时期法院对公共利益诉讼持严格谨慎与消极态度，主要是因为未及时适应社会“法化”不足的现象，原本这类公害和涉及国家政策的纠纷大多由行政或者立法部门予以解决，而且这类诉讼中当事人的对立机构以及因此期待诉讼发挥的功能与现行审判制度原本预设的诉讼类型有相当大的差异。[①] 以公共利益纠纷为主要表现形式的现代型纠纷与传统型纠纷体现了较大不同，传统型纠纷的典型结构是极少数当事人之间的二元对立模式，而现代型纠纷的诉讼结构体现为在社会经济、政治上处于“弱势”地位的人与企业、国家或者地方自治体等“强者”为相对方对抗的诉讼模式，原告当事人往往是不特定的多数人，无法准确确定，表现为扩散性的群体，在直接的诉讼当事人背后通常还存在大量受审判结果影响的潜在利害关系人。传统型纠纷主要通过损害赔偿对受害者进行事后的、个别的救济，现代型纠纷除了要求进行权利救济外还要进行事前的预防性措施，或者期待审判具有影响未

① 参见[日]田中成明：《现代社会与审判——民事诉讼的地位和作用》，郝振江译，北京大学出版社2016年版，第217～220页。

来的、广泛的一般性效果，以及诸如运用判例承认新型权利等法创造之类的对立法、行政、社会舆论及社会运动等政策过程的波及效果等，现代型纠纷具有了政策批判和审判政策、司法政策形成的功能。① 所以，以公益侵害为主的现代型纠纷的大量出现对以私益受损为主的传统型纠纷的解决模式提出了挑战，这类纠纷的“法化”不足，纠纷是矛盾外化的产物，纠纷也是可能引起大规模社会冲突的前因，现代型纠纷的利益主体具有潜在的广泛性和扩散性，这类纠纷是破坏社会秩序的重要因素，必须从法律制度上进行制度创新来回应公益侵害纠纷中的“法化”不足困境，让更多的公共利益群体通过诉讼接近司法正义之门。

在福利国家如何通过诉讼让扩散性利益群体接近司法正义之门，出现了接近正义运动的三个阶段：第一阶段主要通过创设法律援助等制度为贫困者提供法律援助，第二阶段是对扩散性、集合性利益群体提供法律代表，第三阶段是纠纷处理与诉讼外的替代政策。接近正义运动的第二波理论认为，现代社会的复杂化带来了扩散性利益的保护问题，传统的当事人适格理论已经不能适应社会纠纷的解决需要。在传统的法制原则中，原告为了具备当事人资格就必须与诉讼结果具有某种利害关系，这就是所谓的原告适格理论，原告适格有时也被评价为“把许多烦人的家伙隔离出法院”，以实现司法关系较少的资源的恰当分配。传统的起诉资格限制原则导致在环境、消费者公害等领域具备资格的原告处于正当或至少表面上情有可原的理由不愿提起诉讼，或者根本不存在被认为符合资格条件的原告。可以看出传统的当事人适格理论仅仅是为了保护个人利益，但是对于不特定多数人的扩散性利益并未给予公平对待，公共利益无法得到有效维护。② 所以，很多国家为了维护公共利益开始突破传统适格理论的限制，比如英国出现了检举人诉讼，也即私人在公共性不当行为已直接使自己的利益受损或很有可能受损的情况下，可以在司法长官允许后提起倡导公众权利之诉，以阻止

① 参见[日]田中成明：《现代社会与审判——民事诉讼的地位和作用》，郝振江译，北京大学出版社 2016 年版，第 221 ~ 223 页。

② 参见[意]莫诺·卡佩莱蒂：《福利国家与接近正义》，刘俊祥等译，法律出版社 2000 年版，第 81 ~ 83 页。

公共性不当行为。大陆法系的团体诉讼,团体在法律授权后具备起诉资格,充分利用传统的诉讼程序来维护公共利益。美国的民众诉讼,这种诉讼方式完全缓和了原告适格理论的阻碍,美国各州和联邦的制定法中规定了广泛范围的民众诉讼方式,普通民众无须证明自己受到违法行为的直接侵害就可以针对侵害公共利益的违法行为提起诉讼。[①] 因此,在接近正义运动的第二波理论中出现的一系列公益诉讼方式体现了西方国家对公共利益保护的重视,诉讼不再单纯是一种解决私人间的权利纷争的手段。从理论上讲,公法诉讼可以产生一系列重要影响,包括政策制定、政治动员、政府监督和法律执行;由于诉讼是一项重要的参与性活动,公益诉讼也为处于社会边缘地位的群体进入政治生活提供了方便途径,达到了表达政治诉求的目的,同时公益诉讼可以对政府的行政执法起到补充作用。因此可以说,公益诉讼赋予司法机关权力,通过法律渠道重新配置权力,重新形成社会政策,减少社会分化,减少未来暴力冲突的可能性,有助于形成更牢固的法治,进而实现社会公平正义,使司法机关成为社会正义的载体,实现了国家治理的法治化。

三、宪法理论——法律监督的理性回归

西方传统的法律原则往往把实体法和权利分为“公”“私”两个部分,私权的主体是私人,公权的归属主体是国家。因此,诉讼资格的传统原则把起诉权要么授予私人,要么授予国家,国家通过政府代理人享有诉讼权利。传统民事诉讼起诉资格具有排他性,只属于私人拥有,这些私人是争议权利的持有人或者其法律代理人。“公”与“私”的二元划分在古罗马时代以及后来的若干时代有其特定的意义和存在的价值,但是造成了个人与国家之间的不当分割,在个人与国家之间还有其他的社会性主体,比如集团、社区、不特定的多数人,他们所享有的权利不具有“私”的性质,更不能划归“公”的范畴,属于一种扩散的利益或者社会性公共利益。这种扩散性利益的一个重要特征是社会性,属于每一个人,但同时又不属于任何

---

① 参见[意]莫诺·卡佩莱蒂:《福利国家与接近正义》,刘俊祥等译,法律出版社2000年版,第91页。

人,传统的诉讼资格要求具有实体上的利害关系实际上是对扩散性利益可司法性的否定,已经不能适应时代的需求,更不适应人类的进步及生存需求。① 这致使传统的诉讼资格已经变得不再原则和刚性,有了寻求突破的契机,扩散性利益或者社会公共利益也应该与私人权利一样能诉诸法院接近正义,各种各样公益诉讼形态及公益诉讼制度的出现体现了扩散性利益或者社会性公共利益接近司法正义的不同进路。

现在越来越多的国家都认识到保护公共利益的必要性和重要性,但是每一个国家的公益诉讼制度都与该国特定的政治构造、文化社会背景及法制环境有关。一种深深扎根于某国特殊的政治、法律环境的制度,往往很难嫁接到其他国家。世界范围内存在各种各样的公益诉讼制度形态,比如集团诉讼、集体诉讼、民众诉讼、检察公益诉讼等,这些公益诉讼制度的形态是否能够全部在我国找到生存的土壤值得深入研究和思考。所以在西方出现了"法律不可转移原则"的言论,例如集体诉讼在美国发挥了重要作用,但脱离美国特有的环境将无所适从,移植到其他国家往往无法发挥其特有的制度功能。② 所以,公益诉讼制度的建立与一个国家的立法、司法制度密切相关,我国确立的检察公益诉讼制度,是在比较其他国家公益诉讼制度的基础上,结合我国特定的政治结构、法制环境而确立的。所以,我国检察公益诉讼制度的建立有自己的宪法、政治、法制及社会基础,本书将主要从宪法角度,围绕公共利益代表理论及检察权的属性进行分析阐释。

公共利益是检察机关和检察官活动的基本原则。从比较分析的角度来看,法国作为检察制度产生的母国,检察机关的公共利益属性非常明显,检察官作为国家利益及社会公共利益的代表在刑事诉讼、民事诉讼等不同方面都有所体现,在刑事诉讼中,检察官代表政府提起公诉,追诉刑事犯罪,在民事诉讼中是国家和社会利益的代表。1804 年《法国民法典》、1976 年《法国民事诉讼法典》都规定

① 参见[意]莫诺·卡佩莱蒂:《比较法视野中的司法程序》,徐昕、王奕译,清华大学出版社 2005 年版,第 375 ~ 377 页。

② 参见[意]莫诺·卡佩莱蒂:《福利国家与接近正义》,刘俊祥等译,法律出版社 2000 年版,第 95 页。

了检察官可以为维护公法秩序而提起诉讼。[①] 从德国、日本等国家的检察制度来看，其检察官都不同程度地作为国家或社会公共利益的代表提起或参与民事诉讼，目的在于维护国家的法律统一和社会公共利益。在英美法系国家，出现了不同形态的检察制度，但是现代检察制度是由法国走向世界各国的。[②] 因此，英美法系国家的检察制度或多或少地都有法国检察制度的公益属性烙印，此后出现的不同检察制度形态主要是受各国政治、经济、文化、历史、价值观等不同因素影响的结果，比如英国的检察总长制度，检察总长是国家利益的代表，提起诉讼必须考虑公共利益；美国的检察制度是在英国、法国基础上建立起来的，在涉及公共利益的案件中，检察官都可以提起或者参与诉讼。

自检察制度产生至今，检察官从"国王代理人"转变成为"公共利益看护人""法律守护人"，公共利益成为检察机关活动的根本准则和目的。公共利益原则成为许多国家检察机关行使权力的基本原则，也是我国检察机关履行法律监督职能的根据和标准，成为检察官行使检察权的一项主要原则。[③] 在我国，维护国家利益和社会公共利益的原则和要求贯穿各项检察职能，人民群众的根本利益与国家和社会公共利益是一致的，检察机关履行任何检察职能，都是以代表和维护公共利益为出发点和归宿的。检察制度的起源就带有浓厚的公共利益色彩，检察制度的产生和发展都有统一的动力基石——公共利益，虽然此后世界各国产生了与本国政治、经济和文化相适应的各种检察制度形态，但检察制度的公共利益属性一直未变，检察制度的基本功能在于维护公共利益，检察官就是社会公共利益的代表，我国检察民事公益诉讼制度的出发点和根本目的就是维护社会公共利益。

提起民事公益诉讼是体现检察机关法律监督宪法定位的重要形式。国家在实现公共利益方面责无旁贷，检察机关是国家机构的重要组成部分，国家作用理论为检察机关实现社会公共利益带来了

---

① 参见徐卉：《通向社会正义之路——公益诉讼理论研究》，法律出版社 2009 年版，第 167 页。

② 参见陈国庆：《检察制度原理》，法律出版社 2009 年版，第 48 页。

③ 参见朱孝清、张智辉主编：《检察学》，中国检察出版社 2010 年版，第 464 页。

理论依据。刘艺认为,我国现行的体制框架具备了检察公益诉讼制度的产生条件,检察机关提起公益诉讼与宪法定位密切相关,并提出检察机关法律监督职能一直处在不断发展完善之中,不但包括刑事法律监督,也应当包括民事和行政法律监督;检察公益诉讼制度是对 1954 年《宪法》确立的法律监督机关职责的回归,是具有中国特色的公共利益保护机制。[①] 李浩也主张检察机关作为法律监督机关,维护国家利益和社会公共利益是其本来的职责。[②] 因此,检察民事公益诉讼制度的权力基础来源于法律监督,是法律监督的具体表现形式。对此,很多学者持同样的观点,比如徐全兵认为,检察民事和检察行政公益诉讼制度的理论基础不同,但都是检察机关行使法律监督职责的方式。[③] 陈瑞华认为,检察机关代表国家和社会公共利益通过行使诉权的方式参与民事与行政诉讼是对传统民事和行政审判监督方式的发展,是实施法律监督的新路径。[④] 所以,理论界对检察公益诉讼制度的权力基础来源于法律监督基本达成共识,但检察民事公益诉讼与法律监督的关系以及如何体现法律监督的功能仍是需要探讨的问题。

从法律监督理论和检察制度的历史沿革来看,检察机关从诞生之时起,就享有指挥侦查、提起公诉、监督审判、执行裁判的权限,实际上处于"法的守护神"地位,检察机关行使的职能不局限于刑事领域。所以检察机关不是单纯的刑事公诉机关,在民事诉讼中也有权对与社会公共利益有关的案件以公益代表人的身份发表意见,监督审判。[⑤] 我国检察制度建立和发展的理论基础是列宁的法律监督学说,从其建立时起就确定以法律监督为基本职能,1979 年通过的《人民检察院组织法》和 1982 年通过的《宪法》中明确规定人民检察院为法律监督机关,这些都体现了列宁的思想。经历了 40 多年的发展,检察制度成长为具有中国特色的司法制度,西方国家的检

---

① 参见刘艺:《检察公益诉讼的司法实践与理论探索》,载《国家检察官学院学报》2017 年第 2 期。

② 参见李浩:《关于民事公诉的若干思考》,载《法学家》2006 年第 4 期。

③ 参见徐全兵:《检察机关提起公益诉讼有关问题》,载《国家检察官学院学报》2016 年第 3 期。

④ 参见陈瑞华:《论检察机关的法律职能》,载《政法论坛》2018 年第 1 期。

⑤ 参见陈国庆:《检察制度原理》,法律出版社 2009 年版,第 52 页。

察机关并非司法机关，而是与行政机关合二为一或者隶属于司法机关的行政机关，其职能主要是行使追诉权，法律监督职能较少。我国的检察机关除了行使公诉权之外，还具有民事、行政诉讼的法律监督职能，是代表国家对法制统一实施进行监督的法律监督机关，地位明显不同于西方国家的检察机关。[①] 公诉权是追究犯罪行为、保障法律实施的一种强制性的法律监督手段，但公诉权不能包括或者等同于法律监督权，法律监督权除了公诉权的内容外，还有侦查监督权、审判监督权、执行监督权等。从监督的范围来看，公诉权只是对实施刑事法律的监督，而法律监督权除此之外还包括对民事、行政等法律的监督。[②] 因此，现代检察制度创立的初衷不仅仅是追诉犯罪，西方国家将检察机关定位为司法行政机关是在其国家结构中的一种现实选择，从根本上贬低了检察机关的地位，不利于检察功能的发挥和检察制度的发展。追诉犯罪只是检察制度创设的标志，而非检察制度诞生的唯一目的，公诉职能内在地包含于法律监督之中，公诉是法律监督的一种形式，除了以诉讼形式实行法律监督以外，还有非诉讼的形式，比如检察建议。现代检察制度创设的初衷是维护国家法律的统一实施。我国的国家结构克服了西方权力架构的弊端，实行人民代表大会制度，并将检察机关定位为法律监督机关，检察机关作为独立机构专门履行法律监督职能，维护国家法律的统一实施，是现代检察制度创设目的的真正回归，对于发挥检察制度的价值以促进检察制度的发展具有重要意义。

所以，我国检察机关作为法律监督机关，是运用国家权力监督纠正违反法律的情况的国家行为。但是，多年来理论界一直对检察机关的定位存有异议，认为“名不副实”，即检察机关的具体职权配置与宪法定位不相符合，检察机关根本不是监督一切法律实施的国家机构。但是，宪法将检察机关定位为法律监督机关，必定有其深层次的考量，不但体现了我国权力架构模式与西方的根本不同，也是将检察权上升为独立国家权力体系的政治宣示。因此，可以看出

---

①　参见王桂五主编：《中华人民共和国检察制度研究》，法律出版社 1991 年版，第 81 页。

②　同上。

法律监督是一种规范表达,是一个抽象的概念描述,是对检察权在国家权力框架中的功能定位。从具体的检察权来看,法律监督体现了各项检察职权的共性,也即检察权在我国政治制度下的整体功能抽象表达为法律监督,每一项具体的检察权都体现了法律监督功能。[①] 根据检察机关法律监督的定位,从理论上检察机关有权对各种法律的实施实行全面监督,但根据我国的国家制度,检察机关法律监督的范围应由宪法和法律加以规定。[②] 法律监督既然是一种以国家权力为后盾的国家行为,那么监督范围不可能包括万象,监督对象必须是严重违反法律的行为和适用法律中的违法行为。同时,法律监督还要受到国家权力分配的严格限制,法律监督只能在国家权力机关授权的范围内按照法定程序和方式进行,不能逾越自己的权力范围。[③] 从我国检察机关的职能发展史来看,法律监督的范围在不断变化,在不同时期宪法和法律授权的范围也不同。进入新时代,人民群众对公平、正义、环境、法治等有了新的期许,为了践行以人民为中心的发展思想,法律赋予检察机关公益诉讼业务,形成了新的法律监督发力点。检察机关提起公益诉讼成为新时代法律监督的业务增长极,充实了法律监督的范围,丰富了法律监督的手段。

检察民事公益诉讼作为检察公益诉讼制度的重要组成部分,来源于法律监督,是法律监督在部分民事法律领域的具体展开,2017年6月,《民事诉讼法》正式赋予检察机关在生态环境等领域的民事公益诉权,是一种诉讼式法律监督样态。对于需要追究损害公益民事责任的,检察机关可以支持起诉,必要时可以提起诉讼,还可以对民事公益诉讼活动进行监督。因此,检察民事公益诉讼是检察机关履行法律监督职能的一种方式,是法律监督在民事法律领域的具体表现形式。法律是表达国家意志的重要途径,是为了维护社会公共秩序,国家意志就是国家利益,社会公共秩序体现的是社会公共利益。检察民事公益诉讼是检察机关代表国家启动民事诉讼程序,通过判决、裁定等司法手段,强制有关民事责任主体履行

---

① 参见杨立凡:《法律监督的内涵》,载《国家检察官学院学报》2009年第3期。

② 参见王桂五主编:《中华人民共和国检察制度研究》,法律出版社1991年版,第266页。

③ 参见张智辉:《检察权研究》,中国检察出版社2007年版,第83页。

法律义务，最终目的在于维护国家和社会公共利益，代表国家对破坏国家法律所保护的社会关系的行为进行追究，维护民事法律的权威和尊严，保障法律的统一正确实施。所以检察民事公益诉讼制度与法律监督是统一的，检察机关提起民事公益诉讼是法律监督的表现形式，体现了法律监督维护国家法治统一的基本功能与价值。

四、能动检察理论——检察公益诉权运行规律的应有之义

（一）能动司法下的能动检察

根据理论界的普遍共识，中国语境下的能动司法主要被理解为一种司法理念或者司法方法，其与西方的司法能动主义有着千丝万缕的联系，既有知识上的关联性，也有适用上的趋同性。但基于政治与司法制度的差异，两者又存在一定区别。

西方的司法能动主义起源于美国的司法实践，其兴起有克服法律固有缺陷的技术层面原因，也有司法与政治融合、以司法实现政治目标的社会层面原因，在这种背景下产生的司法能动主义就具有了多义性内涵，既包括违宪审查意义，也包括现实主义意义和混合意义。违宪审查意义上的司法能动是最初含义，也是司法能动主义最主要的内涵或者所指。现实主义司法能动是随着社会发展变化而出现的，强调司法应保持对社会发展的敏感性，积极通过司法手段回应社会发展变化而产生的司法需求。混合意义上的能动司法则糅合了违宪审查和实用主义两个方面的内涵。① 因此，西方语境中的司法能动主义内涵主要体现为违宪审查和现实主义，违宪审查强调司法对立法和行政权力行为的合宪性审查，现实主义能动司法则强调将国家政策、政治目标贯彻到司法活动中，强调克服法条主义的缺陷和积极追求“社会福利”“公共利益”等社会目标，通过法官的能动作用实现司法的政治和社会目标。

2009 年 8 月 28 日，时任最高人民法院院长王胜俊在江苏省高级人民法院调研座谈时强调：“对人民法院来说，执法办案是硬道理，是第一要务。人民法院解决司法理念、司法原则、司法方向问

① 参见顾培东：《能动司法若干问题研究》，载《中国法学》2010 年第 4 期。

题,还是为了办好案件……在确保办案质量和效率的同时,要高度重视办案效果,真正把能动司法的理念、原则和方式落实到执法办案的各个环节。”“人民法院能动司法就是要发挥司法的主观能动性,积极主动地为党和国家工作大局服务,为经济社会发展服务”,同时要求增强能动司法的自觉性、前瞻性、有序性、针对性和规范性。自此,全国法院系统掀起了能动司法的热潮,理论界也对能动司法展开了前所未有的讨论,能动司法以一己之力成为当时学术界和司法实务界的热点。最高人民法院倡导的能动司法,主要指法院通过积极行使审判权,采取多种手段顺应国家、社会和民众对司法工作的新需求,以法律纠纷的解决实现法律效果、社会效果和政治效果的统一。因此,能动司法在我国语境中更多是最高人民法院从服务党和国家工作大局出发对司法理念通过法治语言予以概括表达,体现了明显的公共政策导向,也即能动司法强调法院作为国家审判机关,应充分发挥司法作用为大局服务。可以看出,我国语境中的能动司法与西方语境中的实用主义司法能动相似,以司法能动性回应社会对司法提出的新需求,以案件办理贯彻落实党和国家政策及政治目标要求,为经济增长、社会发展和民生保障提供更好的司法服务。

能动司法的提出成为理论界和法院系统共同讨论的话题,在同时期作为司法机关的检察机关却参与得不多,仅有部分学者主张检察机关也应该践行能动司法的理念,比如有学者从法律监督和检察事业的发展角度,分析了能动检察的法理基础。① 还有学者认为检察机关作为司法机关也是能动司法的必要主体,并提出了能动检察的决策依据、评判标准、价值依托,并从合法性、合理性和妥当性方面分析了检察机关能动司法的运行规则。② 还有学者从公益诉讼案件的特殊性出发,分析了检察能动的向度和维度以及在公益诉讼办案领域的必要性和正当性。③ 尽管能动检察在当时的理论界讨论得不多,但检察权的法律监督属性决定了其本身也是积极能动的。

① 参见周平:《能动检察的法理判断》,载《河南社会科学》2013 年第 5 期。

② 参见李斌:《检察工作中“能动司法”的引入》,载《国家检察官学院学报》2012 年第 3 期。

③ 参见吴青山、李劲松:《公益诉讼检察能动性思辨》,载《湖南社会科学》2013 年第 5 期。

检察机关作为法律监督机关,是运用国家权力监督和纠正违反法律的情况的国家行为。可以看出法律监督是一种规范表达,是一个抽象的概念描述,是对检察权在国家权力框架中的功能定位,从具体的检察权来看,法律监督体现了各项检察职权的共性,也即检察权在我国政治制度下的整体功能抽象表达为法律监督,每一项具体的检察权都体现了法律监督的功能。① 在我国二元司法模式下,法律监督权能更多地体现为一种主动性程序性权力。首先,从法律监督的语义来看,是对权力进行督促、观察、纠正之意。其次,从法律监督的运行过程来看,积极主动覆盖了刑事、民事、行政、公益诉讼四大检察权能,比如代表国家提起刑事公诉,代表国家提起公益诉讼,代表国家对民事和行政诉讼活动进行监督,检察权行使的主动性非常明显,不可能通过消极被动的方式完成。最后,检察机关只有通过积极主动履行法律监督职权,才能真正实现法律监督的宪法定位要求,完成维护国家法制统一的任务,为推动中国式法治现代化贡献检察力量。

(二)能动检察理念的提出及其实践图景

追寻"能动检察"的踪迹,以其为主题词在知网中检索2010年以来的文献数量,其中2010年4篇,2011年9篇,2012年12篇,2013年6篇,2014年4篇,2015年2篇,2016年1篇,2017年4篇,2018~2020年均为0篇,2021年17篇,2022年22篇,由此可见,"能动检察"从2021年才成为检察机关的热词。2010年的4篇文献《刑事和解中检察机关能动司法的制度选择——基于上海经验的实证研究》《论刑事审判能动司法与检察监督》《论能动司法的检察监督》《刑事和解中检察机关能动司法的制度规范与保障》主要是伴随法院和学术界对能动司法讨论而产生的理论文章。2011年被检索文献中出现了检察系统关于能动检察的理论文章,比如《从独白走向对话——检察调处权配置的能动之维》《以能动检察推动检察工作科学发展》《激发全员活力　锻造能动检察》等,其中《郑州金水:能动司法理念推进民行检察》被最高人民检察院主办的《检察日报》刊载,代表了一定的官方意见。2012~2016年学者们在

① 参见杨立凡:《法律监督的内涵》,载《国家检察官学院学报》2009年第3期。

《国家检察官学院学报》《湖北社会科学》《人民检察》《理论导刊》等核心期刊继续对能动检察展开了讨论,但是文献数量逐年下降,甚至在 2018～2020 年基本没有关于"能动检察"的研究文献。这种局面终于在 2021 年被打破,标志性事件是 2021 年 3 月 27 日,时任最高人民检察院检察长张军在国家检察官学院春季学期开学典礼上,提出要"以能动检察积极履职助力中华民族伟大复兴",并从红色检察的历史维度、人民群众对新时代司法检察更高要求的现实维度、世界司法制度历史趋势的发展维度、司法在中华法系中的能动积极作用维度分析了能动检察的必然性。[①] 自此能动检察成为检察机关履职的基本理念,2021 年《检察日报》刊载的能动检察文献就达 10 多篇,可见能动检察已经成为检察机关认可的基本司法理念。2022 年 3 月 8 日,时任最高人民检察院检察长张军同志在十三届全国人大五次会议上所作的最高人民检察院工作报告,全文贯穿能动检察主线,从 5 个方面围绕"依法能动履职"回顾总结了 2021 年工作,并以"依法能动履职"为统领对 2022 年工作作出了安排。[②] 在检察机关的倡导下,2022 年围绕能动检察的文献数量大幅增加,代表性文章如《人民检察》第 13 期的《论能动检察》,《人民检察》第 14 期的《能动履职加强民事虚假诉讼检察监督》,还有《人民日报》《光明日报》《法制日报》《检察日报》《江苏法治报》等全国性和地方性媒体也大幅刊载有关能动检察的理论文章或者办案实践。至此,能动检察在高层号召、全国检察机关积极响应以及媒体广泛宣传报道下成为新时代贯穿于各项检察工作的司法理念、法治理念,是检察理念的创新,成为检察机关在新时代履行法律监督职能的司法理念。

能动检察的提出是检察机关顺应时代要求而进行的履职理念的变化,是我国司法制度发展的产物,是法治建设从立法为主转向法律实施为主的必然要求。[③] 能动检察是一种检察理念的创新,也

---

① 参见邱春艳:《传承红色基因　坚持党的绝对领导　以能动检察积极履职助力中华民族伟大复兴》,载《检察日报》2021 年 3 月 28 日,第 1 版。

② 参见张军:《最高人民检察院工作报告——2022 年 3 月 8 日在第十三届全国人民代表大会第五次会议上》,载《检察日报》2022 年 3 月 16 日,第 1 版。

③ 参见熊秋红:《"依法能动检察"的时代背景与基本要求》,载《检察日报》2022 年 9 月 2 日,第 3 版。

属于司法理念和法治理念的范畴,主要内容表现为检察机关履职姿态和履职方式从依法到能动的转变,但是这种转变的前提仍然是依法检察,是在依法履行法律监督职责基础上的能动,其目的是围绕中心服务大局,为人民司法。

检察机关能动履职理念的转变是贯彻落实习近平法治思想的具体举措,习近平法治思想是着眼于我国法治实践的重大理论创新成果,是全面依法治国的根本遵循,也是新时代检察实践的行动指南,其核心要义包括以人民为中心的发展思想,也包括推进国家治理体系和治理能力现代化。为了践行以人民为中心的发展思想,为推进国家治理体系和治理能力现代化提供检察产品,最高人民检察院以理念变革为基础,以积极能动的姿态开展各项检察工作,比如提出了"讲政治、顾大局、谋发展、重自强"的总体工作要求,推动"双赢多赢共赢""在办案中监督、在监督中办案"等理念在检察工作中具体落实。围绕"四大检察"打造检察业务品牌,比如推进认罪认罚从宽业务,深化监狱、看守所执法监督,创新开展巡回检察业务;精准开展民事诉讼监督,强化精准监督理念,推动行政争议实质性化解。积极稳妥拓展公益诉讼案件范围,将英雄烈士人格利益保护、未成年人权益保护、军人地位和权益、安全生产、个人信息保护等纳入检察公益诉讼案件范围,形成了公益司法保护的中国方案。以积极开展"群众来信件件有回复"工作推动信访矛盾的实质性化解。同时,检察机关以办案为抓手,融入社会治理,以检察建议推动矛盾纠纷的源头治理。上述检察工作的开展,是贯彻落实习近平法治思想的具体举措和生动实践,其蕴含了鲜明的能动检察理念。

检察机关能动履职理念转变是服务大局,适应形势发展的需要。进入新时代,我国社会主要矛盾发生变化,经济社会进入高质量发展阶段,如何以检察工作高质量发展服务保障经济社会高质量发展成为检察机关的重要政治任务。检察机关作为国家法律监督机关,在保护国家和社会公共利益,维护国家法律统一正确实施方面发挥了重要作用,但是与人民群众在民主、法治、公平、正义、安全、环境等方面的新需求相比,检察机关法律监督职能作用发挥得还不够充分。为此,中共中央印发了《关于加强新时代检察机关法律监督工作的意见》,该意见从充分发挥法律监督职能作用、全面提升法律监督质量和效果、加强过硬检察队伍建设、全面落实司法责任制及组织保障方面提出了明确要求,为检察机关依法履行刑事、民事、行政和公益诉讼等检察职能,实现各项检察工作全面协调充分发展提供了指南。

检察机关能动履职理念转变是法律监督的本来面貌,也是实现检察工作高质量发展的必要路径。在我国,基于二元的司法体制,检察院和法院都是国家司法机关,检察院行使法律监督职权,法院行使国家审判权,关于法院能动司法已经在学术界引起过广泛讨论,但是对于检察机关是否可以能动司法,理论界和实务界一直没有进行过热议。检察机关是否可以能动履职在理论界存在不同观点。有学者认为,作为检察机关法律监督机关应该秉持被动中立的态度,[①]实则不然。能动检察是检察机关作为法律监督机关的本来面貌,法律监督权带有明显的主动性,法律监督是检察权的本质属性,以明显的主动作为意蕴,"监"者,从旁察看也;"督"者,督促也。"监督"两字的相互补充意味着监督主体履行法律监督职责需要一定的积极能动,因此能动检察是检察权的内在要求和应有之义。目前"四大检察"业务都需要检察机关以积极姿态予以履职才能实现监督目的,从时任最高人民检察院检察长张军在2022年3月8日十三届全国人民代表大会第五次会议上作的《最高人民检察院工作报告》可知,2021年以来全国检察机关胸怀"国之大者",在统筹发展和安全中依法能动履职,充分发挥法治的引领、规范和保障作用,特别是在维护国家安全和社会安定,营造安商惠企法治化营商环境,推动金融风险防范化解,合力推进反腐败斗争,服务创新驱动发展,推进网络依法治理,助力美丽中国建设,深入推进诉讼监督,做实公益诉讼等方面体现了积极能动的履职姿态。[②] 理性认识来自实践检视,检察机关以能动检察贯穿于各项检察工作,并在适当的时机由最高检察机关提出能动检察的理念,既是对检察实践的总结和回应,也是凝聚理论界共识的重要方式,在实践与理论的互动统一

① 参见朱孝清:《论能动检察》,载《人民检察》2022年第13期。

② 参见张军:《最高人民检察院工作报告——2022年3月8日在第十三届全国人民代表大会第五次会议上》,载《检察日报》2022年3月16日,第1版。

中推进检察理论创新。进入新时代，高质量发展成为全面建设社会主义现代化国家的首要任务，需要以高质量的检察工作服务保障经济社会的高质量发展。但是，目前检察机关法律监督职能作用发挥得还不够充分，一些地方重监督数量轻监督质效、重办案的法律效果轻政治效果和社会效果，①这迫切需要检察工作理念的更新。因此，能动检察的提出有利于上述问题的解决，更能够推动检察工作高质量发展，进而护航经济社会高质量发展。

（三）能动检察下的民事公益诉讼

进入新时代，法律在国家和社会治理领域应当扮演何种角色？司法机关应当以什么样的履职姿态回应人民群众的更高要求？这是值得深入研究的重大问题。其实美国学者围绕法律与社会、法律与政治之间关系的研究并对法所作压制型、自治型和回应型的划分具有一定的借鉴意义。压制型法的根本目的在于维护政治权威，建立政治统治秩序，法律只是被动地适应社会环境。自治型法是在对压制型法反思基础上产生的，通过恢复法律的正统性，强调法律的自治性以发挥法在约束政治权利、维护公民权利方面的作用，其符合现代法治理念。回应型法则不同于前两者，强调主动地面对社会对法律的要求，根据社会需要调整法律制度，积极参与社会治理，以此树立起法律的权威。在阶层分化、价值多元、矛盾多样的现代社会，法律应当是紧扣社会和时代脉搏的回应型法。②

目前，我国已经进入新时代、新阶段，社会主要矛盾已经转化为人民日益增长的美好生活需要和不平衡不充分的发展之间的矛盾，人民群众对法治提出了新的更高要求，这就需要法治予以积极调整并予以回应，作为法治实施的司法机关也需要以能动司法作为履职理念，以司法工作的高质量发展服务经济社会高质量发展。能动司法蕴含着主动、服务和高效的显著特征，主动要求紧跟时代需求，坚持司法的人民性；服务要求司法以服务大局服务人民为根本旨归，坚持柔性司法；高效要求司法在效率、质量和效果上实现有机结合，

---

① 参见朱孝清：《论能动检察》，载《人民检察》2022 年第 13 期。

② 参见刘静坤：《回应型法与法治的构建》，载《人民法院报》2013 年 10 月 25 日，第 7 版。

不让公平正义缺席。作为能动司法在检察领域的表现，能动检察已经成为新阶段检察机关履职的理念之一，统领着刑事、民事、行政和公益诉讼“四大检察”业务。与能动司法相对应，能动检察同样包括主动型检察、服务型检察和高效型检察三个维度，都是对检察履职姿态的概括表达，其中主动型检察要求在方法和技巧上的积极能动，服务型检察要求在理念和意识上的能动，高效型检察要求在目的和效果上的能动。具体体现为检察机关在能动检察理念的指引下，积极担当作为，主动适应时代发展要求，能动履行法律监督职责，为服务保障经济社会高质量发展提供“法治产品”“检察产品”。

检察民事公益诉讼制度是一项更具主动性的诉讼职能，是检察机关以诉的形式履行法律监督职责的生动实践，其根本目的在于维护社会公共利益，社会公共利益归根结底是人民利益。检察公益诉讼实践体现了中国式现代化的要求，是中国式现代化在法治领域的重要体现，对于在法治轨道上全面建设社会主义现代化国家发挥了积极作用。党的二十大报告专门强调“完善公益诉讼制度”，这对检察民事公益诉讼的完善提出了新的更高要求，如何贯彻落实党的二十大精神，不断完善公益诉讼制度，为保护国家利益、社会公共利益和服务保障中国式现代化提供更好的检察产品是需要深入研究的课题，能动检察即成为推动检察公益诉讼工作向纵深发展的理念指引。因此，完善检察公益诉讼制度，需要检察机关在公益诉讼工作中始终保持积极主动的履职姿态，在工作理念、工作方法和技巧，以及目的和效果上积极能动，围绕解决人民群众急难愁盼的公益损害问题，积极稳妥地拓展公益诉讼案件范围，推进公益诉讼立法，不断满足人民群众对公平、法治、公平、正义、安全、环境等方面的更高要求。

第三章　我国检察民事公益诉讼制度的实践观察

检察公益诉讼制度在我国是一项年轻的制度，年轻就意味着需要完善和规范，而完善的基础在于对制度的试点和实施进行准确评价，从中发现制度运行中的问题，并研究制度完善的路径。本章将从检察民事公益诉讼制度的规范面貌出发，分析实践情况，总结制度运行中的困境，研究制度的基本理念与价值，为制度的完善奠定基础。

第一节　总体实践观察

一、检察民事公益诉讼制度的历史发展脉络

新中国成立后，检察制度建立并逐渐完善起来，检察民事公益诉讼制度与检察制度的发展密切相关，因此有必要梳理检察民事公益诉讼制度的历史脉络，以此分析制度长期缺位的主要原因，鉴于上文已经对2014年以来检察民事公益诉讼制度的立法和实践进行了总结，本部分将主要论述新中国成立以来到2014年检察民事公益诉讼的制度供给情况。

新中国成立伊始，1949年制定的《中央人民政府最高人民检察署试行组织条例》，1951年制定的《中央人民政府最高人民检察署暂行组织条例》和《各级地方人民检察署组织通则》，1954年制定的

《人民检察院组织法》,分别对检察机关有权对事关国家和人民利益的民事案件提起或参与诉讼进行了规定,为新中国成立初期检察机关提起民事公益诉讼提供了法律依据。根据法律规定,各地检察机关为了国家公共利益和劳动人民的利益通过提起和参与民事诉讼的方式开展民事案件的办理,在1954年办理了2000多件民事案件。[①] 但是检察机关提起民事公益诉讼制度并未坚持很久,1958年后检察机关不再参与民事诉讼。[②] 1958年到1978年这20年间既是检察制度的艰难发展期,也是各项检察业务工作特别是检察民事公益诉讼的中断期。究其原因,主要是受"左"倾错误思想的影响和镇压反革命任务的需要,"左"倾思想要求唯刑事论,也就是检察机关只能作为无产阶级专政的机器而不能干预人民之间的民事纠纷。[③] 因此,这一时期检察民事公益诉讼被中断甚至取消的主要原因在于社会背景的影响,客观方面的因素居多,是检察机关无法主导的。1978年检察机关开始恢复重建,1979年制定的《人民检察院组织法》未涉及检察机关提起民事公益诉讼的内容。1982年制定民事诉讼法时,检察机关本来有一次建立参与民事诉讼制度的机会,但由于其内部未达成一致,理由主要是忙于打击刑事犯罪,拨乱反正,人力不足等,最终检察机关丧失了设立提起或者参与民事诉讼制度的机会,最终在1982年《民事诉讼法(试行)》中只留下了一条原则性规定,这种原则性规定在实践中也并未被很好地执行。这一时期检察机关失去建立检察民事公益诉讼制度的机遇除了受唯刑事论的影响外,更主要的在于自身的主观原因,比如对业务不熟悉、案多人少的矛盾,致使检察机关提起或者参与民事诉讼制度再次被推迟。

1979年制定的《刑事诉讼法》规定了刑事附带民事诉讼制度,但是仅限于在办理刑事案件中对于造成国家和集体财产损失的可

---

① 参见王桂五主编:《中华人民共和国检察制度研究》,法律出版社1991年版,第388页。

② 参见孙谦主编:《人民检察制度的历史变迁》,中国检察出版社2009年版,第259页。

③ 参见王桂五主编:《中华人民共和国检察制度研究》,法律出版社1991年版,第390页。

以一并提起民事诉讼，没有明确检察机关在民事诉讼和行政诉讼中的公益诉讼职权。此后1989年的《行政诉讼法》和1991年的《民事诉讼法》仅明确了检察机关对诉讼活动的法律监督职能，未明确规定检察机关提起公益诉讼制度。随着唯刑事论影响的逐渐减弱和检察机关对民事行政检察工作重要性认识的提高，检察机关开始了公益诉讼的探索和实践，其间在1997年由河南方城县检察院以原告身份办理的国有资产流失案成为检察公益诉讼的第一案，之后全国部分检察机关在国有资产领域、环境保护等领域开始尝试直接提起民事公益诉讼工作，也办理了一批公益诉讼案件，成效比较明显的是河南检察机关在1997～2007年共办理公益诉讼案件1500余件，为国家挽回经济损失2亿余元。[①] 2004年最高人民法院明确指出检察机关以原告身份提起的公益诉讼案件，没有法律依据不应受理，此后，检察机关提起公益诉讼的探索暂时停止。但是基于法律监督机关的宪法定位和职责，检察机关推动公益诉讼制度发展的实践一直在进行，2008年检察机关针对破坏生态环境和资源领域的违法行为开展了新一轮提起公益诉讼的探索，直接推动了相关立法。2013年施行的《民事诉讼法》首次在法律层面规定了民事公益诉讼制度，但诉权主体限定为法律规定的机关和有关组织，并未明确检察机关的公益诉权，检察机关主要通过支持起诉的方式开展公益诉讼实践。2014年十八届四中全会对检察公益诉讼制度进行了顶层设计，2015年检察机关开始公益诉讼试点，成为保护公共利益的坚强力量和主力军，2017年法律正式确立了检察公益诉讼制度。

通过回顾检察民事公益诉讼制度的历史沿革，可以看出立法供给是推动检察民事公益诉讼的主要因素，20世纪50年代出台的3个组织文件都对检察机关提起或参与民事诉讼作出了明确规定，所以当时全国检察机关办理了相当数量的公益诉讼案件。后来在“左”倾思想的影响下，在“文革”的冲击下，检察业务全面中断。检察机关恢复重建后，在修改民事诉讼法之际，本来有一次重新确立检察民事公益诉讼制度的机遇，却由于自身原因而放弃，最终使检

① 参见田凯等：《人民检察院提起公益诉讼立法研究》，中国检察出版社2017年版，第6页。

察民事公益诉讼的立法确立晚了很多年。带来的直接后果就是探索公益诉讼实践缺乏法律依据,20 世纪 90 年代,检察机关虽然以原告身份代表国家提起民事诉讼并办理了一批案件,但最终因为于法无据被最高人民法院以不再受理而中止。此后检察机关只能通过督促或者支持起诉的形式间接参与公益诉讼,进行公益诉讼的实践探索。这导致检察机关重刑轻民的思想长期存在,检察业务发展不平衡的矛盾也由此产生,对检察机关法律监督的宪法定位形成挑战。因此,十八届四中全会从国家治理的高度出发,提出探索建立检察机关提起公益诉讼制度,使检察机关行使公益诉权有了顶层设计和法律依据,开启了新时代检察公益诉讼的新历程。

二、检察公益诉讼制度的总体实践情况

2015 年 7 月最高人民检察院印发《检察机关提起公益诉讼改革试点方案》后检察公益诉讼制度开始在全国 13 个省(自治区、直辖市)检察院开展为期两年的试点,2017 年 6 月,检察公益诉讼制度正式入法并全面实施。从时间上来看,检察公益诉讼制度是一项年轻的诉讼制度,但是自试点以来,检察机关在生态环境和资源保护等法定领域办理了一大批案件,有力地维护了社会公共利益和国家利益,检察公益诉讼的制度效能逐渐显现出来。本书选取了 2016 年以来检察机关的有关办案数据,通过数据分析归纳并与行政公益诉讼进行比较,更好地对检察民事公益诉讼制度进行实践观察。同时,通过梳理检察公益诉讼有关案例,分析检察公益诉讼制度的基本特点、发展趋势以及取得的成效。

(一)2016 年以来检察机关办理公益诉讼案件数据分析

2016 年检察公益诉讼制度正在试点阶段,因此仅能获得全国 13 个省(自治区、直辖市)的案件线索数、诉前程序及提起诉讼数,侵害公共利益行为的案件线索是开展检察公益诉讼工作的基础和前提,截至 2016 年 12 月,检察机关共发现案件线索 5765 件。其中,行政 4886 件,民事 879 件。从案件范围看,生态领域 4186 件,国有土地使用权出让领域 751 件,国有资产保护领域 652 件,食品药品安全领域 176 件。从地域分布看,位居前七位的省份分别是广东、陕西、湖北、云南、贵州、江苏、山东,共占 71.07%。各试点地区

公益线索数具体情况见表3-1。

表3-1 2016年试点地区检察公益诉讼线索数量

单位:件

序号	省(自治区、直辖市)	线索总数	民事领域		行政领域			
			环境	食药	环境	资源	国土出让	国资保护
1	北京	174	48	4	57	36	3	26
2	内蒙古	241	22	0	42	123	18	36
3	吉林	332	13	19	67	162	41	30
4	江苏	495	98	31	93	80	127	66
5	安徽	304	23	10	102	71	54	44
6	福建	389	33	7	108	106	27	108
7	山东	393	48	2	204	18	100	21
8	湖北	550	68	20	170	185	42	65
9	广东	939	306	48	284	216	28	57
10	贵州	529	8	9	187	229	72	24
11	云南	549	7	6	99	189	148	100
12	陕西	642	12	18	250	261	60	41
13	甘肃	228	17	2	77	67	31	34
合计		5765	703	176	1740	1743	751	652

检察机关提起公益诉讼之前必须经过诉前程序,设立诉前程序的目的是节约司法资源,体现检察权的谦抑性,有效保护国家利益和社会公共利益。截至2016年12月,共办理诉前程序案件3883件,其中民事120件,行政3763件。从民事公益诉讼诉前程序案件的后续情况看,相关社会组织提起公益诉讼的22件,相关社会组织不起诉或不回复的35件,占29.17%,辖区内无符合条件社会组织的55件,占45.83%。从行政公益诉讼诉前程序案件的后续情况看,相关行政机关纠正违法或履行职责的2838件,占75.42%,见表3-2。截至2016年12月,检察机关共向人民法院提起公益诉讼494件,法院审结32件,审结案件除了撤诉和调解的外全部支持了

检察机关的诉讼请求，见表3-3。

表3-2　2016年试点地区检察公益诉讼诉前程序情况

单位：件

序号	省（自治区、直辖市）	诉前总数	民事诉前数	行政诉前数	民事诉前程序				行政诉前程序		
					社会组织起诉	社会组织回复不起诉或不回复	无适格社会组织	未到一个月回复期	行政机关纠正违法或履行职责	未到一个月回复期	逾期未纠正违法或履行职责
1	北京	40	4	36	0	3	0	1	24	9	3
2	内蒙古	197	2	195	0	0	2	0	140	5	50
3	吉林	272	9	263	1	2	6	0	204	3	56
4	江苏	255	33	222	16	13	2	2	142	43	37
5	安徽	178	3	175	0	2	1	0	139	0	36
6	福建	337	6	331	1	2	3	0	253	22	56
7	山东	338	12	326	1	0	11	0	298	4	24
8	湖北	293	6	287	0	0	6	0	181	9	97
9	广东	334	22	312	2	1	15	4	245	15	52
10	贵州	522	11	511	0	9	2	0	358	28	125
11	云南	529	7	522	0	0	7	0	449	16	57
12	陕西	407	4	403	0	3	0	1	290	35	78
13	甘肃	181	1	180	1	0	0	0	115	19	46
合计		3883	120	3763	22	35	55	8	2838	208	717

表3-3　2016年试点地区检察公益诉讼起诉数和法院审结数情况

单位：件

序号	省（自治区、直辖市）	起诉数			法院审结数				
		总数	民事	行政	总数	调解	撤诉	判决	
								一审	二审
1	北京	5	3	2	0	0	0	0	0
2	内蒙古	45	0	45	4	0	0	4	0

续表

序号	省(自治区、直辖市)	起诉数			法院审结数				
		总数	民事	行政	总数	调解	撤诉	判决	
								一审	二审
3	吉林	59	2	57	1	0	0	1	0
4	江苏	27	8	19	3	0	1	1	1
5	安徽	40	6	34	3	0	1	2	0
6	福建	31	4	27	3	0	0	3	0
7	山东	26	11	15	1	0	0	1	0
8	湖北	55	5	50	2	0	0	2	0
9	广东	51	6	45	4	1	1	2	0
10	贵州	51	4	47	9	0	0	9	0
11	云南	30	5	25	0	0	0	0	0
12	陕西	40	3	37	1	0	0	1	0
13	甘肃	34	0	34	1	0	0	1	0
合计		494	57	437	32	1	3	27	1

2017 年上半年检察公益诉讼制度仍然在试点期间,2017 年 6 月,《民事诉讼法》《行政诉讼法》修正后,检察公益诉讼开始全面实施,所以 2017 年的制度实践是试点和正式实施的综合体,办案数据也与试点期间形成了差异,检察公益诉讼仍然在探索中前进。在公益诉讼案件线索数和立案数方面,截至 2017 年 12 月,全国检察机关共发现侵害公共利益案件线索 16,159 件,其中,行政 14,831 件,民事 1328 件。从地域分布看,位居前五位的省份是吉林、贵州、湖北、广东、江苏。从发现线索后的立案情况来看,全国检察机关共立案 9918 件,占线索总数的 61.38%,其中民事公益诉讼立案数 294 件,占立案总数的 2.96%,占民事公益线索总数的 22.14%;行政公益诉讼立案数 9624 件,占立案总数的 97.04%,占行政公益案件线索总数的 64.89%,见表 3-4。

表3－4　2017年各地检察机关公益诉讼案件线索数和立案数

单位：件

序号	省（自治区、直辖市）	案件线索数							立案数		
		总数	民事		行政				总数	民事	行政
			环境资源	食品药品	环境资源	食品药品	国土出让	国有财产			
1	贵州	1285	13	3	1118	2	52	97	1004	4	1000
2	湖北	1195	73	16	577	116	44	369	827	41	786
3	云南	548	13	1	310	7	86	131	698	14	684
4	江苏	956	111	93	386	61	53	252	695	55	640
5	吉林	1469	2	5	1321	21	43	77	651	4	647
6	广东	1179	123	30	764	75	47	140	574	11	563
7	安徽	882	93	26	332	69	132	230	497	9	488
8	山西	666	15	5	437	47	77	85	495	19	476
9	山东	824	71	3	501	52	79	118	482	1	481
10	福建	438	18	12	192	24	10	182	387	3	384
11	河南	501	45	4	246	38	51	117	380	10	370
12	湖南	705	40	5	292	29	184	155	376	13	363
13	陕西	551	3	5	450	29	11	53	342	0	342
14	河北	589	81	13	245	61	47	142	316	40	276
15	四川	456	29	15	186	39	72	115	304	18	286
16	江西	406	16	2	268	9	46	65	283	8	275
17	黑龙江	723	41	4	574	23	39	42	270	0	270
18	甘肃	284	10	4	224	5	14	27	249	3	246
19	浙江	297	21	7	175	14	22	58	216	7	209
20	广西	447	35	40	229	10	26	107	168	6	162
21	内蒙古	157	1	0	109	0	15	32	152	1	151
22	辽宁	266	4	0	226	16	8	12	131	1	130
23	重庆	282	25	2	170	2	40	43	117	6	111
24	青海	166	5	6	108	3	21	23	102	4	98

续表

序号	省(自治区、直辖市)	案件线索数							立案数		
		总数	民事		行政				总数	民事	行政
			环境资源	食品药品	环境资源	食品药品	国土出让	国有财产			
25	北京	99	14	11	61	5	0	8	47	3	44
26	海南	64	21	0	32	1	5	5	35	8	27
27	天津	174	1	5	117	45	0	6	33	1	32
28	宁夏	42	2	0	29	0	7	4	32	0	32
29	西藏	181	0	1	179	1	0	0	27	0	27
30	上海	121	68	6	11	4	3	29	19	3	16
31	新疆	196	8	1	107	5	45	30	8	1	7
32	兵团	10	1	0	8	0	1	0	1	0	1
合计		16,159	1003	325	9984	813	1280	2754	9918	294	9624

在诉前程序方面，截至2017年12月，检察机关共办理诉前程序案件8937件，其中民事156件，行政8781件。从地域分布看，位居前五位的省份分别是贵州、江苏、吉林、云南、山东，共占40.25%，见表3-5。

表3-5　2017年各地检察机关办理公益诉讼诉前程序情况

单位：件

序号	省(自治区、直辖市)	诉前总数	民事诉前数	行政诉前数	民事诉前程序			行政诉前程序		
					社会组织起诉	无适格社会组织	未到一个月回复期	行政机关纠正违法或履行职责	未到一个月回复期	逾期未纠正违法或履行职责
1	贵州	1019	11	1008	0	11	0	547	287	174
2	江苏	657	28	629	0	27	1	370	206	53
3	吉林	651	4	647	1	2	1	509	75	63
4	云南	650	14	636	0	12	2	367	181	88

续表

序号	省（自治区、直辖市）	诉前总数	民事诉前数	行政诉前数	民事诉前程序			行政诉前程序		
					社会组织起诉	无适格社会组织	未到一个月回复期	行政机关纠正违法或履行职责	未到一个月回复期	逾期未纠正违法或履行职责
5	山东	620	2	618	0	2	0	548	59	11
6	广东	580	9	571	2	7	0	322	217	32
7	湖北	553	28	525	0	14	14	291	196	38
8	安徽	497	9	488	0	9	0	416	45	27
9	山西	480	7	473	0	1	6	295	86	92
10	福建	382	1	381	0	0	1	229	88	64
11	河南	356	9	347	2	5	2	208	73	66
12	陕西	342	0	342	0	0	0	61	271	10
13	湖南	277	13	264	1	11	1	122	141	1
14	江西	233	3	230	0	3	0	73	69	88
15	甘肃	229	2	227	0	2	0	147	41	39
16	四川	225	0	225	0	0	0	150	11	64
17	黑龙江	217	0	217	0	0	0	116	99	2
18	浙江	201	1	200	0	1	0	153	38	9
19	河北	173	1	172	0	1	0	66	88	18
20	内蒙古	146	0	146	0	0	0	51	91	4
21	重庆	102	2	100	0	2	0	49	31	20
22	广西	90	2	88	0	0	2	14	72	2
23	青海	74	2	72	0	0	2	36	36	0
24	辽宁	47	0	47	0	0	0	9	36	2
25	宁夏	32	0	32	0	0	0	23	5	4
26	北京	31	2	29	0	2	0	15	14	0
27	海南	19	3	16	0	3	0	12	4	0

续表

序号	省(自治区、直辖市)	诉前总数	民事诉前数	行政诉前数	民事诉前程序			行政诉前程序		
					社会组织起诉	无适格社会组织	未到一个月回复期	行政机关纠正违法或履行职责	未到一个月回复期	逾期未纠正违法或履行职责
28	天津	16	0	16	0	0	0	10	6	0
29	上海	16	2	14	0	2	0	7	7	0
30	西藏	15	1	14	0	0	1	4	3	7
31	新疆	7	0	7	0	0	0	7	0	0
32	兵团	0	0	0	0	0	0	0	0	0
合计		8937	156	8781	6	117	33	5227	2576	978

在提起诉讼方面,截至 2017 年 12 月,全国检察机关共提起公益诉讼 233 件,①从地域分布看,位居前五位的省份分别是安徽、吉林、江苏、甘肃、湖北。从诉讼类型看,民事公益诉讼 29 件,占 12.45%;行政公益诉讼 130 件,占 55.79%;刑事附带民事公益诉讼 74 件,占 31.76%。从案件领域看,生态环境和资源保护领域 180 件,占 77.25%;食品药品安全领域 15 件,占 6.44%;国有土地使用权出让领域 7 件,占 3.00%;国有财产保护领域 31 件,占 13.30%。

2018 年是检察公益诉讼制度立法确立后的元年,全国检察机关以办案为中心,规模持续扩大,公益诉讼办案工作呈现快速发展态势。从案件线索数和立案数情况来看,截至 2018 年 12 月,检察机关共发现侵害公共利益案件线索 137,036 件,其中民事 7835 件,行政 129,201 件。从地域分布看,位居前五位的省(自治区)分别是江苏、内蒙古、湖南、河北、安徽。截至 2018 年 12 月,对于发现的侵害公共利益案件线索,检察机关共立案公益诉讼案件 113,160 件。其中,民事公益案件 4393 件,行政公益案件 108,767 件,占 96.12%。从地域分布看,立案数位居前五位的分别是江苏、河北、

① 参见最高人民检察院:《全国检察机关公益诉讼办案工作 2017 年 12 月份情况通报》,2018 年 1 月 10 日。

内蒙古、湖南、贵州，见表3－6。

表3－6　2018年各地检察机关公益诉讼案件线索数和立案数

单位：件

序号	省（自治区、直辖市）	案件线索数			立案数							
						民事			行政			
		总数	民事	行政	总数	环境资源	食品药品	英烈保护	环境资源	食品药品	国土出让	国有财产
1	北京	329	64	265	242	3	6	1	164	41	4	23
2	上海	876	384	492	281	25	22	5	124	63	5	37
3	天津	424	40	384	177	8	3	0	97	59	0	10
4	重庆	2259	129	2130	1962	74	25	0	1098	433	77	255
5	河北	9928	319	9609	8280	146	48	0	4128	2920	172	866
6	山西	6847	40	6807	5757	44	33	0	2388	2703	90	499
7	内蒙古	10,919	696	10,223	8131	164	29	0	4466	2841	159	472
8	辽宁	4644	117	4527	4305	63	40	0	2920	1006	40	236
9	吉林	3696	437	3259	2351	108	36	0	1406	344	28	429
10	黑龙江	4597	77	4520	4154	48	8	1	2681	1315	40	61
11	江苏	12,664	801	11,863	10,347	325	271	3	2993	5317	230	1208
12	浙江	5585	414	5171	5551	225	88	0	3038	1731	30	439
13	安徽	8432	979	7453	5454	189	107	4	2188	2578	52	336
14	福建	1340	85	1255	1258	46	25	0	682	326	9	170
15	江西	2044	129	1915	1666	91	7	1	921	385	133	128
16	山东	2632	344	2288	2373	136	100	2	1110	353	98	574
17	河南	1667	160	1507	1531	89	43	1	796	295	167	140
18	湖北	4689	183	4506	4480	136	21	0	2068	1716	80	459
19	湖南	10,317	322	9995	7694	138	58	0	2654	3132	247	1465
20	广东	6782	540	6242	5186	139	126	0	2349	2000	78	494
21	海南	716	45	671	652	34	5	0	531	51	4	27
22	广西	1219	252	967	636	103	26	1	336	75	25	70
23	四川	3743	393	3350	2766	214	31	0	1641	501	99	280

续表

序号	省(自治区、直辖市)	案件线索数			立案数							
						民事			行政			
		总数	民事	行政	总数	环境资源	食品药品	英烈保护	环境资源	食品药品	国土出让	国有财产
24	贵州	7839	100	7739	7411	36	20	0	5475	1075	196	609
25	云南	7053	195	6858	6643	121	25	0	3894	2280	58	265
26	西藏	648	5	643	269	4	1	0	166	86	8	4
27	陕西	7006	153	6853	6243	55	61	1	3240	2553	107	226
28	甘肃	1461	178	1283	1273	152	5	0	797	205	30	84
29	青海	500	76	424	430	55	6	0	221	43	94	11
30	宁夏	897	44	853	847	30	3	1	574	150	29	60
31	新疆	5113	126	4987	4677	67	17	0	1028	3229	239	97
32	兵团	170	8	162	133	3	5	0	67	11	20	27
合计		137,036	7835	129,201	113,160	3071	1301	21	56,241	39,817	2648	10,061

从诉前程序案件情况来看，截至 2018 年 12 月，检察机关共办理诉前程序案件 102,975 件，其中民事 1721 件，行政 101,254 件。从地域分布看，位居前五位的省(自治区)分别是江苏、河北、内蒙古、贵州、湖南，见表 3－7。

表 3－7　2018 年各地检察机关办理公益诉讼诉前程序情况

单位：件

序号	省(自治区、直辖市)	诉前总数	民事诉前数	行政诉前数	民事诉前程序			行政诉前程序		
					社会组织起诉	无适格社会组织	未到一个月回复期	行政机关纠正违法或履行职责	未到一个月回复期	逾期未纠正违法或履行职责
1	江苏	9061	260	8801	12	230	18	6633	3228	78
2	河北	7659	17	7642	0	17	0	4586	3022	34
3	内蒙古	7312	69	7243	1	30	38	6037	1065	145

续表

序号	省(自治区、直辖市)	诉前总数	民事诉前数	行政诉前数	民事诉前程序			行政诉前程序		
					社会组织起诉	无适格社会组织	未到一个月回复期	行政机关纠正违法或履行职责	未到一个月回复期	逾期未纠正违法或履行职责
4	贵州	7286	28	7258	0	28	0	5632	1929	159
5	湖南	6502	198	6304	1	208	0	4724	1753	2
6	云南	6175	73	6102	0	63	10	4182	2138	73
7	陕西	6033	59	5974	0	49	10	2836	2988	150
8	山西	5384	4	5380	4	6	0	3362	1960	252
9	浙江	5337	225	5112	0	215	10	4059	1065	1
10	广东	4966	182	4784	0	138	44	3209	1720	63
11	安徽	4326	110	4216	0	105	5	3066	1199	109
12	新疆	4314	7	4307	0	7	0	2595	1693	19
13	湖北	4244	81	4163	1	70	8	2920	1052	163
14	辽宁	4010	1	4009	0	0	1	3425	528	56
15	黑龙江	3924	0	3924	0	0	0	2220	1798	5
16	四川	2278	64	2214	0	60	4	1944	155	115
17	山东	2114	71	2043	1	65	5	1737	145	161
18	吉林	2077	49	2028	0	48	1	1819	107	102
19	重庆	1860	61	1799	0	59	2	1530	253	44
20	江西	1568	14	1554	0	14	0	1154	333	224
21	河南	1301	11	1290	0	11	0	1050	203	37
22	福建	1180	18	1162	0	17	2	941	159	82
23	甘肃	1092	27	1065	0	27	0	790	245	30
24	宁夏	844	32	812	0	30	2	647	163	2
25	广西	525	29	496	0	26	4	416	101	9

续表

序号	省(自治区、直辖市)	诉前总数	民事诉前数	行政诉前数	民事诉前程序			行政诉前程序		
					社会组织起诉	无适格社会组织	未到一个月回复期	行政机关纠正违法或履行职责	未到一个月回复期	逾期未纠正违法或履行职责
26	海南	456	6	450	0	6	0	187	258	5
27	青海	333	7	326	0	6	1	275	47	4
28	西藏	251	4	247	0	4	0	195	48	4
29	北京	189	0	189	0	0	0	171	32	0
30	上海	130	13	117	0	13	0	81	36	0
31	天津	124	1	123	0	1	0	70	53	0
32	兵团	120	0	120	0	0	0	75	45	0
合计		102,975	1721	101,254	20	1553	165	72,568	29,521	2128

从起诉案件情况来看,截至2018年12月,检察机关共提起公益诉讼3228件,其中民事165件,行政587件,刑事附带民事公益诉讼2476件。从案件领域看,生态资源领域2176件,食品药品领域845件,国有土地使用权出让领域35件,国有财产保护领域166件,英雄烈士名誉荣誉保护领域6件。从地域分布看,位居前五位的分别是江苏、安徽、山东、浙江、湖北,见表3-8。

表3-8　2018年各地检察机关提起公益诉讼案件数情况

单位:件

序号	省(自治区、直辖市)	总数	民事			行政				刑事附带民事	
			环境资源	食品药品	英烈保护	环境资源	食品药品	国土出让	国有财产	环境资源	食品药品
1	江苏	320	4	0	1	9	0	0	6	109	191
2	安徽	265	14	17	4	33	1	3	26	122	45
3	山东	234	9	2	1	84	2	3	26	69	38

续表

序号	省(自治区、直辖市)	总数	民事			行政				刑事附带民事	
			环境资源	食品药品	英烈保护	环境资源	食品药品	国土出让	国有财产	环境资源	食品药品
4	浙江	218	13	0	0	0	0	1	0	138	66
5	湖北	209	2	0	0	49	4	3	28	102	21
6	吉林	188	6	1	0	59	0	1	20	75	26
7	广东	188	15	1	0	8	0	0	4	79	81
8	四川	169	1	0	0	2	0	0	0	146	20
9	湖南	133	3	1	0	1	0	0	0	86	42
10	陕西	126	1	0	0	31	0	2	10	39	43
11	内蒙古	110	4	10	0	20	0	3	3	63	7
12	河北	102	3	1	0	3	0	3	1	65	26
13	河南	102	3	1	0	5	0	0	2	66	25
14	辽宁	99	0	0	0	4	0	1	0	54	40
15	甘肃	99	10	0	0	20	0	2	11	50	6
16	江西	87	3	1	0	6	0	1	2	69	5
17	山西	84	0	0	0	5	1	8	2	40	28
18	云南	83	4	1	0	6	0	0	5	57	10
19	贵州	69	1	0	0	11	1	2	11	26	17
20	新疆	54	0	1	0	1	0	0	0	42	10
21	福建	49	1	0	0	9	0	0	9	25	5
22	广西	45	5	2	0	0	0	0	0	27	11
23	青海	39	1	0	0	2	0	2	0	31	3
24	重庆	36	4	1	0	3	0	0	0	17	11
25	海南	30	3	2	0	5	0	0	0	20	0
26	黑龙江	26	0	0	0	1	0	0	0	25	0
27	宁夏	26	0	0	0	0	0	0	0	24	2

续表

序号	省(自治区、直辖市)	总数	民事			行政				刑事附带民事	
			环境资源	食品药品	英烈保护	环境资源	食品药品	国土出让	国有财产	环境资源	食品药品
28	上海	15	2	3	0	0	0	0	0	6	4
29	兵团	8	0	0	0	0	0	0	0	3	5
30	北京	5	0	1	0	0	0	0	0	4	0
31	天津	5	1	0	0	0	0	0	0	3	1
32	西藏	5	0	0	0	0	0	0	0	4	1
合计		3228	113	46	6	377	9	35	166	1686	790

2019 年检察机关充分履行公共利益代表职责,践行检察公益诉讼的办案工作理念,办理民事公益诉讼 7125 件、行政公益诉讼 119,787 件,同比分别上升 62.2% 和 10.1%,发出诉前检察建议 103,076 件,同比上升 1.8%;回复整改率 87.5%,同比上升 15.8 个百分点,绝大多数问题在诉前得到解决,诉前程序成为维护社会公共利益的重要路径,有利于节约司法资源,实现以最小司法投入获得最佳社会效果的法律制度目的。对于通过诉前程序无法达到实现维护社会公共利益目的的案件,积极提起公益诉讼,全国检察机关共起诉 4778 件,法院审结 3238 件,有力地维护了社会公共利益。同时,坚持能动检察理念,积极稳妥拓展公益诉讼案件范围,比如,北京海淀的检察机关针对校园周边的商户向孩子售烟问题发出检察建议,督促职能部门履职未成年人检察公益诉讼。检察公益诉讼工作得到社会各界和各级人大的支持,11 个省级人大常委会作出专项决定,给予有力的监督支持。检察机关在办理案件的同时坚持“回头看”,总结工作经验,对 2018 年办理的 10 万余件诉前检察建议案件进行“回头看”,对 8751 件存有瑕疵的案件督促整改落实,确保公共利益切实得到维护。①

2020 年,全国检察机关有序开展公益诉讼工作,继续完善公益

① 参见张军:《最高人民检察院工作报告》,载最高人民检察院网站 2020 年 5 月 25 日,https://www.spp.gov.cn/。

司法保护的中国道路，立案办理公益诉讼案件 151,260 件，其中，民事公益诉讼 1.4 万件，行政公益诉讼 13.7 万件，同比分别上升 1 倍和 14.4%，检察民事公益诉讼案件数量大幅增加。发出诉前检察建议 11.8 万件，同比上升 14.1%；行政机关回复整改率 99.4%，诉前程序仍然在公共利益保护中发挥着第一位作用。提起公益诉讼 8010 件，同比上升 67.6%，充分发挥诉讼在维护公共利益方面的刚性作用。继续积极稳妥拓展案件范围，对群众反映强烈的公益损害问题立案 2.7 万件，比如铁路安全生产领域、文物保护等新领域。①

2021 年，全国检察机关充分发挥公益诉讼检察职能，立案办理公益诉讼 16.9 万件，其中民事公益诉讼 2 万件、行政公益诉讼 14.9 万件。最高人民检察院、省级检察院加大办案力度，直接办理跨地域、影响性案件 110 件，其中最高人民检察院直接立案 6 件，各省级检察院均直接立案公益诉讼案件共 104 件，实现全国各级检察院办理公益诉讼案件的全覆盖。充分利用诉前程序的制度优势和价值，通过磋商、诉前检察建议促进源头治理公益损害问题的解决，节省了司法资源。提起诉讼 1.1 万件，99.8% 获裁判支持，成为维护社会公共利益的法治样本。积极稳妥拓展公益诉讼案件范围，将检察公益诉讼条款写入英雄烈士保护法、未成年人保护法、军人地位和权益保障法、安全生产法、个人信息保护法，在法定办案领域上形成了“4 +5”格局。公益司法保护中国方案初步成型，为解决世界公益保护难题提供了借鉴与参考。②

总体上审视检察公益诉讼的相关办案数据，办案量逐年增多，这首先体现在公益诉讼的案件线索数方面，公共利益案件线索是启动公益诉讼程序的基础条件，也是立案的前提，所以全国各地的检察机关都注重在法律规定的范围内摸排与收集侵害公共利益的案件线索。通过分析部分年份案件线索和立案的具体数据，可以总结出存在三个方面的问题。

① 参见张军：《最高人民检察院工作报告》，载最高人民检察院网站 2021 年 3 月 8 日，https://www.spp.gov.cn/。

② 参见张军：《最高人民检察院工作报告》，载最高人民检察院网站 2022 年 3 月 8 日，https://www.spp.gov.cn/。

第一,案件线索及立案数存在地区发展不平衡之现象,2016年试点期间,案件线索数位居前七位的广东、陕西、湖北、云南、贵州、江苏、山东共占公益线索总数的71.07%,2017年位居前五位的吉林、贵州、湖北、广东、江苏的线索数占当年全国检察公益诉讼公益线索总数的37.65%,2018年位居前五位的江苏、内蒙古、湖南、河北、安徽占当年全国检察公益诉讼公益线索总数的38.14%;仅从检察民事公益诉讼来看也存在地区不平衡的现象,比如2016年位居前五位的广东、江苏、湖北、北京、山东的民事公益案件线索数之和占全国检察机关民事公益案件线索总数的76.56%,2017年位居前五位的江苏、广东、安徽、河北、湖北的民事公益案件线索数之和占全国检察机关民事公益案件线索总数的49.62%,不足10件的有9个省份,2018年位居前五位的安徽、江苏、内蒙古、广东、吉林的民事公益案件线索数之和占全国检察机关民事公益案件线索总数的44.07%,不足100件的有10个省份。检察公益诉讼工作在全国发展不协调的原因是多方面的,有各地人口和经济发展水平高低、公益保护观念强弱等客观原因,也有检察机关对公益诉讼工作推进力度不够及民事检察工作的基础不牢等主观因素。同时也说明检察公益诉讼工作有巨大的潜力,部分办案数量不多的地区完全可以补足差距,以充分发挥检察公益诉讼制度的效能。同时,从检察公益诉讼的办案数据分析,2018年案件量呈爆炸式增长,办理诉前程序案件从2016年的3883件到2018年的102,975件,增长了近30倍,提起诉讼案件从2016年的495件到2018年的3228件,增长了近7倍。主要原因在于2015~2017年是检察公益诉讼的探索与试点阶段,因此遵循稳妥推进原则。2017年6月,《民事诉讼法》与《行政诉讼法》分别加入了检察公益诉讼条款,以法律授权形式明确了检察机关的公益诉权主体地位。面临日益复杂和不断增多的侵害公共利益案件情形,检察机关以修法为契机,以能动检察为基础,以维护公共利益为目的,充分发挥检察公益诉讼监督职能,立案办理了大量案件,因此2018年以来检察机关办理公益诉讼案件数不断递增,其中民事公益诉讼案件从2018年的4393件,2019年的7125件,再到2020年的14,000件,2021年的20,000件,2021年是2018年办案数据的4.5倍。这说明检察公益诉讼制度的实践效果得到呈现,检察公益诉讼制度也是目前为止符合我国特色的公益司法保护之路,同时也说明当前社会存在大量侵害社会公益的违法情形,特别是检察民事公益诉讼仍具有发挥作用的较大潜力。

第二,案件领域存在不协调现象,根据《民事诉讼法》和《行政诉讼法》的规定,检察机关可以在生态环境和资源保护、食品药品安全、国有财产保护和国有土地使用权出让、英烈人格利益保护等领域办理公益诉讼案件,这是目前法律确定的公益诉讼案件领域。2016 年试点期间,检察机关办理的公益诉讼案件集中在生态环境和资源保护领域,线索数占公益线索总数的 72. 61% ,2017 年的生态环境和资源保护案件线索数占公益线索总数的 70% ,2018 年在食品药品类公益诉讼案件大幅增加的基础上,生态环境和资源保护类案件立案数仍占公益诉讼立案总数的 52. 41% 。办理生态环境和资源保护领域公益诉讼案件是检察机关围绕国家大局和人民群众需求的积极作为值得肯定,体现了生态环境和资源司法保护的基本进路,也是检察公益诉讼制度试点期间要求将办案重心放在生态环境和资源保护领域的惯性使然。为了检察公益诉讼的全面协调发展,需要在重点办理生态环境和资源保护公益诉讼案件的同时在其他案件领域也要有所侧重,才能确保检察公益诉讼制度的可持续发展。

第三,检察公益诉讼类型存在不均衡现象,民事公益诉讼案件明显少于行政公益诉讼案件,从案件线索数来看,2016 年检察民事公益诉讼案件数占案件总数的 4% ,2017 年检察民事公益诉讼案件数占案件总数的 3% ,2018 年检察民事公益诉讼案件数占案件总数的 3. 9% ,2019 年检察民事公益诉讼案件数占案件总数的约 6% ,2020 年检察民事公益诉讼案件数占案件总数的约 9. 3% ,2021 年检察民事公益诉讼案件数占案件总数的约 11. 8% 。由此可见,2018 年之前检察机关办理的民事公益诉讼的案件数偏少,这虽然符合行政公益诉讼是“主角”的改革初衷,但是既然《民事诉讼法》以法律形式确立了检察机关提起公益诉讼制度,该制度就应当发挥其维护公共利益的独特功能。但维护公益的第一顺位职责应该是行政机关,行政机关在维护公共利益方面有独特的优势,检察机关仅在行政机关违法行使职权或者不作为损害公共利益时才启动监督程序，因此，行政公益诉讼更加符合检察机关的宪法定位。[①] 这与十八届四中全会的要求也相契合，从近几年的办案数据来看，检察民事公益诉讼逐步发展壮大，但是从长远来看，检察公益诉讼制度仍将以行政公益诉讼为主，以民事公益诉讼为辅，这种格局在未来一段时间内不会改变。

《民事诉讼法》第58条和《行政诉讼法》第25条对检察机关提起公益诉讼的诉前程序分别进行了规定。检察民事公益诉讼诉前程序是指检察机关在提起民事公益诉讼之前，应当在全国范围内的媒体上进行公告，公告期满，法律规定的适格主体不提起诉讼的，检察院可以向法院提起诉讼。公告程序是检察民事公益诉讼的必经程序，明确了检察机关提起民事公益诉讼的程序顺位，体现了检察权的谦抑性和检察权介入民事公益诉讼的补充性，也体现了检察机关与法律规定的机关或社会组织在公益保护上的协同性，[②]能够更好地节约司法资源。检察行政公益诉讼诉前程序是指检察机关在提起行政公益诉讼前，应当先向相关行政机关发出检察建议书，督促其纠正违法行为或者依法履行职责，检察建议是提起行政公益诉讼必经的前置程序，行政机关在发出检察建议后法定期限届满前不依法履行职责致使国家或者社会公共利益仍然处于被侵害状态时，检察机关可以依法向法院提起诉讼。行政公益诉讼诉前程序体现了检察机关提起公益诉讼的被动性，融合了检察机关的外部监督与行政机关的自我纠错，体现了检察权对行政权的尊重，能够实现行政自治，充分发挥行政机关履行职责的主动性和专业性。通过诉前程序可以将大量案件分流，减轻了审判机关的压力，有效节约了国家司法资源，[③]行政公益诉讼诉前程序成为检察机关办理公益诉讼案件的主要抓手，具有重要价值。

---

① 参见胡卫列、迟晓燕：《从试点情况看行政公益诉讼诉前程序》，载《国家检察官学院学报》2017年第2期。

② 参见刘加良：《检察院提起民事公益诉讼诉前程序研究》，载《政治与法律》2017年第5期。

③ 参见沈开举、邢昕：《检察机关提起行政公益诉讼诉前程序实证研究》，载《行政法学研究》2017年第5期。

检察公益诉讼诉前程序的实践，有以下特点：一是检察机关办理的诉前程序案件主要是行政公益诉讼。以近年来的诉前程序案件数为例，2016 年行政公益诉讼诉前程序案件数占检察机关办理诉前程序案件总数的 96.91%，民事公益诉讼占 3.09%，前者是后者的 31 倍多；2017 年行政公益诉讼诉前程序案件数占检察机关办理诉前程序案件总数的 98.25%，民事公益诉讼占 1.75%，前者是后者的 56 倍多；2018 年行政公益诉讼诉前程序案件数占检察机关办理诉前程序案件总数的 98.32%，民事公益诉讼占 1.67%，前者是后者的 58 倍多。这些实践数据表明，检察公益诉讼诉前程序案件集中在行政公益诉讼领域，行政公益诉讼诉前程序案件占压倒性多数且呈现逐步提升趋势。主要原因在于检察公益诉讼制度的初衷主要是行政公益诉讼，符合检察机关的法律监督定位。

二是检察公益诉讼制度诉前程序的办案效果主要体现在行政公益诉讼中。以近年来的办案数据为例，2016 年行政公益诉讼诉前程序案件数占行政公益案件线索数的 77.02%，占检察公益诉讼诉前案件总数的 96.91%，最终提起行政公益诉讼案件数占办理行政公益诉讼诉前程序案件数的 11.61%，占行政公益案件线索数的 8.94%；在行政公益诉讼诉前程序案件中行政机关主动纠正违法或者履行职责的案件数占行政公益诉讼诉前程序案件数的 75.42%，逾期未纠正违法或者履行职责的案件数占行政公益诉讼诉前程序案件数的 19.05%。2017 年行政公益诉讼诉前程序案件数占行政公益案件线索数的 59.21%，占检察公益诉讼诉前案件总数的 98.25%，最终提起行政公益诉讼案件数占办理行政公益诉讼诉前程序案件数的 1.48%，占行政公益案件线索数的 0.88%；在行政公益诉讼诉前程序案件中行政机关主动纠正违法或者履行职责的案件数占行政公益诉讼诉前程序案件数的 59.53%，逾期未纠正违法或者履行职责的案件数占行政公益诉讼诉前程序案件数的 11.14%。2018 年行政公益诉讼诉前程序案件数占行政公益案件线索数的 78.37%，占检察公益诉讼诉前案件总数的 98.33%，最终提起行政公益诉讼案件数占办理行政公益诉讼诉前程序案件数的 0.58%，占行政公益案件线索数的 0.45%；在行政公益诉讼诉前程序案件中行政机关主动纠正违法或者履行职责的案件数占行政公益诉讼诉前程序案件数的71.67%，逾期未纠正违法或者履行职责的案件数占行政公益诉讼诉前程序案件数的2.10%。从以上数据占比来看，检察公益诉讼案件的效果主要体现在行政公益诉讼诉前程序中，并成为检察机关办理公益诉讼案件的主要路径，达到了督促行政机关主动纠正侵害公共利益的违法行为或者主动履职的目的，是有效结案的重要形式，提起诉讼成为检察机关保护公共利益的最后一道防线，只有通过诉前程序确实无法达到维护公共利益目的，才选择提起诉讼手段。因此，检察行政公益诉讼诉前程序充分发挥了法律监督的功能，实现了双赢多赢共赢的目标，是检察机关法律监督职能的延伸和扩展。

三是从检察行政公益诉讼和民事公益诉讼的比较来看，检察民事公益诉讼诉前和诉讼程序体现了不同的特点。由于行政公益诉讼作为工作重点，因此检察民事公益诉讼在诉前和诉讼程序的案件数量都与行政公益诉讼的案件数差距巨大，这是由检察公益诉讼制度的初衷决定的，也是制度的设计目的。从诉前程序来看，两者的对象不同，行政公益诉讼诉前程序针对的是违法行使职权或者不作为的行政机关，检察民事公益诉讼诉前程序针对的对象是法律规定的机关或有关组织，具有民事公益诉讼资格的有关组织的数量远远少于行政机关的数量；两者的内容不同，检察民事公益诉讼诉前程序是公告，内容是告知有关诉权主体提起民事公益诉讼，而行政公益诉讼诉前程序是检察建议，内容是督促行政机关纠正违法行为或者履行职责，具有很强的法律监督属性；两者的效果不同，行政公益诉讼诉前程序是法律监督的一种手段，对行政机关具有程序性压力，在督促行政机关主动履职或者纠正违法方面具有重要意义，检察民事公益诉讼的公告仅是一种衔接程序，体现了对其他适格主体公益诉权的尊重，检察机关民事公益诉讼诉权处于第二顺位，是一种补充之诉。从近年来检察民事公益诉讼诉前程序的办案数据看效果不够明显，2016年检察机关共向法院提起公益诉讼495件，其中民事57件，占检察民事公益诉讼诉前程序案件数的47.5%；行政437件，占行政公益诉讼诉前程序案件数的11.61%。2017年检察机关共向法院提起公益诉讼233件，其中民事29件，占检察民事公益诉讼诉前程序案件数的18.59%；行政130件，占行政公益诉讼诉前程序案件数的 1.48%。2018 年检察机关共向法院提起公益诉讼 3228 件,其中民事 165 件,占检察民事公益诉讼诉前程序案件数的 9.59%;行政 587 件,占行政公益诉讼诉前程序案件数的 0.58%。可以看出检察民事公益诉讼中最终需要通过法院审理才能达到保护社会公共利益目的的案件数量明显多于行政公益诉讼,行政公益诉讼大部分案件在诉前程序就达到了维护公益的目的。因此,检察机关提起民事公益诉讼的成案率要高于提起行政公益诉讼,行政公益诉讼诉前程序更有利于节约司法资源。

同时,诉前程序的督促效果也存在差异,从前述分析来看,行政公益诉讼诉前程序在维护公共利益方面发挥了重要作用,是法律监督的有力手段,对行政机关起到了震慑效果,大部分案件通过诉前程序能够解决问题,达到了监督行政机关行使行政职权的目的,是检察公益诉讼中最能体现制度效能的制度设计。反观检察民事公益诉讼的诉前公告程序,效果却不尽如人意,2016 年检察民事公益诉讼诉前程序案件共 120 件,其中无社会组织的案件数 90 件,占 75%;社会组织起诉的 22 件,占 18.33%。2017 年检察民事公益诉讼诉前程序案件共 156 件,其中无社会组织的案件数 117 件,占 75%;社会组织起诉的 6 件,占 3.85%,比 2016 年减少 476%;未到一个月回复期的 33 件,占 21.15%;2018 年检察民事公益诉讼诉前程序案件共 1721 件,其中无社会组织的案件数 1553 件,占 90.24%;社会组织起诉的 20 件,占 1.16%,比 2017 年减少 332%;未到一个月回复期的 165 件,占 9.59%。检察民事公益诉讼诉前程序的主要目的是通过公告程序催促法律规定的机关或社会组织行使公益诉权,以减少检察机关因介入民事公益诉讼而带来的过高司法成本,因此,法律规定的机关或者社会组织行使诉权的积极性越高则说明检察民事公益诉讼诉前程序的效果越明显。但从近年来的数据看,相关法律规定的机关或社会组织的案件起诉数占诉前程序案件数的比例持续下降,这说明法律规定的机关或者社会组织的起诉意愿不高。所以检察民事公益诉讼诉前程序往往无法达到维护社会公共利益之目的,诉前程序的督促作用有限,诉前公告程序体现的法律监督效果不甚理想,公告程序演变为一种履行程序性规定的形式,更需要后续提起民事公益诉讼来实现公益救济的目标。

(二)检察公益诉讼实践的指导性案例分析

典型案例具有示范引领作用,2016 年以来检察机关办理了大量公益诉讼案件,同时发布了部分典型案例,本书通过北大法宝选取了最高司法机关发布的 36 例指导性案例,通过对典型案例进行分析、归纳和总结,为检察公益诉讼制度的完善提供参考。见表 3 - 9、表 3 - 10。

表 3 - 9 最高人民检察院发布的有关公益诉讼指导性案例

序号	案例名称	案由	法院级别	起诉主体	地域分布	审理程序文书类型	类型
1	江苏省常州市人民检察院诉许某、许某 1 民事公益诉讼案	环境公益诉讼	中级	检察院	江苏省	一审、判决书	民事
2	吉林省白山市人民检察院诉白山市江源区卫生和计划生育局及江源区中医院行政附带民事公益诉讼案	环境公益诉讼	中级	检察院	吉林省	一审、判决书	行政
3	湖北省十堰市郧阳区人民检察院诉郧阳区林业局行政公益诉讼案	环境公益诉讼	基层	检察院	湖北省	一审、判决书	行政
4	福建省清流县人民检察院诉清流县环保局行政公益诉讼案	环境公益诉讼	基层	检察院	福建省	一审、判决书	行政
5	贵州省锦屏县人民检察院诉锦屏县环保局行政公益诉讼案	环境公益诉讼	基层	检察院	贵州省	一审、判决书	行政
6	湖北省天门市人民检察院诉拖市镇政府不依法履行职责行政公益诉讼案	环境公益诉讼	基层	检察院	湖北省	一审、判决书	行政

续表

序号	案例名称	案由	法院级别	起诉主体	地域分布	审理程序文书类型	类型
7	盛开水务公司污染环境刑事附带民事公益诉讼案	环境公益诉讼	中级	检察院	江苏省	二审、判决书	刑事附带民事
8	黑龙江省检察机关督促治理二次供水安全公益诉讼案	资源保护公益诉讼	无	检察院	黑龙江省	检察建议书	行政
9	海南省海口市人民检察院诉海南A公司等三被告非法向海洋倾倒建筑垃圾民事公益诉讼案	环境公益诉讼	高级	检察院	海南省	二审、判决书	民事
10	江苏省睢宁县人民检察院督促处置危险废物行政公益诉讼案	环境公益诉讼	基层	检察院	江苏省	一审、判决书	行政
11	河南省人民检察院郑州铁路运输分院督促整治违建塘坝危害高铁运营安全行政公益诉讼案	公共安全公益诉讼	无	检察院	河南省	检察建议书	行政
12	江西省上饶市人民检察院诉张某某等三人故意损毁三清山巨蟒峰民事公益诉讼案	生态环境公益诉讼	高级	检察院	江西省	二审、判决书	民事
13	贵州省榕江县人民检察院督促保护传统村落行政公益诉讼案	环境公益诉讼	基层	检察院	贵州省	一审、判决书	行政

续表

序号	案例名称	案由	法院级别	起诉主体	地域分布	审理程序文书类型	类型
14	浙江省杭州市余杭区人民检察院对北京某公司侵犯儿童个人信息权益提起民事公益诉讼案	个人信息公益诉讼	基层	检察院	浙江省	一审、调解书	民事
15	江苏省宿迁市人民检察院对章某为未成年人文身提起民事公益诉讼案	未成年人公益诉讼	中级	检察院	江苏省	一审、判决书	民事
16	福建省福清市人民检察院督促消除幼儿园安全隐患行政公益诉讼案	未成年人公益诉讼	无	检察院	福建省	检察建议书	行政
17	贵州省沿河土家族自治县人民检察院督促履行食品安全监管职责行政公益诉讼案	食品安全公益诉讼	基层	检察院	贵州省	一审、判决书	行政
18	江苏省溧阳市人民检察院督促整治网吧违规接纳未成年人行政公益诉讼案	未成年人公益诉讼	无	检察院	江苏省	检察建议书	行政
19	吉林省检察机关督促履行环境保护监管职责行政公益诉讼案	环境公益诉讼	高级	检察院	吉林省	抗诉	行政
20	山西省检察机关督促整治浑源矿企非法开采行政公益诉讼案	资源保护公益诉讼	无	检察院	山西省	检察建议书	行政

续表

序号	案例名称	案由	法院级别	起诉主体	地域分布	审理程序文书类型	类型
21	江西省浮梁县人民检察院诉A化工集团有限公司污染环境民事公益诉讼案	环境公益诉讼	基层	检察院	江西省	一审、判决书	民事
22	山东省淄博市人民检察院对A发展基金会诉B石油化工有限公司、C化工有限公司民事公益诉讼检察监督案	环境公益诉讼	高级	社会组织	山东省	二审、判决书	民事

表3-10　最高人民法院发布的有关公益诉讼指导性案例

序号	案例名称	案由	法院级别	起诉主体	地域分布	审理程序文书类型	类型
1	中国生物多样性保护与绿色发展基金会诉宁夏瑞泰科技股份有限公司环境污染公益诉讼案	环境公益诉讼	最高	社会组织	宁夏回族自治区	再审、裁定书	民事
2	重庆市人民政府、重庆两江志愿服务发展中心诉重庆藏金阁物业管理有限公司、重庆首旭环保科技有限公司生态环境损害赔偿、环境民事公益诉讼案	环境公益诉讼	中级	社会组织	重庆市	一审、判决书	民事

续表

序号	案例名称	案由	法院级别	起诉主体	地域分布	审理程序文书类型	类型
3	中华环保联合会诉德州晶华集团振华有限公司大气污染责任民事公益诉讼案	环境公益诉讼	中级	社会组织	山东省	一审、判决书	民事
4	中国生物多样性保护与绿色发展基金会诉秦皇岛方圆包装玻璃有限公司大气污染责任民事公益诉讼案	环境公益诉讼	高级	社会组织	河北省	二审、判决书	民事
5	山东省烟台市人民检察院诉王某、马某凯环境民事公益诉讼案	环境公益诉讼	中级	检察院	山东省	一审、判决书	民事
6	重庆市绿色志愿者联合会诉恩施自治州建始磺厂坪矿业有限责任公司水污染责任民事公益诉讼案	环境公益诉讼	中级	社会组织	重庆市	二审、判决书	民事
7	江苏省徐州市人民检察院诉苏州其安工艺品有限公司等环境民事公益诉讼案	环境公益诉讼	中级	社会组织	江苏省	一审、判决书	民事
8	吉林省白山市人民检察院诉白山市江源区卫生和计划生育局、白山市江源区中医院环境公益诉讼案	环境公益诉讼	中级	检察院	吉林省	一审、判决书	行政

续表

序号	案例名称	案由	法院级别	起诉主体	地域分布	审理程序文书类型	类型
9	云南省剑川县人民检察院诉剑川县森林公安局怠于履行法定职责环境行政公益诉讼案	环境公益诉讼	基层	检察院	云南省	一审、判决书	行政
10	秦某某滥伐林木刑事附带民事公益诉讼案	资源保护公益诉讼	基层	检察院	湖南省	一审、判决书	刑事附带民事
11	北京市朝阳区自然之友环境研究所诉中国水电顾问集团新平开发有限公司、中国电建集团昆明勘测设计研究院有限公司生态环境保护民事公益诉讼案	环境公益诉讼	高级	社会组织	云南省	二审、判决书	民事
12	中国生物多样性保护与绿色发展基金会诉雅砻江流域水电开发有限公司生态环境保护民事公益诉讼案	环境公益诉讼	中级	社会组织	四川省	一审、判决书	民事
13	江苏省泰州市人民检察院诉王某朋等59人生态破坏民事公益诉讼案	环境公益诉讼	高级	检察院	江苏省	二审、判决书	民事
14	湖南省益阳市人民检察院诉夏某安等15人生态破坏民事公益诉讼案	环境公益诉讼	高级	检察院	湖南省	二审、判决书	民事

从案由分布来看,36例指导性案例分布于行政、民事和刑事附带民事三大领域,检察机关22例,法院14例。其中,民事案例数量最多,有18例,最高检察机关发布7例,最高人民法院发布11例;行政案例有16例,最高检察机关发布14例,最高人民法院发布2例,刑事附带民事案例有2例,这说明检察机关作为具有法律授权的公益诉讼诉权主体,在公益诉讼中发挥了主要作用。从具体案由可知,排名第一的案由为环境公益诉讼26例,其次是资源保护类公益诉讼3例、未成年人公益诉讼3例,公共安全、个人信息、食品安全类公益诉讼分别各有1例。这说明环境公共利益保护仍然是公益诉讼的首选方向,主要是因为实践中环境污染越来越严重,生态文明建设成为"五位一体"总体布局的重要内容,同时上升为治国理政方略的空前高度。环境公共利益保护成为行政机关的重要工作,作为司法机关的检察院和法院也是维护公共利益不可或缺的力量,特别是检察机关作为社会公共利益的代表和法律授权的公益诉权主体更应在环境保护中体现检察担当,实现对环境公共利益的保护,推动我国生态文明建设的顺利进行。

从所选36例公益诉讼案的起诉主体可以看出,最多的是检察机关共27例,占比达到75%;其次是社会组织共9例,占比25%,见图3-1。这说明,公益诉讼的起诉主体主要是检察机关和社会组织,在行政公益诉讼中,根据《行政诉讼法》的规定只有检察机关具有诉权主体资格,在民事公益诉讼中,根据《民事诉讼法》的规定法律规定的机关和有关组织、检察机关都具有诉权主体资格,社会组织在民事公益诉讼的起诉主体资格中往往具有优先选择权,检察机关基于谦抑性原则的要求一般处于后顺位的诉权主体地位。但在民事公益诉讼中,没有检察机关之外的法律规定机关提起公益诉讼的指导性案例。

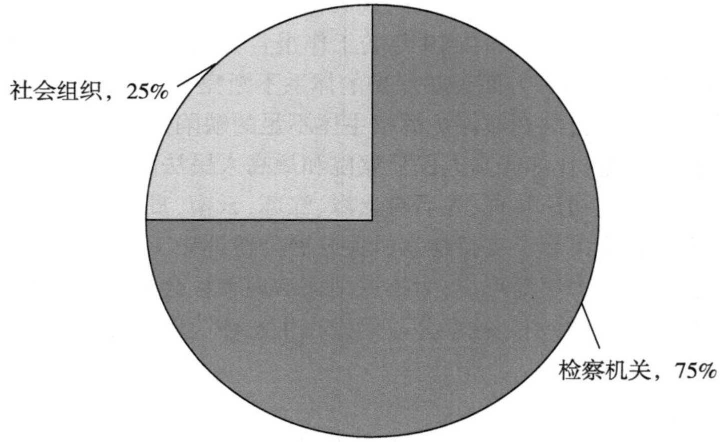

图 3-1　公益诉讼起诉主体

从 36 例指导性案例的地域分布来看，江苏省数量最多，有 7 例，其次是吉林、山东、贵州各有 3 例，福建、湖北、江西、重庆、云南和湖南各有 2 例，还有部分省份未有案例入选。最高司法机关在遴选指导性案例的过程中，会从各地报送的案例数量、质量以及指导示范意义等角度予以考量，江苏省入选的指导性案例数量最多，说明该省办理了相当数量的公益诉讼案件，同时又有相当数量的案件具有示范引领作用，才被最高司法机关遴选中，这也从侧面反映出各省份在公益诉讼案件办理上存在差异。

从 36 例指导性案例的审理程序和裁判结果来看，进入一审审判程序并结案的有 20 例，其中判决 19 例；二审程序有 9 例，全部为判决；再审程序 2 例，其余 5 例为检察机关通过检察建议办理的案件。判决是法院对民事案件审理完结时，在查明并认定案件事实的基础上，通过适用法律行使国家审判权，对案件中的实体问题作出权威性判定，判决具有确定力、既判力和执行力，对社会具有重要的引导和警示意义，因此社会公共利益的维护和预防性保护需要发挥判决的刚性作用。

从检察公益诉讼试点以来的办案数据以及最高司法机关颁布的公益诉讼指导性案例来看，检察公益诉讼制度的效能逐渐显现。一方面制度成效得到了检验，生态环境、资源保护等国家和社会公共利益得到有效保护，这在最高人民检察院的工作报告中得到了充分体现，比如2017年和2019年的工作报告分别提及检察公益诉讼的办案成效；①另一方面公益保护的体系不断完善，检察公益诉讼制度弥补了传统公共利益保护诉权主体不足的缺陷，形成了一系列公益保护的规范，比如最高人民检察院和最高人民法院联合出台了检察公益诉讼的司法解释，先后有上海、江苏、云南、贵州、河南、湖南、内蒙古等省市出台了支持检察机关开展公益诉讼工作的意见，公共利益保护的合力逐渐形成，为推进国家治理和社会治理的法治化提供了基本路径，特别是检察公益诉讼在生态环境保护方面的价值体现得尤为明显。

第二节　检察民事公益诉讼制度的具体实践境遇

从前述检察公益诉讼制度的总体实践观察可以看到，2015年检察民事公益诉讼试点以来，在办案数量、办案效果、典型案例影响等方面取得了不小的进步，但仍然有必要对检察民事公益诉讼的法律规范、案件范围、专业建设等方面进行具体阐释，并通过北大法宝公开的检察民事公益诉讼裁判文书数据进行系统分析，为制度的评价与完善提供基础性条件。

一、检察民事公益诉讼不断前行

除了前文根据最高人民检察院公布的数据所进行的公益诉讼检察办案数据总体观察外，本书又以检察民事公益诉讼的规范性文件、案件范围拓展及专业化建设为视角，选取并将整理的北大法宝2015年1月至2022年11月公布的检察民事公益诉讼案例及裁判文书作为数据样本进行深入系统的分析，以对制度的实践运行样态及功能实现进行反思。

（一）检察民事公益诉讼办案数量稳步增长

从2016～2021年检察机关公布的办案数据来看，检察民事公

---

① 参见曹建明：《最高人民检察院工作报告》，载最高人民检察院网站2017年3月12日，https://www.spp.gov.cn/；张军：《最高人民检察院工作报告》，载最高人民检察院网站2019年3月12日，https://www.spp.gov.cn/。

益诉讼案件数量呈现出逐年增长态势，其中2016年120件，2017年294件，2018年呈爆发式增长，达到4393件，此后2019年为7125件，2020年为14,000件，2021年达到20,000件。2016~2017年案件数量偏少的原因主要是检察公益诉讼尚处于试点阶段，2018年是检察民事公益诉讼制度纳入《民事诉讼法》的第一年，在法律授权的基础上检察民事公益诉讼的办案数据有了较大增长，此后的2019~2021年办案数据仍然保持了大幅度的增长。

检察民事公益诉讼办案数据的稳步增长态势也从北大法宝数据库中公开的案例及裁判文书中得到了印证。以“检察院”“民事公益诉讼”为关键词，以民事为案件类型，在北大法宝数据库中对2015年1月至2022年11月的案例进行检索，共收集并确定案例及裁判文书362件，以“检察院”“公益诉讼”为关键词，以刑事为案件类型共收集并确定案例及裁判文书709件，两项共计1071件。检察机关提起民事公益诉讼案件数量也是在2018年之后呈现快速增长态势，表明侵害社会公共利益的行为仍然一定程度地存在，也说明立法授权后检察民事公益诉讼制度的价值逐步展现出来。

(二)检察民事公益诉讼法律规范体系不断完善

检察民事公益诉讼制度的发展和完善离不开法律规范、诉讼规则的保障，自从检察公益诉讼试点以来，法律规范体系的完善推动着检察民事公益诉讼制度的进步。国家层面颁布的有关检察民事公益诉讼规范性法律文件见表3-11。

表3-11　国家层面颁布的有关检察民事公益诉讼规范性法律文件

时间	主体	文件名称	简要内容
2014年10月	中共中央	《中共中央关于全面推进依法治国若干重大问题的决定》	探索建立检察机关提起公益诉讼制度
2015年7月	全国人大常委会	《关于授权最高人民检察院在部分地区开展公益诉讼试点工作的决定》	授权最高人民检察院开展公益诉讼试点

续表

时间	主体	文件名称	简要内容
2015 年 7 月	最高人民检察院	《检察机关提起公益诉讼试点方案》	明确了检察机关开展公益诉讼试点的目标、原则、试点期限、试点省份及工作要求
2015 年 12 月	最高人民检察院	《人民检察院提起公益诉讼试点工作实施办法》	明确了试点省份检察机关办理公益诉讼案件的具体程序规范
2016 年 2 月	最高人民法院	《人民法院审理人民检察院提起公益诉讼案件试点工作实施办法》	明确了法院办理检察公益诉讼案件的具体审理规范
2017 年 6 月	全国人大常委会	《民事诉讼法》	以法律形式确立了检察民事公益诉讼制度的具体条款
2018 年 3 月	最高人民法院、最高人民检察院	《最高人民法院、最高人民检察院关于检察公益诉讼案件适用法律若干问题的解释》	明确了检察机关和审判机关协作办理公益诉讼案件的具体规则
2018 年 10 月	全国人大常委会	《人民检察院组织法》	人民检察院有权依照法律规定提起公益诉讼
2019 年 4 月	全国人大常委会	《检察官法》	检察官享有开展公益诉讼工作的职责，负有维护国家利益、社会公共利益的义务
2021 年 6 月	中共中央	《中共中央关于加强新时代检察机关法律监督工作的意见》	积极稳妥推进公益诉讼检察
2021 年 7 月	最高人民检察院	《人民检察院公益诉讼办案规则》	涵盖线索发现、立案调查到诉前程序、提起诉讼、上诉以及诉讼监督的全部程序规则

公益诉讼最先从《民事诉讼法》破题,2012 年通过的《民事诉讼法》规定对污染环境、侵害众多消费者合法权益等损害社会公共利益的行为,法律规定的机关和有关组织可以向人民法院提起诉讼,此后的《消费者权益保护法》《环境保护法》赋予了社会组织以公益诉权。但是,《民事诉讼法》确定的民事公益诉讼制度并未体现出应有的制度价值,社会公共利益受到侵害的问题仍大量存在,以环境公益诉讼为例,环境损害案件取证难度大、诉讼成本高,环保组织普遍难以承担高昂的司法鉴定费用。尽管检察机关在 2012 年《民事诉讼法》正式建立公益诉讼制度之前也进行了公益诉讼的探索,但是一直缺少诉权的法规范基础,形成一种“名不正言不顺”的尴尬境遇。理论界和实务界也一直呼吁建立检察机关提起民事公益诉讼制度,时代的呼唤最终在 2014 年被提上日程并变为现实。2014 年 10 月召开的党的十八届四中全会并通过的《中共中央关于全面推进依法治国若干重大问题的决定》明确提出探索建立检察机关提起公益诉讼制度,并将其作为推动国家治理体系和治理能力现代化的一项重要举措予以部署,十八届四中全会首次完成了检察公益诉讼制度的顶层设计。因此,检察公益诉讼制度的源头在党的十八届四中全会,通过追根溯源,了解检察公益诉讼制度的缘起,有助于更深入地认识制度的性质和本质。

党的十八届四中全会之后,检察公益诉讼制度的发展迎来了第一个重要的时间节点。2015 年 5 月 5 日,原中央全面深化改革领导小组召开第十二次会议,审议通过了《检察机关提起公益诉讼改革试点方案》,首次将党的十八届四中全会作出的“探索建立检察机关提起公益诉讼制度”部署落实为改革试点实施方案。会议指出,“检察机关提起公益诉讼制度,目的是充分发挥检察机关法律监督职能作用,促进依法行政、严格执法,维护宪法法律权威,维护社会公平正义,维护国家和社会公共利益”。会议关于检察公益诉讼制度目的的表述,阐释了检察机关在公益诉讼中的定位,对法律监督职能与检察公益诉讼职能之间的关系进行了明确界定,公益诉讼来自法律监督,是检察机关以诉的方式实现法律监督职能的形式。会议同时确定生态环境和资源保护、国有资产保护、国有土地使用权出让、食品药品安全 4 个重点领域作为检察公益诉讼制度的重点领域，提出了民事和行政两种检察公益诉讼类型，明确了公共利益包含国家利益和社会公共利益的二元划分，部署了试点先行再到立法确立的制度推进模式和步骤。[①] 这次会议在检察公益诉讼制度的发展历程中具有深远意义，推动了检察公益诉讼制度的落地生根，为制度开好局奠定了重要基础。

为了贯彻落实党的十八届四中全会和原中央深化改革领导小组第十二次会议精神，以法治方式推进“探索建立检察机关提起公益诉讼制度”的重大部署，贯彻重大改革都要于法有据的要求，按照试点先行的思路，全国人大常委会于 2015 年 7 月 1 日作出了《关于授权最高人民检察院在部分地区开展公益诉讼试点工作的决定》，依法授权最高人民检察院在生态环境和资源保护、国有资产保护、国有土地使用权出让、食品药品安全等领域开展为期两年的提起公益诉讼试点工作，试点地区确定为北京、内蒙古、吉林、江苏、安徽、福建、山东、湖北、广东、贵州、云南、陕西、甘肃 13 个省、自治区、直辖市的检察机关。该决定要求检察机关遵循诉讼制度原则，稳妥有序地开展公益诉讼试点工作，并设置了诉前程序，即在提起民事公益诉讼前应督促、支持法律规定的机关和有关组织先行提起公益诉讼。基于全国人大及其常委会作为国家最高权力机关及其常设机关的权威性，授权决定为充分发挥检察机关法律监督职能作用，强化对社会公共利益的保护提供了强有力的支撑和依据。

为了贯彻落实党的十八届四中全会关于探索建立检察机关提起公益诉讼制度的要求，根据全国人大常委会《关于授权最高人民检察院在部分地区开展公益诉讼试点工作的决定》，最高人民检察院于 2015 年 7 月 2 日印发了《检察机关提起公益诉讼试点方案》。该方案从坚持改革正确方向、立足法律监督职能、有效保护公共利益、严格依法有序推进 4 个方面明确了检察机关提起公益诉讼试点方案的目标、原则、试点期限、试点省份及工作要求。同时，围绕着民事公益诉讼和行政公益诉讼两个类型，方案从试点案件范围、诉讼参加人、诉前程序、提起诉讼、诉讼请求等方面确定了试点方案的

---

① 参见胡卫列：《国家治理视野下的公益诉讼检察制度》，载《国家检察官学院学报》2020 年第 2 期。

主要内容和基本程序规则。根据《关于授权最高人民检察院在部分地区开展公益诉讼试点工作的决定》和《检察机关提起公益诉讼试点方案》的规定，最高人民检察院结合工作实际于 2015 年 12 月 16 日印发了《人民检察院提起公益诉讼试点工作实施办法》，办法从民事公益诉讼和行政公益诉讼两个方面对此前的试点方案进行了程序性细化，特别是从检察机关角度对民事和行政公益诉讼的办案规则予以确定，成为试点省份检察机关办理公益诉讼案件的规范指引，检察机关成为制度试点阶段最积极的推动者和改革者。

在党的十八届四中全会提出“探索建立检察机关提起公益诉讼制度”的司法改革部署后，中央政法委即明确该项改革任务由最高人民检察院推动，由最高人民法院等部门予以配合。为了贯彻落实党的十八届四中全会精神，完成党中央部署的改革任务，保障检察公益诉讼案件的正确审理，最高人民法院于 2016 年 2 月 25 日印发了《人民法院审理人民检察院提起公益诉讼案件试点工作实施办法》，办法的出台体现了作为最高审判机关对探索建立检察机关提起公益诉讼制度改革任务的积极配合与回应，也是为了确保审判机关依法审理检察机关提起的公益诉讼案件，审判机关成为检察公益诉讼制度试点阶段的配合者和回应者。

根据试点工作情况，2016 年 11 月 5 日最高人民检察院向全国人大常委会作了公益诉讼检察试点工作中期报告，报告内容涵盖试点工作进展及成效、试点中存在的问题和困难以及下一步工作措施。全国人大常委会审议了中期报告并对检察公益诉讼制度的下一步试点工作提出了要求。检察公益诉讼试点工作中期报告是检察机关自觉主动接受人大及其常委会监督的重要方式。随着试点工作的稳步推进，最高人民检察院再次将近两年来的公益诉讼试点工作情况予以总结并向原中央全面深化改革领导小组进行汇报，2017 年 5 月 23 日，原中央全面深化改革领导小组听取并审议通过了《关于检察机关提起公益诉讼试点情况和下一步工作建议的报告》，会议肯定了试点工作成效，认为检察公益诉讼制度得到了实践检验，要在总结试点工作的基础上为检察机关提起公益诉讼提供法律保障，并提出正式建立检察机关提起公益诉讼制度的时机已经成熟。[①] 此后，最高人民检察院及时向全国人大常委会提交了修改《民事诉讼法》《行政诉讼法》的申请与草案，2017 年 6 月，全国人大常委会审议并通过的《民事诉讼法》《行政诉讼法》，在相应条款中明确了检察机关提起民事和行政公益诉讼的案件范围及基本程序规则，至此检察公益诉讼制度正式以基本法律形式予以确定，"两法"的修正为检察公益诉讼全面实施提供了法律依据。检察公益诉讼制度从试点到法律确立再到全面推开，其发展离不开全国人大常委会提供的立法保障，也是形成公益司法保护"中国方案"的必然途径。

除了《民事诉讼法》之外，与检察民事公益诉讼有关的其他国家层面的法律及其规范性文件也在不断完善。2018 年 3 月施行的《最高人民法院、最高人民检察院关于检察公益诉讼案件适用法律若干问题的解释》，司法解释共四部分 27 条，对检察机关诉讼地位、法院审判程序及审判职责作出新的规定，为检察机关和审判机关更好地协作办理公益诉讼案件提供了具体的规则依据。2018 年 10 月，《人民检察院组织法》被全国人民代表大会常务委员会第六次会议修订，该法在第二章明确规定人民检察院有权依照法律规定提起公益诉讼。2019 年 4 月，《检察官法》经第十三届全国人民代表大会常务委员会第十次会议修订，该法在第二章第 7 条规定了检察官享有开展公益诉讼工作的职责，负有维护国家利益、社会公共利益的义务。2019 年 10 月，党的十九届四中全会通过的《中共中央关于坚持和完善中国特色社会主义制度　推进国家治理体系和治理能力现代化若干重大问题的决定》第四部分中对拓展公益诉讼案件范围、完善生态环境公益诉讼制度作出了决定。2021 年 1 月，党中央印发《法治中国建设规划（2020－2025 年）》，第五部分"建设严密的法治监督体系，切实加强对立法、执法、司法工作的监督"中明确要求拓展公益诉讼案件范围，完善公益诉讼法律制度，探索建立民事公益诉讼惩罚性赔偿制度，为检察民事公益诉讼制度的未来发展指明了方向。2021 年 6 月，中共中央印发《关于加强新时代检察

---

① 参见胡卫列：《国家治理视野下的公益诉讼检察制度》，载《国家检察官学院学报》2020 年第 2 期。

机关法律监督工作的意见》,首次以中央文件的形式确定了检察机关刑事、民事、行政和公益诉讼“四大检察”职能,赋予检察机关保护国家和社会公共利益重要力量的定位,并明确提出“积极稳妥推进公益诉讼检察”,为新时代检察机关充分发挥法律监督职能提供了根本遵循。2021 年 6 月,最高人民检察院印发《人民检察院公益诉讼办案规则》,共六章 112 条,分别是总则、一般规定、行政公益诉讼、民事公益诉讼、其他规定以及附则,内容涵盖线索发现、立案调查到诉前程序、提起诉讼、上诉以及诉讼监督的全部办案环节,是检察公益诉讼制度正式建立以来的第一部规范检察机关全流程办案程序的司法解释,为检察机关办理公益诉讼案件提供了具体程序规则。2022 年 10 月 16 日,党的二十大报告提出“加强检察机关法律监督工作。完善公益诉讼制度”,检察公益诉讼制度成为中国式现代化在法治领域的重要体现,报告关于公益诉讼制度的新的更高要求既是对检察公益诉讼实践的充分肯定,更是对检察公益诉讼工作的更高期待。

通过梳理检察民事公益诉讼制度国家层面的规范性文件,归纳出如下特点:一是党的规范性文件对检察民事公益诉讼制度的确立与完善发挥了指引性功能。比如《中共中央关于全面推进依法治国若干重大问题的决定》提出的“探索建立检察机关提起公益诉讼制度”确立了检察公益诉讼的“源头”。《中共中央关于坚持和完善中国特色社会主义制度　推进国家治理体系和治理能力现代化若干重大问题的决定》提出了“拓展公益诉讼案件范围”的要求。《法治中国建设规划(2020－2025 年)》对“拓展公益诉讼案件范围,完善公益诉讼法律制度”进行了规划。《关于加强新时代检察机关法律监督工作的意见》是党的历史上第一次专门以文件形式对检察机关法律监督工作包括检察公益诉讼工作作出的部署,强调“总结实践经验,完善相关立法”。党的二十大报告特别强调“完善公益诉讼制度”,指明了检察公益诉讼制度的发展与完善方向。二是检察民事公益诉讼制度的法律规范体系初步形成。《民事诉讼法》以基本法的形式确立了检察民事公益诉讼制度,此后的《人民检察院组织法》《检察官法》分别对检察机关、检察官的民事公益诉讼职权作出了授权。《英雄烈士保护法》《未成年人保护法》《军人地位和权益保障法》《安全生产法》《个人信息保护法》《反垄断法》《反电信网络诈骗法》《农产品质量安全法》《妇女权益保障法》等单行法均增设了检察公益诉讼条款,在国家层面初步形成了检察民事公益诉讼的法律规范体系。三是司法解释和地方性法规对检察民事公益诉讼制度法律规范体系进行了补充完善。《人民检察院提起公益诉讼试点工作实施办法》《人民法院审理人民检察院提起公益诉讼案件试点工作实施办法》《最高人民法院、最高人民检察院关于检察公益诉讼案件适用法律若干问题的解释》《人民检察院公益诉讼办案规则》等司法解释为检察机关办理公益诉讼案件提供了具体程序规则。据不完全统计,全国有超过30个省(自治区、直辖市)党委办公厅、政府办公厅或者省人大常委会发布了支持检察公益诉讼的相关文件,为检察民事公益诉讼制度法规范体系的完善提供了借鉴、补充和保障。

(三)检察民事公益诉讼的案件范围不断拓展

2017年6月27日全国人民代表大会常务委员会通过的《民事诉讼法》规定:"人民检察院在履行职责中发现破坏生态环境和资源保护、食品药品安全领域侵害众多消费者合法权益等损害社会公共利益的行为,在没有前款规定的机关和组织或者前款规定的机关和组织不提起诉讼的情况下,可以向人民法院提起诉讼。前款规定的机关或者组织提起诉讼的,人民检察院可以支持起诉。"首次以基本法的形式确立了检察民事公益诉讼制度及其案件范围,也即生态环境和资源保护、食品药品安全领域。这主要是基于近年来生态保护、资源环境和食品药品安全领域侵害社会公共利益的事件时有发生,上述领域的"公地悲剧"现象尤为突出,因此成为《民事诉讼法》规定的案件范围,但《民事诉讼法》以"等外等"的形式预留了检察民事公益诉讼案件范围拓展的空间。

进入新时代人民群众对民主、法治、公平、正义、安全、环境等方面有了更高要求,如何回应人民群众的新要求新期待,需要法治的保障,这就需要将人民群众的新要求贯穿到立法、执法、司法、守法的全过程和各方面。为此,国家从立法层面体现民意和群众反映强烈的突出问题,先后以单行法的形式补充了检察民事公益诉讼制度的规则体系,为检察机关办理相关领域公益诉讼案件提供了法律依据。例如，自 2018 年 5 月 1 日起施行的《英雄烈士保护法》第 25 条规定："对侵害英雄烈士的姓名、肖像、名誉、荣誉的行为，英雄烈士的近亲属可以依法向人民法院提起诉讼。英雄烈士没有近亲属或者近亲属不提起诉讼的，检察机关依法对侵害英雄烈士的姓名、肖像、名誉、荣誉，损害社会公共利益的行为向人民法院提起诉讼。负责英雄烈士保护工作的部门和其他有关部门在履行职责过程中发现第一款规定的行为，需要检察机关提起诉讼的，应当向检察机关报告。英雄烈士近亲属依照第一款规定提起诉讼的，法律援助机构应当依法提供法律援助服务。"自 2021 年 6 月 1 日起施行的《未成年人保护法》第 106 条规定："未成年人合法权益受到侵犯，相关组织和个人未代为提起诉讼的，人民检察院可以督促、支持其提起诉讼；涉及公共利益的，人民检察院有权提起公益诉讼。"自 2021 年 8 月 1 日起施行的《军人地位和权益保障法》第 62 条规定："侵害军人荣誉、名誉和其他相关合法权益，严重影响军人有效履行职责使命，致使社会公共利益受到损害的，人民检察院可以根据民事诉讼法、行政诉讼法的相关规定提起公益诉讼。"自 2021 年 9 月 1 日起施行《安全生产法》第 74 条第 2 款规定："因安全生产违法行为造成重大事故隐患或者导致重大事故，致使国家利益或者社会公共利益受到侵害的，人民检察院可以根据民事诉讼法、行政诉讼法的相关规定提起公益诉讼。"自 2021 年 11 月 1 日起施行的《个人信息保护法》第 70 条规定："个人信息处理者违反本法规定处理个人信息，侵害众多个人的权益的，人民检察院、法律规定的消费者组织和由国家网信部门确定的组织可以依法向人民法院提起诉讼。"自 2022 年 8 月 1 日起施行的《反垄断法》第 60 条规定："经营者实施垄断行为，给他人造成损失的，依法承担民事责任。经营者实施垄断行为，损害社会公共利益的，设区的市级以上人民检察院可以依法向人民法院提起民事公益诉讼。"自 2022 年 12 月 1 日起施行的《反电信网络诈骗法》第 47 条规定："人民检察院在履行反电信网络诈骗职责中，对于侵害国家利益和社会公共利益的行为，可以依法向人民法院提起公益诉讼。"

自 2023 年 1 月 1 日起施行的《农产品质量安全法》第 79 条第 2 款规定："食用农产品生产经营者违反本法规定，污染环境、侵害众多消费者合法权益，损害社会公共利益的，人民检察院可以依照《中华人民共和国民事诉讼法》《中华人民共和国行政诉讼法》等法律的规定向人民法院提起诉讼。”自2023年1月1日起施行的《妇女权益保障法》第77条规定：“侵害妇女合法权益，导致社会公共利益受损的，检察机关可以发出检察建议；有下列情形之一的，检察机关可以依法提起公益诉讼：（一）确认农村妇女集体经济组织成员身份时侵害妇女权益或者侵害妇女享有的农村土地承包和集体收益、土地征收征用补偿分配权益和宅基地使用权益；（二）侵害妇女平等就业权益；（三）相关单位未采取合理措施预防和制止性骚扰；（四）通过大众传播媒介或者其他方式贬低损害妇女人格；（五）其他严重侵害妇女权益的情形。”根据对基本法和单行法的梳理可见，检察民事公益诉讼的办案领域已经逐步扩展，呈现出基本法+单行法并存的案件范围模式，并继续呈现出延展的态势。

（四）检察民事公益诉讼的专业化建设不断加强

检察民事公益诉讼的专业化建设主要包括内设机构的设立和检察公益诉讼业务格局的形成。内设机构是影响检察权运行和检察职能发挥的重要因素，对于检察工作的发展和检察制度的完善具有重要意义。通过梳理我国检察机关内设机构改革的历史沿革可见，主要分为以下阶段：第一，初创阶段。20世纪50年代，最高人民检察院的内设机构主要设置有办公厅、第一处、第二处、第三处、人事处和研究室，其中各处按照其职能进行划分，全国各地检察机关也参照设置，后来随着监督职能的强化，最高人民检察院在1955年将内设机构改为一般监督厅、侦查厅、侦查监督厅、审判监督厅、劳改监督厅。第二，探索阶段。1978年检察机关恢复重建后，最高人民检察院内设机构主要设置了刑事、经济、法纪、监所、信访检察厅以及其他非业务的综合检察厅。到1996年左右，最高人民检察院根据工作需要先后设置了铁路运输检察厅、民事行政检察厅、控告申诉检察厅、反贪污贿赂局等机构，刑事检察厅则在1997年因法律修改而分设为审查逮捕厅和审查起诉厅，实现了批捕与公诉职能的分离。① 第三，完善稳定阶段。这一阶段始于2000年，当年中央下

---

① 参见周新：《我国检察制度七十年变迁的概览与期待》，载《政法论坛》2019年第6期。

发了“两高”机构改革的意见，最高人民检察院开始了内设结构的改革工作，主要业务机构由公诉厅、侦查监督厅、监所检察厅、反贪污贿赂总局、反渎职侵权检察厅、职务犯罪预防厅、民事行政检察厅、铁路运输检察厅、刑事申诉检察厅、控告检察厅及法律政策研究室、办公室、政治部、计划财务装备局等综合部门构成，[①]全国各地检察机关也据此进行了相应地内设机构的设置，一直持续到 2012 年，全国检察机关的内设机构相对稳定。第四，适应时代要求的重塑性变革阶段。从 2012 年开始最高人民检察院开始在未成年人检察业务中实行捕诉合一试点，此后为适应业务发展和机构改革需要，部分地区检察机关开始捕诉合一改革并最终在全国检察机关全面实施。除了捕诉合一改革外，检察机关在本轮司法改革的潮流中开始了内设机构的重塑性变革，本次内设机构改革坚持扁平化管理与专业化建设相结合的原则。2016 年为解决全国检察机关机构设置不合理、名称不统一、运行不规范等问题，最高人民检察院下发了《省以下人民检察院内设机构改革试点方案》。[②] 此后随着国家监察体制改革的进行，检察机关的职能发生了重大变化，最高人民检察院提出以转隶为转机，坚持“一类事项原则上由一个部门统筹、一件事情原则上由一个部门负责”，以专业化建设为标准，自上而下推进检察机关内设机构改革。其中，检察民事公益诉讼的专业化建设还得到了中央全面深化改革委员会的重视和支持，2018 年 7 月 6 日，中央全面深化改革委员会召开第三次会议，审议通过《关于设立最高人民检察院公益诉讼检察厅的方案》，同意设立最高人民检察院公益诉讼检察厅，同时指明了公益诉讼检察机构设置的导向，为专业性公益诉讼检察业务的开展提供了重要的组织保障。此后的 2018 年 12 月，最高人民检察院率先完成内设机构改革，按照业务类别和职能设置了 10 个检察业务厅。根据捕诉合一要求优化了刑事检察部门，为了解决检察机关“重刑轻民”的难题分设了民事和行政检察部门。为了履行好社会公共利益的代表职责，切实担负起维护公

---

① 参见周新：《我国检察制度七十年变迁的概览与期待》，载《政法论坛》2019 年第 6 期。

② 参见高一飞、陈恋：《检察改革 40 年的回顾与思考》，载《四川理工学院学报（社会科学版）》2018 年第 6 期。

共利益的使命，落实中央全面深化改革委员会第三次会议精神，推进国家治理和社会治理的法治化，专设公益诉讼检察机构，在最高人民检察院完成内设机构改革的同时，于2018年年底全国各地检察机关部署开展内设机构改革工作，2019年基本完成。全国检察机关形成了刑事、民事、行政、公益诉讼“四大检察”并行的法律监督总体布局和工作机制，公益诉讼自此成为检察机关“四大检察”法律监督职能的重要组成部分，成为新的业务增长极。

从检察民事公益诉讼的办案数量、法规规范、案件范围扩展及专业性发展的实践来看，其制度效能逐步显现出来，并呈现出以下显著特点：一是检察民事公益诉讼制度的确立、发展与完善离不开党的领导与支持。检察民事公益诉讼作为以法治思维和法治方式推进国家治理体系和治理能力现代化的重要制度安排，是在执政党倡议下建立并发展起来的，经历了“顶层设计”“法律授权”“试点先行”“立法保障”“全面推开”5个阶段，[①]可以说执政党在检察民事公益诉讼制度的确立、发展过程中扮演了“元治理者”的角色，发挥了“元治理”(metagovernance)的重要作用。比如，党的十八届四中全会通过的《中共中央关于全面推进依法治国若干重大问题的决定》确立的“探索建立检察机关提起公益诉讼制度”是检察民事公益诉讼的起点和源头。党的一系列文件都推动着检察民事公益诉讼的发展与完善，比如《中共中央关于坚持和完善中国特色社会主义制度　推进国家治理体系和治理能力现代化若干重大问题的决定》《法治中国建设规划(2020－2025年)》均提出了“拓展公益诉讼案件范围”的要求，《关于加强新时代检察机关法律监督工作的意见》及党的二十大报告都对检察民事公益诉讼制度的完善提出了明确指引。因此，检察民事公益诉讼制度从确立到发展到完善都离不开执政党的领导与支持，形成了具有中国特色的公益司法保护道路。

二是检察民事公益诉讼制度较好地处理了改革与法治的关系。检察民事公益诉讼制度是顺应了本轮司法改革的大潮在党的统一

---

① 参见刘艺：《论国家治理体系下的检察公益诉讼》，载《中国法学》2020年第2期。

领导和部署下产生的，是司法改革的产物。在处理改革与法治的关系问题上，实践中往往存在两种观点，一种是改革的激进主义，也即改革无须依法进行，改革是为了更好地发展，要破除一切影响改革的障碍，即便不存在法律依据也要将改革进行下去；另一种是改革的保守主义，法无授权不可为，一切改革要于法有据，没有法律依据的改革绝对不能进行，以上两种观点都失之偏颇。司法改革下的检察民事公益诉讼通过顶层设计、试点先行、总结完善、全面推进的改革进路完成了制度的确立、发展和完善，制度确立之初虽然没有明确的法律依据，但是有执政党的规范性文件作为指引，此后由全国人大常委会对公益诉讼制度的试点工作作出了授权，人大的赋权增能为检察民事公益诉讼改革的顺利进行提供了法律规范依据。两年的试点实践证明检察公益诉讼制度在维护国家利益和社会公共利益方面具有显著的优势，是具有中国特色的公益司法保护方案，实践证明这项改革是成功的，有必要通过立法对制度的改革成果进行巩固并推动改革的深化，最终检察民事公益诉讼的改革成果在2017年上升为《民事诉讼法》的法律条款。本次改革推动了诉讼法治的发展和完善，为社会公共利益的保护探索出一条符合我国国情的诉讼制度。

三是检察民事公益诉讼制度鲜明地体现了司法的人民性。进入新时代，人民群众对民主、法治、公平、正义、安全、环境等方面提出了新的需求，司法改革理应坚持司法为民的基本价值取向，以人民需求作为处理司法改革重大问题的依据。检察工作始终坚持以人民为中心的发展理念，坚持把检察工作放到党和国家工作的大局中谋划，充分发挥检察职能，为人民司法，主动适应人民日益增长的美好生活需要，回应人民群众的新需求和新期待，通过改革为人民群众提供更多更优质的法治产品、检察产品。检察机关作为国家的法律监督机关，法律监督职能的根本目的是维护法制的统一正确实施，法制是最广泛的公共利益，检察官作为社会公共利益的代表，其履行法律监督职责的出发点和归宿也是维护国家和社会公共利益。因此，检察民事公益诉讼的产生、发展和完善的各个阶段始终离不开公共利益的目标导向，以诉的方式维护公共利益，推动国家和社会治理的法治化。试点期间，生态环境和资源保护、食品药品安全等领域急需维护的公共利益成为检察民事公益诉讼的主要发力点。《民事诉讼法》正式确立检察民事公益诉讼制度并为制度发展预留空间后,检察机关开始针对社会治理领域中存在的其他"公地悲剧"问题探索以民事公益诉讼的法治方式解决。同时,全国人大常委会也通过制定单行法的赋权增能方式推动着检察民事公益诉讼制度的发展,先后通过的《英雄烈士保护法》《个人信息保护法》《军人地位和权益保障法》《未成年人保护法》《反垄断法》《妇女权益保障法》等都规定了检察机关可以在这些领域提起公益诉讼,以实现维护公共利益的根本目的。公共利益归根结底是人民的利益,因此检察民事公益诉讼制度作为具有中国特色的司法制度鲜明地体现了司法的人民性。

四是检察民事公益诉讼制度是中国式法治现代化的重要推进方式。中国式法治现代化是中国式现代化在法治领域的重要体现,中国式现代化是党领导的社会主义制度基础上的现代化,坚持党的领导、坚持中国特色社会主义道路、坚持以人民为中心的发展思想、坚持全面依法治国,因此中国式现代化离不开法治现代化的保障。建设社会主义法治国家是中国式法治现代化的目标任务,中国共产党从我国实际和国情出发探索出了一条具有中国特色社会主义性质的法治现代化道路。[①] 这条道路是一种政府推动与社会演进双向互动、相互混合有机统一的法治现代化模式,其以人民至上为价值基石,以保障人民权益为价值依归,以维护社会公平正义为价值追求,体现了中国式法治现代化的内在逻辑。[②] 检察民事公益诉讼是以法治方式推进公益治理的制度安排,体现了党的领导、维护人民利益的政治性要求,其制度进路遵循的是顶层设计、试点先行、立法确立的自上而下及与社会组织良性互动有机统一的方式。在制度的初建、发展及完善过程中,政府发挥了很大的推动作用,体现了国家的主导地位和负责态度。[③] 检察机关通过民事公益诉讼在积极能

---

① 参见公丕祥:《习近平法治思想与中国式法治现代化》,载《法学家》2022 年第 5 期。

② 同上。

③ 参见刘艺:《论国家治理体系下的检察公益诉讼》,载《中国法学》2020 年第 2 期。

动维护公共利益的同时，还注重构建社会公共利益保护的体系，以诉前程序的制度安排实现与社会组织维护公共利益的融合，共同推进检察公益诉讼制度的发展与完善，为中国式法治现代化提供有力的保障。

二、检察民事公益诉讼的具体实践样态——基于北大法宝数据的分析

本书以北大法宝的司法案例数据库检索的裁判文书数据为样本，选取了 2015 年 1 月至 2022 年 11 月收集的检察民事公益诉讼裁判文书，共计 1071 份，刑事附带民事公益诉讼裁判文书 709 份，检察机关单独提起的民事公益诉讼 362 份，以此为基础进行分析。

（一）案件的地域分布

单纯从北大法宝数据库检索的裁判文书数量不能反映检察机关的办案数据，因为有相当数量的案件是检察机关通过诉前程序解决的。关于检察民事公益诉讼的地域分布也呈现出一些特点，比如分布不均衡的问题比较突出，检察机关提起民事公益诉讼的案件集中在中东部地区，全国前 10 个省份的检察民事公益诉讼提起数达 682 份，占比 64%，其余省份 389 份，占比 36%（见图 3 – 2）。

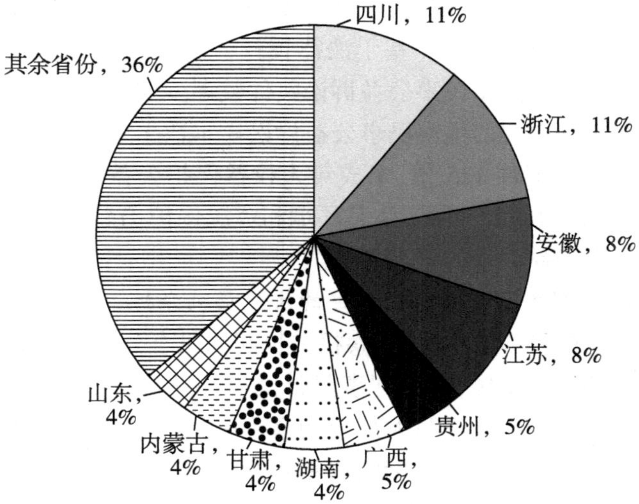

图 3 – 2　检察民事公益诉讼裁判文书样本的地域分布情况

（二）检察民事公益诉讼的案件领域

1. 从检察机关提起刑事附带民事公益诉讼来看，所选取的刑事附带民事公益诉讼裁判文书 709 份涉及 30 多个罪名，主要罪名如下。

破坏环境资源保护类犯罪：非法捕捞水产品罪，污染环境罪，非法狩猎罪，非法占用农用地罪，滥伐林木罪，非法采矿罪，非法收购盗伐、滥伐林木罪，非法猎捕、杀害珍贵、濒危野生动物罪，盗伐林木罪，非法收购、运输、出售珍贵、濒危野生动物、珍贵、濒危野生动物制品罪，危害珍贵、濒危野生动物罪，非法采伐、毁坏国家重点保护植物罪，非法收购、运输、加工、出售国家重点保护植物，国家重点保护植物制品罪，危害国家重点保护植物罪。

食品药品安全类犯罪：生产、销售伪劣商品罪，生产、销售假药罪，生产、销售有毒、有害食品罪，生产、销售不符合安全标准的食品罪，生产、销售伪劣产品罪，生产、销售不符合安全标准的产品罪，生产、销售、提供假药罪，生产、销售不符合卫生标准的食品罪，生产、销售不符合标准的医用器材罪。

其他占比较多的犯罪类型比如失火罪、侵犯公民个人信息罪。以上刑事附带民事公益诉讼案件所涉犯罪类型相对来说比较集中，主要以破坏环境资源保护类为主，以食品药品安全类犯罪次之，其他领域占比相对少一些。基于法律授权，在公民个人信息、公共安全等领域的刑事附带民事公益诉讼案件数逐步增多。

2. 在单独提起的检察民事公益诉讼样本数据中，关于生态环境和资源保护类案件 125 份，未成年人权益保护公益诉讼 8 份，英烈人格利益保护 1 份。可见，生态环境和资源保护仍然是检察机关单独提起民事公益诉讼的重点领域。

（三）检察民事公益诉讼案件的法院层级分析

在所选的样本数据中，检察机关提起的民事公益诉讼案件由基层法院管辖的 684 件，其中刑事附带民事公益诉讼 646 件，单独民事公益诉讼 38 件，这说明大部分刑事附带民事公益诉讼都是由基层法院受理并审理的；由中级法院管辖的 307 件，其中刑事附带民事公益诉讼 66 件，单独检察民事公益诉讼 241 件，这说明检察机关单独提起的民事公益诉讼案件大部分由中级法院受理并审理，这符合《民事诉讼法》及相关司法解释的规定，毕竟大部分民事公益诉讼案件属于本辖区内有重大影响的案件，在审级上应当上提一级管辖；由专门法院管辖的为34件，主要是铁路运输法院受理并审理的一些跨行政区划的民事公益诉讼案件；由高级法院管辖的为46件，大多属于中级法院管辖的一审检察民事公益诉讼案件上诉后形成的二审案件，在刑事附带民事公益诉讼中基本没有高级法院管辖的案件（见图3－3）。从以上的样本数据法院层级分布来看，出现了刑事附带民事公益诉讼和检察民事公益诉讼管辖法院不一致的问题，刑事诉讼程序与民事诉讼程序相比体现出不同的管辖规则，从有利于公共利益维护的角度需要进一步考虑对公益诉讼管辖规则的完善。

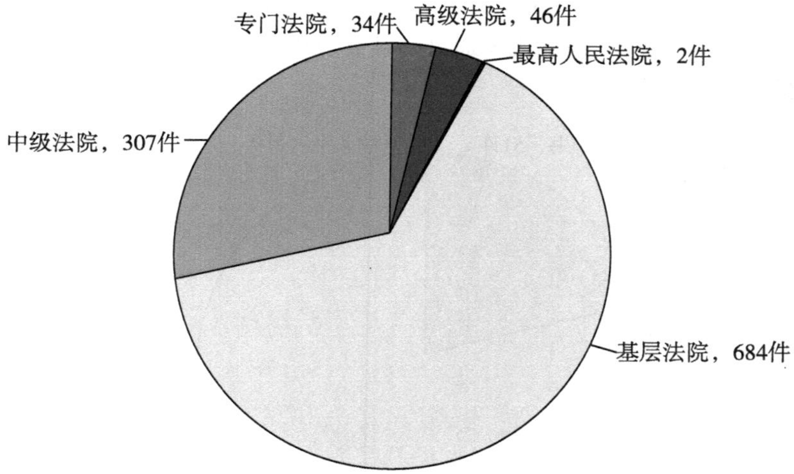

图3－3　检察民事公益诉讼样本数据的法院层级分布

（四）检察民事公益诉讼案件文书类型分析

在所选的样本数据中，检察机关提起的民事公益诉讼案件文书类型为判决的823件（见图3－4），其中刑事附带民事公益诉讼626件，检察机关单独提起的民事公益诉讼197件，这说明大部分检察民事公益诉讼案件以判决结案。判决是裁判文书中最具刚性的文书类型，是在案件审理程序终结时根据查明和认定的事实，适用法律对案件实体问题作出的权威性判定,[1]判决作出并生效后产生既判力,对社会也具有普遍约束力,具有给付内容的判决书还具有执行力。通过查清侵害社会公共利益的事实并以判决方式对侵权人的义务作出安排,既能够对侵权行为进行法律上的否定性评价,也能够实现对社会公共利益的维护,进而对社会起到积极的引导作用。在判决结案的大部分案件中,检察机关提出的诉讼请求都得到了审判机关的积极回应,法院的职权主义使程序规则都围绕着公共利益的保护展开,说明司法机关在维护社会公共利益方面体现了协同主义原则。结案方式为裁定书的为 174 件,基本都是针对程序性问题作出的法律文书,比如驳回再审申请、撤诉、管辖权异议等。结案方式为调解书的 51 件,大部分调解结案的案件侵权人对侵权事实无异议且已经履行了部分侵权责任,为了让社会公共利益得到更快的救济与保护,检察机关通过向社会公告调解协议并经过法院审查后予以调解结案。

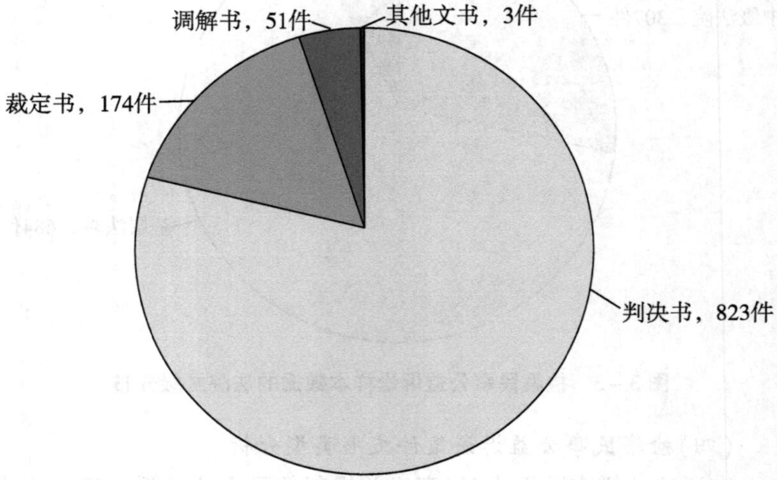

图 3-4　检察民事公益诉讼样本数据裁判文书情况

① 宋朝武编:《民事诉讼法学》(第 2 版),高等教育出版社 2018 年版,第 201 页。

第三节　检察公益诉讼制度的生动实践——以黄河流域生态保护为分析视角

为了贯彻落实习近平生态文明思想,中共中央、国务院印发了《黄河流域生态保护和高质量发展规划纲要》,其根本目的在于解决经济发展过程中产生的生态破坏问题,推动黄河流域高质量发展,保障黄河长治久安。

近年来,全国检察机关深入贯彻落实习近平生态文明思想和习近平法治思想,将服务保障黄河战略作为重大的政治任务抓好抓实。最高人民检察院带头制定《最高人民检察院关于充分发挥检察职能服务保障黄河流域生态保护和高质量发展的意见》,以"携手清四乱、保护母亲河"等专项行动为切入点,统筹运用"四大检察"职能,充分发挥公益诉讼检察保护生态环境的作用,探索推广"河长 + 检察长"制度机制,完善流域司法保护协同治理机制,以典型案例为示范引领,为服务黄河流域生态保护和高质量发展提供了有力的检察保障。尽管检察公益诉讼是一项新制度,但是焕发出了旺盛的生命力,在生态环境保护中彰显出时代价值,为黄河流域生态保护和高质量发展提供了有力的司法服务。

一、黄河流域生态保护检察公益诉讼的实践样态

近年来,特别是2017年检察公益诉讼制度确立以后,沿黄地区检察机关办理了一大批涉及黄河流域生态环境和资源保护的公益诉讼案件,相关检察机关联合水利部门开展"携手清四乱、保护母亲河"专项行动,推动整治乱占、乱采、乱堆、乱建"四乱"突出问题。开创并推广"河长 + 检察长"制度模式,以黄河流域公益诉讼典型案例为指引,提升了黄河全流域生态环境治理的法治化水平。

(一)立足职能,出台检察政策,明确工作思路、方向、举措和要求,服务保障黄河战略规划实施

2021年10月8日,中共中央、国务院印发《黄河流域生态保护和高质量发展规划纲要》,为贯彻落实黄河战略大保护大治理的部署,最高人民检察院于2021年11月11日印发了《最高人民检察院

关于充分发挥检察职能服务保障黄河流域生态保护和高质量发展的意见》(以下简称《意见》),通过出台检察政策全力保障黄河战略实施。《意见》共分为5个部分,分别从政治站位、突出重点、多措并举、文化保护和保障措施方面规定了具体内容,明确了职责定位、目标要求。《意见》围绕黄河生态环境保护,从四大检察职能角度,提出了工作重点和相关专项行动,其中第7条突出了黄河流域生态保护的公益诉讼检察职能,要求组织开展检察公益诉讼专项监督活动,重点围绕黄河上游水源涵养能力建设、中游水土保持、下游湿地保护和生态治理办理案件,综合运用行政公益诉讼、民事公益诉讼、惩罚性赔偿制度等方式服务黄河流域生态保护重大工程、推动生态环境保护和修复。

除最高人民检察院出台了服务保障黄河战略的《意见》之外,沿黄九省区检察机关也积极贯彻落实《黄河流域生态保护和高质量发展规划纲要》和《意见》,充分发挥检察职能,结合本省实际为黄河流域生态治理提供司法保障。比如,山东省人民检察院制定出台了《山东省检察机关关于服务保障黄河流域生态保护和高质量发展的意见》,该意见共19条4个部分,明确了推动黄河下游绿色生态廊道建设、助力实施生态环境损害系统治理、协同推进水资源节约集约利用等10项服务保障黄河流域生态保护和高质量发展的重点工作。2019年以来山东省检察机关共办理公益诉讼案件244件,制发诉前检察建议233件,督促整改拆除乱堆、乱占、乱建违法构筑物151.1万平方米,清理生活垃圾、建筑垃圾等固体废物24万余吨,追缴生态环境损害赔偿金7698.7万元,清理被占用或污染河道105.5公里,[①]检察公益诉讼在黄河流域生态保护中发挥了重要作用。陕西省人民检察院印发了《陕西省人民检察院关于充分发挥检察职能服务保障黄河流域生态保护和高质量发展的意见》,强调流域生态保护与修复,推动流域用水集约,并对黄河流域人文资源保护,促进社会公众参与黄河保护等方面进行了部署。山西省人民检察院一

① 《山东省检察机关关于服务保障黄河流域生态保护和高质量发展的意见》,载山东省人民检察院网站2024年7月10日,www.sdjcy.gov.cn/html/2022/xwlb_0104/21085.html。

方面制定出台《山西省检察机关服务保障黄河流域生态保护和高质量发展的意见》,另一方面联合水利厅、公安厅、生态环境厅、自然资源厅等八部门出台了《关于服务保障黄河流域生态保护和高质量发展加强协作的意见》,从部门职责、机制建设、加强宣传等方面提出具体要求,为服务黄河战略提供了政策依据。河南省检察机关以公益诉讼为抓手,创新工作机制,制定印发《河南省全面推行“河长 + 检察长”制改革方案》,在全省检察机关全面推广“河长 + 检察长”制,这是一项服务保障黄河流域生态保护和高质量发展战略的制度创新,有力有效地推动了黄河“四乱”问题的解决。

内蒙古自治区检察机关深入贯彻落实黄河战略和最高人民检察院印发的《意见》,以专项行动为依托,先后部署开展了保护母亲河专项监督活动、保护黄河公益诉讼专项行动,开展了“携手清四乱、保护母亲河”专项行动、“黄河流域生产建设项目水土保持专项整治行动”专项监督等,以法治手段推动黄河流域生态系统的治理。同时,呼和浩特市以服务保障黄河流域生态保护和高质量发展和创建国家生态文明建设示范市为着力点,出台了《关于充分发挥检察职能服务保障黄河流域生态保护和高质量发展助力首府创建国家生态文明建设示范市的意见》,能动履职,守护好黄河流域生态环境。宁夏回族自治区人民检察院印发了《关于充分发挥检察职能服务保障宁夏建设黄河流域生态保护和高质量发展先行区的意见》,全面推行“河长 + 检察长 + 警长”协作机制,助力黄河流域生态保护。为推进黄河流域生态保护司法协作机制建设,宁夏回族自治区与陕西省、甘肃省部分沿黄地区检察院探索开展公益诉讼检察协作配合机制,推动建立跨黄河流域生态保护检察协作机制,筑起黄河流域生态环境保护司法屏障。四川省作为黄河上游地区省份,以水源涵养为重点,以公益诉讼办案为抓手,联合青海、甘肃部分地区检察机关召开黄河生态环境司法保护协作会,签署《黄河上游川甘青水源涵养区生态环境保护司法协作框架协议》,实现黄河流域公益诉讼办案的协作配合。甘肃与青海作为黄河上游和源头省份,主动服务和保障黄河战略实施,探索加强跨区域检察协作配合机制,两省就黄河上游生态环境司法保护形成框架意见,下辖检察机关建立黄河源头环境保护协作配合机制,从源头上为黄河流域治理提供坚实的司法保障。

沿黄省份出台服务黄河战略检察政策的相关情况见表3－12。

表3－12 沿黄省份出台服务黄河战略检察政策一览

序号	沿黄省份	单独或者联合出台的检察意见	公益诉讼检察工作部署
1	青海	联合出台跨区域检察协作配合机制	推动黄河流域生态保护检察公益诉讼协作配合
2	四川	《黄河上游川甘青水源涵养区生态环境保护司法协作框架协议》	推动黄河上游检察公益诉讼跨区域配合协作
3	甘肃	联合出台跨区域检察协作配合机制	推动黄河流域生态保护检察公益诉讼协作配合
4	宁夏	《关于充分发挥检察职能服务保障宁夏建设黄河流域生态保护和高质量发展先行区的意见》	推行"河长＋检察长＋警长"协作治理机制
5	陕西	《陕西省人民检察院关于充分发挥检察职能服务保障黄河流域生态保护和高质量发展的意见》	强调流域生态检察公益诉讼保护与修复
6	山西	《关于服务保障黄河流域生态保护和高质量发展加强协作的意见》	强调黄河流域生态检察公益诉讼保护
7	内蒙古	《关于充分发挥检察职能服务保障黄河流域生态保护和高质量发展助力首府创建国家生态文明建设示范市的意见》	部署开展保护母亲河专项监督活动
8	河南	《河南省全面推行"河长＋检察长"制改革方案》	创新服务保障黄河流域生态保护和高质量发展战略的制度机制
9	山东	《山东省检察机关关于服务保障黄河流域生态保护和高质量发展的意见》	以黄河下游绿色生态廊道建设为目标，通过检察公益诉讼助力实施生态环境系统治理

（二）践行检察理念，强化办案力度，发挥黄河流域生态保护检察公益诉讼典型案例示范引导作用

最高人民检察院及沿黄各省份检察机关出台服务黄河战略的检察政策后，围绕黄河流域生态保护和高质量发展目标强化公益诉讼办案力度，并注重总结，发挥典型案例的引领作用。最高人民检察院和有关省份检察机关先后发布若干黄河流域生态保护典型案例，"一个案例胜过一打文件"，典型案例针对性强，问题明确，生动鲜活，能够诠释生态保护司法价值观，指明检察机关保障黄河流域生态安全的发力方向，可以为办案实践提供最直接、最生动、最有效的指导，对社会行为发挥着示范引领作用。

2022 年 1 月 25 日，最高人民检察院发布检察机关服务保障黄河流域生态保护和高质量发展典型案例 12 件。其中，刑事检察案件 3 件，民事检察监督案件 1 件，行政检察监督案件 1 件，行政公益诉讼检察案件 7 件（见表 3－13）。检察公益诉讼案件大多围绕着黄河河道、黄河文化、湿地生态、水资源保护等方面展开，相关检察机关充分发挥诉前程序作用，通过诉前磋商、检察建议等程序促使行政机关自我纠错，提升黄河生态司法保护的效率，实现了黄河流域生态保护的最佳司法状态。

表 3－13　最高人民检察院公布的部分服务保障黄河战略典型行政公益诉讼案例

序号	案件名称	来源地区	监督程序	治理内容
1	山西省芮城县人民检察院督促保护黄河河道行洪安全行政公益诉讼案	山西省	诉前磋商及检察建议	黄河河道
2	河南省开封市龙亭区人民检察院督促保护黄河文物"镇河铁犀"行政公益诉讼案	河南省	诉前检察建议	黄河文物和文化遗产
3	四川省阿坝县人民检察院督促保护湿地泥炭资源行政公益诉讼案	四川省	诉前检察建议	湿地生态
4	陕西省检察机关督促整治天然气钻井废液污染北洛河行政公益诉讼案	陕西省	诉前检察建议	水污染治理
5	青海省检察机关督促保护三江源地区水生态行政公益诉讼案	青海省	诉前检察建议	水生态系统

续表

序号	案件名称	来源地区	监督程序	治理内容
6	宁夏回族自治区平罗县人民检察院督促保护天河湾黄河湿地行政公益诉讼案	宁夏回族自治区	诉前磋商及检察建议	黄河湿地
7	宁夏回族自治区中宁县人民检察院督促整治黄河干流违规取水行政公益诉讼案	宁夏回族自治区	诉前检察建议	黄河水资源

二、黄河流域生态保护检察公益诉讼的困境及其成因

(一)目前黄河流域生态保护检察公益诉讼面临的困境

1.立法供给不足。黄河流域跨越全国9个省份,各省经济社会发展水平不均衡,对生态环境重视的程度不一样,加上各地存在不同的地方性法规、工作文件及执法标准,可以说黄河流域生态保护的法律法规比较凌乱,据统计有364部,大多属于地方性法规,但立法总体质量有待提高,规定也过于分散。所以黄河流域生态保护顶层设计不足,缺乏统一的具有强制执行力的国家层面的法律法规。现行的《防洪法》《水污染防治法》《水土保持法》在保护黄河生态方面显得力不从心,主要是因为其有不同的重点,调整范围较为单一,对流域生态保护缺乏针对性的制度规定。黄河流域法律法规的滞后性与不健全严重制约了生态保护的法治化进程,特别是保障黄河流域高质量发展的具体法律尚未出台,[①]因此,现存法律法规无法适应新时代黄河生态保护的需要。

2.执法主体责任不明,协作配合力度无法满足流域生态保护的需求。黄河流经9个省份,跨越多个省份的不同辖区,涉及众多的行政主体,而水体的流动性特征易造成责任不清的问题,比如在上游排污下游治理的情况下如何认定相关辖区行政机关的职责分工,如何梳理并确定具体的行政责任主体,同时获得行政机关的理解与支持,一直是困扰检察机关的难题,“九龙治水”、多头治理的局面

---

① 参见王利、高晓璐:《黄河流域高质量发展的法治困境与对策分析》,载《湖北工程学院学报》2020年第2期。

仍然不同程度地存在。由于黄河流域流经多个省份，流域系统性、整体性的特征对司法治理提出了新要求，生态保护检察公益诉讼就需要跨区域检察机关进行协同性、一体化合作。目前虽然不少沿黄省份辖区检察机关建立了协作机制，但是力度不够，集中管辖、跨行政区划的检察机关尚未建立，分割性的司法管辖体制致使无法有效缓解全局与局部的矛盾。黄河流域生态保护需要上游、中游、下游流域内相关主体的协同努力，目前尚未形成稳定、高效的跨区域协作机制，从而影响了黄河流域生态司法保护的效果。

3. 鉴定、调查取证等难题一定程度上制约着黄河流域生态保护检察公益诉讼的开展。黄河流域生态保护公益诉讼的案件类型大都属于生态环境纠纷，专业性技术性较强，事实证据的认定、环境修复方式及损坏赔偿数额等大多依赖于鉴定部门的鉴定意见，但是目前有资质的鉴定机构较少，而且鉴定过程复杂，鉴定成本过高制约着检察机关的办案费用支出，往往无法实现预期的办案效果。举证责任带来的办案压力和办案手段的不协调存在冲突和矛盾，特别是在办理公益诉讼案件的过程中，由于检察机关需要承担举证责任，但办案保障不足，调查手段匮乏，调查权保障机制欠缺，不享有一定范围内有限必要的强制性调查权，在一定程度上阻碍了公益诉讼的顺利进行，必然会影响黄河流域生态保护的效果。

4. 黄河流域生态保护与民生保障之间存在紧张关系。黄河流域既是重要的生态屏障，也是重要的经济发展地带和农业发展地带，黄河沿岸 9 个省份汇聚了大量人口和相关产业，检察机关在服务黄河战略的同时需要平衡保护和发展的关系，更需要兼顾好民生保障问题。比如，河南部分检察机关在办案中发现，黄河沿岸是老百姓重要的生产生活场所，一些归入“四乱”问题的养殖场、蔬菜大棚等是维持滩区群众基本生活水平的必要条件，如果僵化办案必然会带来当地部分群众返贫问题，而且一些群众法治意识和生态保护观念淡薄，特别是当其自身利益受到威胁时便对黄河流域生态保护和专项行动不理解不支持，甚至阻挠对抗。因此检察机关在办理公益诉讼案件的过程中如何兼顾生态保护与民生保障之间的关系，处理好两者之间的冲突需要探索实践。

（二）引起上述困境的原因简析

通过前述对黄河流域生态保护检察公益诉讼困境的分析可知，产生问题的原因是多方面的，一方面，检察公益诉讼制度在试点乃至立法确立之前，尚未形成完整的理论体系予以支撑，即便立法确立之后，关于检察机关办理公益诉讼案件仍不乏质疑声，制度的理论基础不足；另一方面，黄河流域立法供给、跨区域协作配合机制不足导致检察机关在办理公益诉讼案件的过程中面临尴尬处境。而且检察机关的执法环境仍然有待提升，特别是行政机关对检察机关办理公益诉讼案件存在偏见，认为检察权有干涉行政权之嫌，导致公共利益保护没有形成有效合力。我国的行政机关、检察机关都是国家机关，行政和司法活动的根本出发点和落脚点都是为了实现广大人民的根本利益，而根本利益的实现在很大程度上有赖于公共利益的维护。因此，贯彻双赢、多赢、共赢司法理念对于黄河流域生态保护检察公益诉讼的实施至关重要，是获得行政机关支持配合理解的重要途径。此外，执法保障力度不够也是引起问题的基本原因，流域公益诉讼作为专业性较强的工作，大多案情复杂、疑难，案件事实往往处于动态发展过程中，而立法赋予的检察机关调查核实权刚性不足，制约了检察工作人员线索发现能力、调查取证能力。同时，检察机关面临生态环境专业性极强的纠纷，专业能力、办案思维和知识储备还不能完全适应业务需要。内外因素的结合共同造成了黄河流域生态保护检察公益诉讼的困境，通过厘清困境并剖析产生的原因，可为制度的完善和发展奠定基础。

三、黄河流域生态保护检察公益诉讼制度的完善

（一）立法完善

生态文明建设是中国特色社会主义事业总体布局中的重要一局，习近平生态文明思想是指引生态文明建设和美丽中国建设的重要遵循。黄河流域生态保护和高质量发展是建设生态文明和美丽中国的必然要求，在推动黄河流域生态保护的各种方式中用法治思维和法治手段保障黄河战略实施是国家治理体系和治理能力现代化法治化的应然选择，也是全面依法治国基本方略的生动实践。国内外对流域的立法保护呈现出从地方到中央、从单向到综合立法的

发展趋势，从目前黄河流域相关法律法规来看，立法分散、单向立法过多，国家层面统一立法和关于黄河生态环境保护的综合性立法明显不足。虽然目前全国人大已经制定了《黄河保护法》，但该法是一部基础性、框架性法律，许多条文表述较为笼统。为此，以《黄河保护法》为指引，沿黄省份可以根据实际情况制定实施条例，并针对重点问题进行专项立法，推进协同立法，为法律实施扫清障碍。

（二）协同保护

习近平总书记对黄河治理提出了共同抓好大保护，协同推进大治理的重要论断，这对推动黄河流域生态保护和高质量发展具有重要的方法论意义。黄河流域跨越9个省区，其生态环境问题涉及上游、中游和下游的不同行政区及不同行业领域，是一项系统性工程。因此黄河流域的生态保护需要树立整体观念和统筹意识、协同意识，沿黄省份、同一省份不同辖区的行政部门、司法部门及行政部门与司法部门之间建立协作配合机制对于黄河流域生态保护尤为重要。对于检察机关来说，在开展黄河流域公益诉讼工作中要处理好检察权与行政权的关系，以“双赢多赢共赢”理念为指引，尊重行政机关在生态环境保护中的专业性，行政执法仍然是维护生态环境公共利益的第一和最佳选择，检察机关在公益诉讼中的定位是补充执法，推广“河长＋检察长”机制，在相关行政机关设立“公益诉讼工作站”，探索设立跨区划的黄河流域生态保护专门检察院，凝聚合力，与行政机关协同配合共同维护好黄河流域生态环境安全。另外，检察机关需要以能动司法作为检察权行使的理论基础，以能动检察回应社会大众对环境、生态等方面提出的现实需求，保持能动姿态统筹运用“四大检察”职能推进黄河流域生态保护。在黄河流域生态保护检察公益诉讼中，沿黄省份的检察机关需要进一步加强协作配合机制建设，探索并推广流域内检察保护协作协同机制，建立跨区域检察公益诉讼案件会商和协同办理机制。比如，在发现跨区域生态环境案件时，受理案件的检察机关应当及时向流域沿线检察机关通报，发挥检察一体优势，通过沟通协作联合办案等方式形成黄河流域生态保护合力。

（三）构建黄河流域生态保护公益诉讼体系

推动构建黄河流域生态保护公益诉讼体系，有利于形成多元主体协同治理的格局,除了充分发挥行政机关、检察机关职能外,基于生态环境的公共利益属性还需要注重发挥相应社会组织和公民个人的作用,实现黄河流域大治理大保护的格局。根据法律规定,检察机关和社会组织都可以针对侵害生态环境公共利益的行为提起民事公益诉讼。政府相关部门应积极减轻社会组织提起民事公益诉讼的成本负担,设立社会组织提起公益诉讼支持基金,为诉讼费用、诉讼支出等提供资金支持。同时,完善检察机关支持起诉制度,社会组织行使公益诉讼诉权时检察机关要积极运用支持起诉制度,提供法律咨询、协助调查取证、提供法律意见书等,确保社会组织能够诉讼、敢于诉讼。

除此之外,还要探索将公民个人纳入生态保护特别是公益诉讼的路径,从我国目前的法律规定来看,公民个人被排除在公益诉讼原告资格之外。主要是因为立法者担心公民个人作为诉权主体会带来滥诉风险,且公民个人往往诉讼能力欠缺,在专业素质、诉讼能力及经费保障等方面明显与其他诉讼主体具有一定的差距,公共利益的代表性不足,无法承担起维护社会公共利益的职责。[①] 从生态环境的保护发展来看,群众是良好生态环境的享有者,更是生态环境保护不可或缺的主体,公众参与是保护生态环境的重要途径,因此公众可以在生态环境公益损害的信息及证据提供、公益诉讼的监督宣传等方面发挥作用,吸引人民群众参与到生态环境公益诉讼中,既体现了以人民为中心的发展思想,也能够逐步构建起黄河流域生态保护公益诉讼的多元主体格局。

(四)以普法宣传助力黄河流域生态保护和高质量发展

法治宣传是提高人民群众生态保护意识的重要途径,是以法治手段推动黄河流域生态保护和高质量发展的现实举措。沿黄各省开展了形式多样的黄河流域生态保护和高质量发展普法宣传活动,比如山东东营市开展了“沿着黄河去普法”主题宣传活动,以宣传宪法、民法典、水法和保护黄河有关政策法规为重点,让“保护黄河,人人有责”深入人心。宁夏银川市将每年的6月设立为“黄河流域

---

① 参见白彦:《民事公益诉讼理论问题研究》,北京大学出版社2016年版,第195页。

生态保护主题宣传实践月”，通过主题宣传构建黄河流域生态保护全民实践体系。河南省打造了融合黄河文化、法治文化、红色文化为一体的“黄河法治文化带”法治宣传教育基地，广泛开展宪法、水法、防洪法、河南省黄河防汛条例等普法宣传，提升了群众对黄河生态保护的理解支持力度，缓解了生态保护与民生保障之间的矛盾，“黄河法治文化带”成为黄河生态保护重要的普法宣传形式。

上述沿黄地区关于黄河流域生态保护的普法宣传活动，提高了群众的生态保护意识，营造了有利于黄河治理的社会氛围。同时，应该建立多元化的普法宣传方式，除了宣传与黄河生态有关的法律法规之外，还需要对生态文明理念、黄河文化加大普法宣传力度，典型案例具有示范引领作用，检察机关要发挥谁执法谁普法作用，对办理的涉黄河流域的典型刑事、行政和公益诉讼案例进行宣讲，达到一个案例教育一片的社会效果，以普法宣传引导广大人民群众学法、守法，提升生态环境保护意识和法律意识，形成广大人民群众共同参与黄河流域生态保护的良好局面。

第四章 我国检察民事公益诉讼制度的评价、困境与展望

通过检视检察民事公益诉讼制度的实践情况，该制度的功能和价值逐步显现，因此有必要从理论上对该制度予以合理评价，并对制度的前景进行展望与规划，为未来检察民事公益诉讼制度的完善提供参考。

第一节 检察民事公益诉讼制度之评价

一、中国特色公益司法保护之路初步形成

检察公益诉讼制度是本轮司法体制改革的重要成果，是将我国的制度优势通过法治方式转化为治理国家和治理社会的生动实践探索，从而形成了公益司法保护之路的中国方案。从 2017 年的制度确立，到全面推行，到目前的高质量发展，检察公益诉讼制度形成了自己的内在逻辑。

2014 年以来检察公益诉讼制度经历了顶层设计、法律授权、试点先行、立法保障、全面推进及高质量发展若干阶段。自 2017 年立法确立公益诉讼制度以来，截至 2022 年 6 月，检察机关共立案 67. 2 万件；其中，民事公益诉讼 5. 8 万件，行政公益诉讼 61. 4 万件，在生态环境和资源保护、食品药品安全、国有财产保护等领域办理了相当数量的案件，取得

了不错的办案效果。[①] 通过梳理和审视检察公益诉讼这5年的办案实践，检察公益诉讼制度体现了如下制度逻辑：一是坚持以人民为中心的发展思想。公共利益是不特定多数人的利益，归根结底就是人民的利益；维护公共利益是检察公益诉讼的根本目的。从2017～2022年的检察实践来看，检察机关以专项活动为抓手，围绕中心服务大局，将以人民为中心的思想落实到每一个公益诉讼案件中，先后在生态环境、食品药品安全、安全生产等与人民群众切身利益密切相关的领域开展了“保障千家万户舌尖上的安全”“公益诉讼守护美好生活”等专项活动，办理了大量案件；在服务保障国家工作大局的同时，人民群众的切身利益得到有效维护。二是以完善立法、促进法治建设为目标。通过检察公益诉讼实践，既完善了《民事诉讼法》《行政诉讼法》《人民检察院组织法》等法律，又将检察公益诉讼条款加到《英雄烈士保护法》《未成年人保护法》《安全生产法》《个人信息保护法》《反垄断法》等单行法中，通过实践的发展，关涉检察公益诉讼的法律规范体系不断丰富发展，有力地推动了我国的法治建设。三是形成了多层次的检察公益诉讼制度理念体系。检察机关逐步探索形成了“公共利益代表”理念、“双赢多赢共赢”理念、“协同保护公共利益”理念等多层次的检察公益诉讼理念体系。理念是行动的先导。检察公益诉讼实践所取得的成就离不开理念的引领，理念体系的形成对于检察公益诉讼工作高质量发展具有重要的推动作用。四是构建了多维度检察公益诉讼办案机制。针对公共利益损害问题的跨区域、分散性特点，最高人民检察院制定出台了《检察公益诉讼跨行政区划管辖指导意见（试行）》，推动建立全国重要江河湖泊跨区划行政公益诉讼管辖协作机制。为了缓解基层检察院办案压力和阻力的问题，检察机关充分利用上下级领导体制，探索建立一体化办案机制，体现上级检察院在公益诉讼办案中的担当和作用。为了提升公益诉讼中公众的参与度，检察机关通过推广圆桌会议、听证、公开宣告等办案方式提升公众的知晓度和参与度，检察机关在实践中形成的多维度办案机制对于提升办案质

---

① 参见最高人民检察院：《全面开展公益诉讼五周年工作情况》，载最高人民检察院网站2022年6月30日，https://www.spp.gov.cn/。

效、维护公共利益发挥了重要作用。

二、检察民事公益诉讼制度之功能

检察民事公益诉讼制度是一种法律制度,其必将实现一定的法律功能。对法律功能进行分析,就是基于法律所产生的行为后果在社会整体中所发挥的作用进行认识和评价。法律有基本功能和辅助功能之分:直接满足一定的目标要求的功能是基本功能,基本功能附加的功能则是辅助功能。法律的生命在于实施:法律本身不可能广泛影响根深蒂固的社会状况,需要一定的中介机制把纸上的法变为生活中的法,使法律规范的要求在社会实际生活中得到体现和贯彻。① 检察民事公益诉讼制度在社会中到底发挥了什么功能,是否实现了法的功能,需要认真分析。

关于检察公益诉讼制度或者检察民事公益诉讼制度的功能,国内外理论界形成了很多有价值的观点和认识。比如韩大元认为,应该从宪法角度认识检察公益诉讼的功能,公益诉讼是检察机关开展法律监督的实现途径。陈瑞华认为,检察机关作为国家和社会公共利益的代表,通过提起民事公益诉讼行使诉讼职能并追究民事侵权责任,是维护社会公共利益的最后救济手段。② 张雪樵认为,检察公益诉讼的核心价值是公益保护,这是检察民事公益诉讼制度的根本目的。③ 在国外,检察机关提起民事公益诉讼具有一般公益诉讼的功能和价值。有学者认为,公益诉讼作为一种政治实践,旨在通过司法手段增加边缘化群体诉诸法律制度的机会,使个人能够了解自己的权利。④ 有学者认为,公益诉讼能够构建社会和平机制,减少未

---

① 参见付子堂主编:《法理学进阶》(第4版),法律出版社2013年版,第51~59页。

② 参见陈瑞华:《论检察机关的法律职能》,载《政法论坛》2018年第1期。

③ 参见张雪樵:《检察公益诉讼比较研究》,载《国家检察官学院学报》2019年第1期。

④ See Helen Hershkoff, *Public Law Litigation: Lessons and Questions*, Hum Rights Rev. 10,2009,p. 167.

来暴力冲突的可能性,减少社会分化并建立更牢固的法治。[①] 有的学者分析了公益诉讼的政策制定、政治动员、政府监督和法律执行作用,认为公益诉讼有助于公共产品的供给和社会变革,促使政府针对公共政策或者公共利益问题及时采取行动,是一种最便宜的进入政治生活的机会。[②] 上述关于检察民事公益诉讼或者公益诉讼功能的各种观点都是从不同角度得出的不同认识:有的从宪法高度对检察民事公益诉讼的功能进行定位,有的以公共利益代表理论对检察民事公益诉讼的功能进行梳理,还有的从社会公平、公共政策改革等角度对公益诉讼的功能进行了全面总结。这些不同认识并不存在根本分歧。笔者认为,检察民事公益诉讼制度的功能是多元的,但各功能之间存在一定的层次。从逻辑角度来看,应将检察民事公益诉讼的功能分为三个层次。

检察民事公益诉讼制度的第一层次功能是保护公益,履行法律监督职能。之所以在普通民事诉讼之外规定专门的检察民事公益诉讼制度,就在于公益诉讼与私益诉讼的目的完全不同。传统民事诉讼以私人权利救济为目的,属于主观诉讼。而民事公益诉讼则以维护公共利益为目的,检察民事公益诉讼是一种特殊的民事公益诉讼,这种特殊性体现在诉权主体的差异中。检察民事公益诉讼是法律赋予检察机关作为诉权主体而提起的旨在保护社会公共利益的诉讼制度。这一制度以检察机关的法律监督职能为源泉,以检察机关的公共利益代表身份为基础,主要功能在于维护社会公共利益和客观法秩序,是典型的客观诉讼,补足了检察机关提起民事公益诉讼的缺位,建立了在部分社会公共利益案件领域诉前、提起诉讼及诉后的线性监督或者全方位监督模式,已成为检察机关履行法律监督的重要方式。

检察民事公益诉讼的第二层次功能包括执行法律、形成公共政策、促进社会治理。首先,检察民事公益诉讼具有执行法律的功能。

---

① See Andrea Theresa Bibee, *Litigating for Peace: The Impact of Public Interest Litigation in Divided Societies*, The Degree of Master of the Graduate School of the University of Oregon, 2013, p. 64.

② 参见佟丽华、白羽:《和谐社会与公益法——中美公益法比较研究》,法律出版社2005年版,第196页。

20世纪中叶以来出现了消费、环保等影响个人权利和社会公共利益的"社会问题",传统的私益救济缺乏解决这些社会问题的动力,行政执法也缺乏保障社会公共利益的意愿。对此,许多国家从维护公共利益的角度开始改革诉讼规则,通过司法手段弥补行政执法之不足,民事诉讼承担起执行社会政策的角色,并呈现社会化的趋势,传统民事公益诉讼具有民事诉讼和行政执法的"混血"特征。[①] 比如在环境领域,环境法律的执行本应该主要由行政机关完成,但由于"机构俘获"、资源匮乏等原因导致行政机关不愿或者不能充分实施环境法律,而环境公益诉讼可以克服行政机关由于各种原因而导致的不愿或不能执行环境法律从而导致环境执法不充分的弊端。[②] 环境民事公益诉讼成为补充行政执法的重要方式,能够强化对环境公共利益的保护,解决环境致害群体性社会纠纷,提高行政机关行使职权的积极性,还能够更好地执行环保法律,成为保护公共利益的重要方式。环境公益诉讼成为推动环境法实施的重要手段。[③] 因此,基于行政机关在社会公共利益保护方面存在的行政执法缺陷和不足,民事公益诉讼成为弥补行政执法对社会公共利益维护不足的特殊司法机制。[④]

检察机关作为我国的司法机关和法律监督机关,宪法定位是法律监督。法律赋予检察机关提起民事公益诉讼的诉权,一方面可以改善社会组织在民事公益诉讼方面的诉讼积极性不高的问题,另一方面可以发挥司法补充执法作用,成为推动环保法和消费者权益保护法等法律良好实施的重要制度。这是通过诉讼方式发挥法律监督职能的新路径。

其次,检察民事公益诉讼还具有形成公共政策、促进社会治理的职能。形成公共政策和促进社会治理属于检察民事公益诉讼的社会功能。社会功能强调对社会的实际影响,强调对社会的治理成效。传统的民事纠纷注重解决个人之间的权利纠纷,诉讼后果不会

---

① 参见巩固:《环境民事公益诉讼性质定位省思》,载《法学研究》2019年第3期。

② 参见陈亮:《环境公益诉讼研究》,法律出版社2015年版,第28页。

③ 参见吕忠梅、[美]王立德主编:《环境公益诉讼——中美之比较》,法律出版社2009年版,第18页。

④ 参见巩固:《环境民事公益诉讼性质定位省思》,载《法学研究》2019年第3期。

影响第三人,诉讼机能不会出现扩大化趋势,民事裁判的效力严格限定在当事人之间,因此在既判力方面不会产生扩张的问题。但是公益诉讼是基于对社会公共利益的维护,诉讼后果涉及不特定多数人,诉讼机能大大扩展,对社会能够产生广泛和直接的影响。形成公共政策和促进社会治理就是公益诉讼功能扩大化的基本形式。从世界各国不同的公益诉讼形态来看,公益诉讼都致力于为那些在社会资源分配中承担损失的人们(弱势群体)代言,并通过诉讼为弱势群体法律上和现实中的权利保护寻求新的途径。[①] 因此,公益诉讼将公共政策转变为法律问题由司法机关通过正当程序作出符合公众需要的裁判结果,裁判内容通常能够成为公认的社会价值,并对现实的政治机关造成某种压力据此作为制定该类政策的参考或依据,或促使发动立法权、行政权,以改变或形成公共政策。[②] 以环境公益诉讼为例,在镇江生态环境公益保护协会诉江苏优立光学眼镜公司固体废物污染民事公益诉讼案中,通过司法建议推动改变了多年来有关固体废物属性的行业误评,破解了治理固体废物污染的难题,形成了有利于社会公共利益维护的公共政策。检察机关作为社会公共利益的代表和法律监督机关,在生态环境和资源保护、食品药品安全等领域针对侵害社会公共利益的行为有提起民事公益诉讼的诉权。尽管这一诉权是补充诉权,是维护社会公共利益的最后一道防线,但随着检察民事公益诉讼法律监督职能的发挥,必将推动上述特定公益诉讼案件中不符合社会公众利益的公共政策的改变。通过公共政策的形成,破解在生态环境和食品药品安全等公共领域的治理难题,提升国家治理的法治化和现代化水平。

检察民事公益诉讼制度的第三层次功能体现了制度本身在正确处理改革与法治辩证关系方面的实践价值,对类似或同类改革具有典型示范意义,具有指引或者借鉴价值。“改革与法治如鸟之两翼、车之两轮”。[③] 可见改革与法治是相互依存的共生关系,改革与法治既具有统一性,又在思维特征、行为特征、功能特征和评价特征

---

① 参见徐卉:《通向社会正义之路——公益诉讼理论研究》,法律出版社 2009 年版,第 288 页。

② 参见江伟、苏文卿:《公益诉讼社会功能论》,载《政法学刊》2009 年第 1 期。

③ 习近平:《加强党对全面依法治国的领导》,载《求是》2019 年第 4 期。

等方面具有形式差异性,但两者在根本上是一致的。正确认识和处理改革与法治的辩证关系需要完善相应的立法方式,比如立法授权型改革,及时通过立法确认改革成果并预留改革空间。① 改革与法治的辩证关系体现了改革要在法治的引领下进行,法治在改革过程中不断完善。检察公益诉讼制度作为本轮司法体制改革的重要内容,其发展历程体现了改革与法治的良性互动:从十八届四中全会对检察机关提起公益诉讼制度进行顶层设计到全国人大常委会授权试点探索,再到 2017 年全国人大常委会通过《民事诉讼法》和《行政诉讼法》正式以法律形式固定改革成果,检察公益诉讼制度的改革历程是在立法赋权的前提下有序进行的,试点完成后通过立法正式确立了制度,并在检察公益诉讼案件类型及制度完善方面预留了立法空间。从试点及试点以后检察公益诉讼制度的运行实践来看,制度效能非常显著:不但有力地保护了公共利益,探索出了解决"公地悲剧"这一世界性难题的路径,而且通过法治方式推动了国家治理和社会治理的制度创新。检察公益诉讼是近年来公益诉讼制度改革最重要的内容,提升了公共利益维护的"法化"水平,公共利益保护的体系在检察公益诉讼制度的改革中不断完善。因此,可以说检察公益诉讼制度的建立较好地诠释了改革与法治的辩证关系,实现了改革与法治的互相促进,对以后的同类改革具有一定的借鉴意义。

三、检察民事公益诉讼制度的理念

"理念"在《辞海》中的解释有两条:一是看法、思想、思维活动的结果;二是理论、观念,常常指思想。检察民事公益诉讼的理念就是办理民事公益诉讼案件的思想、理论和观念,属于司法政策、检察政策的范畴。理念具有重要的指导作用,检察民事公益诉讼的理念是指导一切办案行为的基本准则。指引检察民事公益诉讼的理念很多,包括"定分止争"的恢复性司法理念、"保障法律统一正确实施"的善治理念、公平效率理念、"双赢多赢共赢"理念、检察谦抑性

---

① 参见袁曙宏:《正确认识和处理新形势下改革与法治的关系》,载《国家行政学院学报》2015 年第 5 期。

理念等。本书将着重对特殊的“双赢多赢共赢”理念和补充司法理念进行阐释。

时任最高人民检察院检察长张军曾多次强调，检察机关作为法律监督机关，与被监督者并非紧张的对立关系，而是一种良性的互动融合关系，双方根本目的具有一致性，都是为了解决共同的难题，实现社会公平正义和公共利益的维护，确保严格执法，共同维护宪法法律的统一正确实施。[①]“双赢多赢共赢”理念是刑事、民事、行政和公益诉讼等全部法律监督领域的总体要求，其精髓在于和谐圆融，摒弃零和博弈思维，包容互鉴、同舟共济，最终达成共存共赢。[②]从哲学层面来看，“双赢多赢共赢”蕴含着联系和对立统一的方法论，法律监督应运用联系的观点将监督者及被监督者、其他参与者和关联方都纳入整体范围，所有主体的目标具有趋同性，落脚点在“赢”，也就是所有相关方都能互利共赢；对立统一要求法律监督不能仅从矛盾对立面看待问题，还应该关注矛盾统一，“双赢多赢共赢”理念更强调矛盾的统一，其着眼点在“共”赢，即法律监督者与被监督者表面上看似是互相博弈的对立面，实则双方具有共同的价值追求，在根本目的上是一致的。检察公益诉讼本身包含了三个要素：一是检察机关，二是公共利益，三是法律诉讼；它们是主体、目的与手段的关系。检察公益诉讼作为“四大检察”的重要一极在践行“双赢多赢共赢”理念方面显得尤为明显。特别是检察行政公益诉讼制度通过对违法行使职权或者不作为的行政行为进行监督，维护特定领域的公共利益。检察机关与行政机关并不是你赢我输的零和博弈关系，双方“双赢多赢共赢”的基点是通过启动检察监督程序与行政机关共同解决疑难复杂问题，推动依法行政，让行政机关从法律监督中受益，最终达到依法行政和维护公共利益的二元目标，实现共享共赢的格局。检察民事公益诉讼是由检察机关针对特定领域侵害社会公共利益的违法行为，在法定诉权主体不行使诉权的情况下以诉讼形式启动监督程序。从程序法理上看是检察机关

① 参见张军：《树立双赢多赢共赢的监督理念　共同推进严格执法公正司法》，载《人民日报》2018 年 5 月 10 日，第 9 版。

② 参见史笑晓：《以双赢多赢共赢理念提升法律监督品质之路径探索》，载《人民检察》2019 年第 9 期。

与侵害社会公共利益主体的对抗行为,实则也蕴含了共赢之理念;因为法律监督之共赢绝不拘泥于公权力机关之间,更是检察权与人民幸福感、满意度的共赢。[①] 检察民事公益诉讼主要限定于破坏生态环境和资源保护、食品药品安全等领域,未来还可能扩展到与人民群众切身利益息息相关的其他案件领域;检察公益诉讼制度具有鲜明的人民性,实现"以人民为中心",让人民群众有更多的获得感、幸福感、安全感,让人民群众满意,才能真正实现"共赢"。

检察民事公益诉讼与行政公益诉讼的主要差别是诉权主体的不一致:检察行政公益诉讼中检察机关是唯一的诉权主体,在诉前程序和诉讼程序中依照法律规定履行法律监督职责。检察民事公益诉讼中检察机关并非唯一主体,还有法律规定的机关或者社会组织,只有在前述主体在公告期满后放弃起诉时检察机关方可提起诉讼履行法律监督职权,起诉主体呈现法律规定的机关、社会组织及检察机关"三足鼎立"的局面。起诉主体的顺位有前后之别,检察机关处于后一顺位的诉讼主体地位,检察机关法律监督的法定性、事后性、兜底性的规律体现得尤其明显。法定性是指监督必须依法进行,检察机关只能在法律规定的范围内对法定的对象通过法定的手段和程序依法监督。检察权的这种法定性决定了权力的有限性:并非所有事项都是法律监督的范围,法律监督首先应遵循职权法定原则。法律监督的范围由法律明确规定,法律未明确规定或者授权的不是检察机关法律监督的范围;因此法律监督并非无限制,而是具有一定的权力边界。一旦法律监督超出法律授权范围,则属于违法的行为。事后性是指法律监督权力行使的时间和前提问题:只有出现了法定的属于法律监督范围的情形后,才能启动监督程序;除此之外,法律监督不能干涉其他权力和公民权利的行使。[②] 兜底性在法律监督中体现得更为明显。在某种意义上可以说,检察机关在保障法律统一正确实施和实现社会公平正义、保护公民基本权利方面发挥了最后一道防线的作用。比如民事行政检察监督是以诉讼

① 参见史笑晓:《以双赢多赢共赢理念提升法律监督品质之路径探索》,载《人民检察》2019 年第 9 期。

② 参见孙谦:《新时代检察机关法律监督的理念、原则与职能——写在新修订的人民检察院组织法颁布之际》,载《检察日报》2018 年 11 月 3 日,第 3 版。

为基点，以法院的自我纠错为前提；法院再审后仍未实现保障法治统一正确实施之效果的，检察机关才能启动外部纠错的法律监督程序。检察行政公益诉讼首先尊重行政机关维护公共利益的行政执法权，通过诉前检察建议推动行政机关自我纠正违法行为或者积极履行职责；当诉前程序无法恢复受侵害的公共利益时检察机关方能启动诉讼程序。检察民事公益诉讼涉及国家权力对民事领域的干涉，更需遵循拾遗补阙的要求，在履行完诉前公告程序后，当不存在法律规定的机关或社会组织行使诉权时，检察机关才能补位提起民事公益诉讼。这涉及行政权与检察权的边界问题。根据行政执法原理，行政机关是维护公共利益的第一责任人，行政执法手段能够更便宜、快速、高效地维护社会公共利益。行政权的主动性要求在发生危害公共利益的情形时必须第一时间作出反应，采取措施；而司法权具有被动性，是维护社会公共利益的最后一道防线，秉承"不告不理"的谦抑理念。所以，对公共利益的维护首先是行政机关通过行政管理活动实现。如果检察机关贸然冲在前面代行行政机关的职权，不但无法快速达到维护公共利益之目的，而且会让具有相应监管职责的行政机关逃避责任，将面临缺乏权利保护必要性、放任行政机关不作为等负面评价，以至于有学者对法律规定检察机关提起民事公益诉讼提出了疑问，也不无道理。①

因此，尽管检察公益诉讼带有一定的主动性，但提起民事公益诉讼需要坚持有限参与和最后救济原则：既要考虑维护公共利益的客观需要，也要遵循民事诉讼法的基本原则和法律监督的本质属性，更要厘清检察权与行政权的边界。司法是一种成本高昂的手段，维护社会公共利益并非只有诉讼一条途径。况且司法也未必是最好的方式，诉讼的较高成本、时间跨度长的特点都不利于公共利益的维护，在公共利益维护方面迟来的正义不能称为正义，可以称作给公共利益带来的"二次伤害"；行政执法的高效率、更直接、更便捷的属性不失为维护公共利益的首选路径，只有在所有手段穷尽后社会公共利益仍然处于受侵害状态时检察机关

---

① 参见林莉红：《论检察机关提起民事公益诉讼的制度空间》，载《行政法学研究》2018 年第 6 期。

才迫不得已作为"替补队员"出场。所以,对于较小的一般的侵害社会公共利益的案件类型不建议检察机关介入,更适宜由行政机关通过行政管理手段予以救济;对于特别重大的案件或许检察机关才有参与的空间与价值,法律规定的案件范围主要限于生态环境、资源保护及食品药品安全等领域。在这些案件领域,笔者更建议检察机关办理具有重大社会影响的案件,特别是大型企业污染环境或者侵害食品药品安全领域消费者利益的案件;这类案件往往复杂,行政执法难度大,检察机关参与有利于补足行政执法的不足,实现共同维护社会公共利益的目的。

第二节　检察民事公益诉讼制度的困境

公益诉讼作为一项世界性的制度而存在,在其他国家和地区也存在理论与实践难题。比如在英国,公益诉讼一直面临是否合宪的争议,进而出现了公益诉讼面临的一系列障碍,包括:权利实现的参与性障碍,也即从事公益诉讼的主体面临成为适格原告的困境,作为公益诉讼的原告需要证明有"足够的利益"并提供公共利益受侵害的证明材料;权利实现的时间障碍,主要体现为权利实现的程序过于复杂,时间跨度长,举证难度大,不利于公众利益的实现和维护,诉讼制度下的程序冗长成为公共利益实现的阻却因素;诉讼费用障碍,提起诉讼的成本已被确定为公益诉讼的最大障碍,起诉主体面临一定的成本风险。① 从部分国家和地区的情况来看,虽然公益诉讼已经被证明是推动公共政策制定和维护边缘化群体利益的有用工具,但公益诉讼的利他性和客观性,以及各个国家不同的政治制度、法律和社会环境,使公益诉讼面临不少的困境和挑战,因此各个国家出现了不同的公益诉讼制度模式。我国自 2012 年修正《民事诉讼法》建立公益诉讼制度后,社会组织面临各种各样的困难,特别是诉讼成本、诉讼技术及社会环境的制约,致使公益诉讼并未发挥应有的功能。为此,十八届四中全会提出探索建立检察机关

---

① See Conor McCormick, *Public Interest Litigation in the United Kingdom: Enemy of the State?* King's Inns Student Law Review, Vol. 3, p. 137 – 140.

提起公益诉讼制度,通过顶层设计、人大授权试点、法律授权全面实施。检察公益诉讼制度自试点以来的制度效能得到了充分检视,产生的问题也得到了充分暴露;因此有必要分析我国检察公益诉讼在实践中面临的困境,特别是检察民事公益诉讼的理论诘问、程序阻碍、实践难点,为检察民事公益诉讼制度的完善提供依据。

一、检察民事公益诉讼制度的规范面貌

(一)案件范围

相较于一般社会组织和法律规定的机关提起的民事公益诉讼,检察机关提起民事公益诉讼维护社会公共利益具有特殊的制度设计和逻辑。根据《民事诉讼法》的规定,检察机关提起民事公益诉讼具有特定的案件管辖范围,以生态环境和资源保护及食品药品安全领域为重点,案件线索来源于履行职责中的发现;检察民事公益诉讼案件一般由侵权行为地或者被告住所地的市级人民检察院办理,体现了检察民事公益诉讼不同于民事诉讼的案件管辖规定。随着检察民事公益诉讼制度的发展与完善,案件范围稳步拓展,在《安全生产法》《个人信息保护法》《军人地位和权益保障法》《未成年人保护法》《反垄断法》《反电信网络诈骗法》《农产品质量安全法》《妇女权益保障法》等单行法中都规定了检察公益诉讼条款,检察民事公益诉讼的案件范围不断延伸。

(二)诉前程序

对于发现的侵害社会公共利益的民事侵权行为,检察机关通过对其线索的真实性、可查性、风险性等方面进行评估与初步审查,对符合立案条件的案件经过一定的审批程序予以立案。立案后检察机关行使法定调查权按照法定程序全面、客观地收集证据,特别是调查和搜集社会公共利益受到侵害的初步证明材料。经审查,不存在损害社会公共利益或需要追究民事责任情形的,或损害社会公共利益的情形已经消除且社会公共利益已获得有效救济的则终结审查。对于社会公共利益持续处于受侵害状态需要提起民事公益诉讼追究民事责任的,则应当履行诉前公告程序。公告应当在具有全国影响力的媒体发布,公告期间不少于 30 日。公告的内容包括社会公共利益受到侵害的基本事实,告知适格主体可以向人民法院提

起诉讼，符合启动生态环境损害赔偿程序条件的案件，告知赔偿权利人启动生态环境损害赔偿程序等。根据《人民检察院公益诉讼办案规则》的规定，检察机关办理的侵害英雄烈士等的姓名、肖像、名誉、荣誉的民事公益诉讼案件，诉前程序包括征询和公告两种方式：既可以直接征询英雄烈士等的近亲属关于诉讼的意见，也可以在无法征询或者难以确定其近亲属时通过公告方式征询英雄烈士等的近亲属的意见。公告具有一定的程序性效力，体现在法院立案后无须再进行公告，以节省司法资源提高诉讼效率。发布公告后，人民检察院在公告期内需要积极主动地为提起民事公益诉讼做好准备，包括对生态环境损害赔偿程序启动情况、适格主体起诉情况、英雄烈士近亲属提起民事诉讼情况以及公共利益受到损害的情况进行事实证据材料调查，确保公告期满后能够尽快通过诉讼程序实现社会公共利益的救济。

随着检察民事公益诉讼的发展，检察机关在实践中对诉前公告程序进行了创新探索。比如，浙江检察机关开展的“无障碍”公益诉讼案：杭州拱墅区人民检察院在履职中发现，杭州多辆公交车虽在车身贴有“无障碍”标识，但车内并未设置残障人士专属的轮椅席位、轮椅固定带和防撞软板等，“无障碍”难以真正实现。此后，拱墅区人民检察院向杭州市公交集团发出首份民事公益诉讼诉前检察建议，建议开展“无障碍”公交车专项整治。此处的检察建议既不同于民事公益诉讼的公告或者征询，也不同于行政公益诉讼的诉前检察建议，但也不属于传统的社会治理类检察建议，可以将其定位为诉前公告程序办案方式的新探索。这一诉前程序的创新探索针对的违法主体主要是承担一定公共管理职能和重要社会责任的网络运营者、电子商务平台经营者，以及在防止和减少安全生产事故中承担主体责任的生产经营单位。发出诉前检察建议的前提是不影响民事公益损害赔偿救济，也不直接减损或者增加当事人的民事权益；具体的违法情形体现为存在重大事故隐患或者其他公益侵害危险，且对侵害公益的违法事实没有争议，需要应急处置。发出诉前检察建议后如果相关侵害公益的主体未整改，公益损害仍然持续，检察机关需要继续履行诉前公告程序，没有适格主体起诉的可以提起民事公益诉讼。因此，检察民事公益诉讼诉前检察建议程序一方面可以以更少的司法资源投入解决侵害公共利益的问题，另一方面可以实现与诉前公告程序的有效衔接。公共利益需要得到及时的保护与救济，检察民事公益诉讼制度的目的也在于保护与救济公益。如果公告程序之前的检察建议能够实现公共利益维护目的，体现了效率和程序价值，节约了司法资源，就可以在一些案件类型中尝试推广运用。

（三）诉讼程序

检察机关发现公益受损线索立案并履行完诉前公告程序后，还需要跟进调查，及时了解公益受损的最新进展和违法行为人的整改情况，防止缺乏起诉的事实依据。检察民事公益诉讼诉前程序公告期满后，如果有诉权主体提起诉讼，比如生态环境损害赔偿权利人提起的生态环境损害赔偿诉讼案件，适格主体提起的民事公益诉讼案件，英雄烈士等的近亲属提起的维护英雄烈士等的姓名、肖像、名誉、荣誉的民事诉讼等案件，检察机关可以支持起诉，方式包括提供法律咨询、提交支持起诉意见书、协助调查取证、出席法庭等。经过诉前公告程序，生态环境损害赔偿权利人未启动生态环境损害赔偿程序，或者经过磋商未达成一致，赔偿权利人又不提起诉讼的，英雄烈士等没有近亲属或者近亲属不提起诉讼的，没有适格主体或者公告期满后适格主体不提起诉讼的，社会公共利益仍然处于受侵害状态的，检察机关应当提起民事公益诉讼。针对生态环境和资源保护，食品药品安全，侵犯未成年人合法权益，侵害英雄烈士等的姓名、肖像、名誉、荣誉等损害社会公共利益的违法行为，检察机关可以提起刑事附带民事公益诉讼。刑事附带民事公益诉讼一般与刑事公诉同时提起，特殊情况下附带民事公益诉讼可以延迟提起，但是延迟时间不能晚于刑事公诉案件开庭之时；如果刑事或者民事程序不协调，不能单独提起民事公益诉讼，此时仍由办理刑事案件的检察院另行起诉更为合适。检察机关提起诉讼的同时，可以根据《民法典》有关规定向侵权人提出停止侵害、排除妨碍、消除危险、恢复原状、赔偿损失、要求被告承担鉴定评估和专家咨询费用等诉讼请求。对于特殊类型的生态环境和资源保护领域案件，检察机关还可以提出修复生态环境、支付生态修复费用、赔偿生态损失、惩罚性赔偿等请求；对于食品药品安全领域案件，检察机关可以提出要求被告对某些损害或者可能损害消费者健康的食品药品召回并依法处置以及惩罚性赔偿等诉讼请求；对于侵害英雄烈士等的姓名、肖像、名誉、荣誉保护案件，可以提出要求被告消除影响、恢复名誉、赔礼道歉等诉讼请求。在诉讼过程中，检察机关依法享有相应的诉讼权利，履行相应的诉讼义务，比如检察机关有权派员出席法庭参加相关诉讼活动发表辩论意见，可以申请人民法院通知证人、鉴定人、有专门知识的人出庭作证或者提出意见，有权对相关事实进行补充调查，有权参与调解，并在社会公共利益得到维护及诉讼请求实现的前提下撤回起诉，有权提起上诉，有权对法院的诉讼活动进行监督。[①] 诉讼程序结束后，民事公益诉讼判决、裁定发生法律效力而被告未履行裁判确定的义务的，法院需移送执行以实现社会公共利益；在民事公益诉讼案件的执行过程中，检察机关不交纳执行费用并可以对执行活动实施法律监督。

（四）与行政公益诉讼的区别

检察民事公益诉讼与检察行政公益诉讼作为检察公益诉讼制度的组成部分，都是检察机关为保护公共利益以诉讼为载体履行法律监督职责的方式和途径，体现了法律监督的宪法定位，都是借助诉讼进行“补充执法”并实现对受损公共利益进行补充救济的途径，在保护公共利益最终目的方面具有趋同性，但两者遵循的诉讼法理与程序设计方面存在差异。

从传统的诉讼理论来看，民事诉讼解决的是平等主体之间的私人利益争议，诉讼主体一般是平等主体之间的公民、法人或者其他组织，诉讼客体是私人利益纠纷，诉讼功能是维护当事人的民事权益。行政诉讼统称为“民告官”，是为了解决行政相对人与行政主体之间的行政争议，借助诉讼方式对行政权力进行维护和制约。行政诉讼的诉讼主体与民事诉讼有差别；诉讼客体主要是行政争议；诉讼功能是为了对行政纠纷进行司法审查，进而解决行政争议，推动法治政府建设。在程序法理方面两者是不同的：检察民事公益诉讼与检察行政公益诉讼分属于《民事诉讼法》和《行政诉讼法》规制

---

① 参见最高人民检察院：《人民检察院公益诉讼办案规则》，载最高人民检察院网站 2021 年 6 月 29 日，https://www.spp.gov.cn/。

的范围,分别需要遵循民事诉讼和行政诉讼的基本原则和制度。

检察民事公益诉讼在救济受损社会公共利益方面具有直接性,检察行政公益诉讼则通过监督督促行政机关依法履职实现对公共利益的间接维护,因此两者的程序设计也存在差异。首先,案件范围和管辖不同。检察民事公益诉讼的案件范围主要是生态环境和资源保护、食品药品安全领域;基于上述案件的复杂性,检察民事公益诉讼案件一般由市级检察院负责。检察行政公益诉讼主要针对生态环境和资源保护、食品药品安全、国有财产保护、国有土地使用权出让等领域负有监督管理职责的行政机关违法行使职权或者不作为的行为,基层行政机关承担了维护国家利益和社会公共利益的重要职责,因此检察行政公益诉讼的案件主要由基层检察机关管辖,符合同级监督的原则。其次,诉讼主体不同。两者的原告都是检察机关,但在检察民事公益诉讼中检察机关并非唯一享有诉权的主体,在检察行政公益诉讼中检察机关是唯一可以提起诉讼的主体。从被告主体来看,检察民事公益诉讼的被告主体既包括自然人,也包括法人或者其他组织;而检察行政公益诉讼的被告主体具有唯一性,是对被损害的国家利益或者公共利益负有法定职责的行政机关。最后,诉前程序不同。诉前程序是两者的必经程序。检察民事公益诉讼诉前程序是公告。其价值在于寻找第一顺位的诉权主体,告知第一顺位主体可以针对侵害社会公共利益的行为行使诉权;公告期满法律规定的第一顺位诉权主体不提起诉讼的,检察机关可以行使补充诉权提起民事公益诉讼。检察行政公益诉讼的诉前程序是检察机关向致使国家利益或者社会公共利益受到侵害的负有监督管理职责并违法行使职权或者不作为的行政机关提出检察建议,督促其依法履行救济国家利益或者社会公共利益的法定职责。检察建议充分体现了检察权对行政权的监督和制约,是救济受侵害国家利益或社会公共利益的主要途径,具有重要的价值。在实践中大部分案件通过诉前程序即实现了公共利益的救济维护;只有行政机关不依法履行职责的,检察机关才依法提起诉讼。因此,检察民事公益诉讼与检察行政公益诉讼的诉前程序体现了不同的价值取向。

在具体的诉讼程序设计中,检察民事公益诉讼与行政公益诉讼也体现了不同。比如,两者的诉讼请求不同。检察民事公益诉讼可以根据法律规定直接提起救济受侵害社会公共利益的具体诉求。但是检察行政公益诉讼中检察机关的诉求主要是对行政机关违法行使职权或者不作为的行政行为进行司法审查,诉讼请求主要包括确认行政行为违法或者无效、撤销行政行为等。在诉讼过程中,检察民事公益诉讼遵循民事诉讼的原则和制度,检察行政公益诉讼遵循行政诉讼的原则,因此两者在举证责任、和解调解、诉后执行、诉讼效果等方面体现的是传统民事诉讼和行政诉讼的差异,本书不再进行重复论述。总体上来看,检察民事公益诉讼与检察行政公益诉讼作为检察公益诉讼制度的二元构造,其根本目的都是维护社会公共利益;除了案件范围、案件管辖、诉讼主体的不同外,其程序差异主要体现在诉前程序,诉讼中的程序区别主要是基于传统民事诉讼和行政诉讼程序的不同而产生的。

民事和行政的二元划分并非格格不入,在实践中有同时出现两种公益诉讼类型的案件,比如江苏省扬州检察机关督促整治某公司占用廖家沟河道公益诉讼案。扬州市广陵区人民检察院在履职过程中发现扬州某建材公司占用廖家沟河道建设违章建筑持续多年,严重危害饮用水水源地的水质与河道行洪安全。此后该院启动公益诉讼程序,依法对水利、属地镇政府等行政机关分别进行行政公益诉讼立案,发出诉前检察建议,督促各方全面履职,合力整治。同时,鉴于该建材公司存在侵占河道危害公益的违法行为,广陵区人民检察院向扬州市人民检察院移送线索后,扬州市人民检察院依法启动民事公益诉讼程序。扬州市人民检察院指导广陵区人民检察院组织水利、属地镇政府等多个部门开展行政磋商,引入涉案公司,召开司法、行政、民事三方圆桌会议,共同制定整改方案,最终该建材公司按时拆除全部违章建筑,多年的问题终被解决。[①] 该案中上下两级检察机关发挥检察一体优势,综合运用民事公益诉讼、行政公益诉讼形成了公共利益保护的合力,充分发挥两种公益诉讼程序的协同作用,以民事公益诉讼弥补行政监管的不足,解决了公益保护的困境。

---

① 参见《最高检、水利部联合发布涉水领域检察公益诉讼典型案例》,载最高人民检察院网站 2022 年 6 月 9 日,https://www.spp.gov.cn/。

二、检察民事公益诉讼制度的当前困境

（一）理论方面

制度的理论基础问题，从目前已有的理论研究来看，主要的争议有法律监督和公共利益代表两个方面。一个是法律监督问题。有学者认为，检察公益诉讼的基础来自法律监督，公益诉讼是履行监督职能的具体途径，是法律监督专业化、具体化、司法化的有益探索。在公益诉讼过程中，检察机关不但享有诉权，而且享有法律监督职权，可以对公益诉讼过程的立案、审理等诉讼活动实行监督。还有一种观点认为，检察机关行使民事公益诉权是法律监督与公共利益代表的统一，具有双重的身份：其一，公益诉讼起诉人，其二，法律监督机关。并且，公益诉讼起诉人的身份居于第一位的位置，贯穿诉讼的始终；法律监督机关是补充性身份，是享有诉权的前提，法律监督权能只能作为备用权能不能随意行使。① 另一个是公共利益代表问题，出现了原告、法律监督机关、公共利益代表人、公诉人等不同的观点。比如李浩认为，定位检察机关在民事公益诉讼中的角色需要考虑以下因素，其一，宪法地位；其二，民事诉讼的基本原则、规律；其三，不同民事公益诉权主体之间的关系。基于以上因素的考量，在民事公益诉讼中检察机关不能具有特殊性，否则会给其他民事公益诉权主体带来不平等的后果。② 蔡彦敏认为，检察机关在民事公益诉讼中的称谓涉及检察权和审判权的关系问题，也涉及法律修改。考虑到这一点，从民事诉讼的规律出发，原告的称谓更符合检察机关的定位。③ 由于不同的角色定位承载着不同的诉讼程序和权利义务，因此理论界和实务界关于检察机关在民事公益诉讼中的角色定位仍未达成一致。检察机关从一开始办理公益诉讼案件就未将自己当作普通原告，认为作为“民事公诉人”比较合适；但是审判机关和部分学者则认为检察机关作为民事公益诉权主体之一，

---

① 参见秦前红：《检察机关参与行政公益诉讼理论与实践的若干问题探讨》，载《政治与法律》2016 年第 11 期。

② 参见李浩：《论检察机关在民事公益诉讼中的地位》，载《法学》2017 年第 11 期。

③ 参见蔡彦敏：《中国环境民事公益诉讼的检察担当》，载《中外法学》2011 年第 1 期。

与其他诉权主体没有差别,不能因为其是法律监督机关就体现其特殊性,仍然应该遵循民事诉讼的规律、原则,实现民事诉讼的平衡,检察机关在民事公益诉讼中处于普通原告的法律地位更合适。

检察民事公益诉讼的理论基础和诉讼地位最终指向的都是在民事公益诉讼中的身份定位问题。法律监督机关是宪法对检察机关在政治体制中地位的概括,体现了检察机关的身份、性质与一般定位。在我国,检察机关通过行使法律监督职权维护法制的统一实施,提起民事公益诉讼作为法律监督的具体形式,救济受侵害的社会公共利益,纠正违法行为,既体现了宪法的基本定位,又维护了客观法律秩序。因此检察民事公益诉讼的理论依据就是法律监督,诉讼主体资格来自法律授权,法律监督的最终目的是维护客观法秩序所承载的公共利益。有学者认为,赋予检察机关公益诉讼原告主体资格无明晰的理论来源,[①]事实上这与检察机关的性质和宪法定位、法律监督的根本旨归不符。行政机关的首要职责是维护公共利益,可以说行政机关是公共利益的代表当之无愧;但检察机关与行政机关作为国家机关,最终目的都是维护国家和社会公共利益,都是借助法律贯彻国家政策的智识枢纽,[②]只是行使职能的方式不同,遵循的法律程序不同。检察机关在提起民事公益诉讼时也具有与行政机关同样的公共利益代表角色,代表国家维护公共利益,身份仍然是法律监督机关,公共利益代表人与法律监督者发生了融合,在公益诉讼过程中公共利益代表人以法律监督者的身份履行诉讼职责,有很多人就天然地认为法律监督之身份会打破三角结构的诉讼平衡构造关系,提起诉讼与诉讼监督职能应适度分离才符合正当程序的要求。实则不然,从目前的公益诉讼办案实践来看,并未出现检察机关法律监督身份造成了诉讼地位的实质不平等,并未产生诉讼结构的失衡现象,因此上述担心有多余之嫌。新时代检察机关的法律监督并不是高人一等,监督者与被监督者的法律地位是平等的;诉讼是法律监督维护客观法秩序的重要形式。两者是手段与目的

---

① 参见柯坚、吴隽雅:《检察机关环境公益诉讼原告资格探析——以诉权分析为视角》,载《吉首大学学报(社会科学版)》2016 年第 6 期。

② 参见梁鸿飞:《检察公益诉讼:法理检视与改革前瞻》,载《法制与社会发展》2019 年第 5 期。

的关系：检察民事公益诉讼制度正是检察机关在法律授权前提下通过提起诉讼的形式履行法律监督职责，纠正违法行为，实现维护法治统一的目的。公益诉讼使法律监督变得具体、可操作，已经成为法律监督的重要形式。

（二）诉讼程序机理方面

程序是为实现实体权利义务或保证职责履行而设定的规则；传统的民事诉讼是私益诉讼、私权诉讼，检察机关提起民事公益诉讼体现了国家对民事领域的干预。检察机关提起民事公益诉讼是否运用传统民事诉讼的程序规则？从实践来看，检察民事公益诉讼与传统民事诉讼的原有框架体系在当事人适格、诉的利益、证据规则、裁判效力等方面有不少区别。所以，检察机关提起民事公益诉讼的相关程序规则必然会与传统民事诉讼制度规则产生矛盾与抵触。这种矛盾是否可以在现有的民事诉讼规则体系上被兼容？不同的程序规则承载着不同诉讼权利，检察机关的法律地位、诉讼权利义务以及具体的诉讼规则在民事公益诉讼中都发生了相应变化。因此，虽然检察民事公益诉讼制度仍然规定在《民事诉讼法》中，各项保障公共利益实现的程序安排也是参照适用《民事诉讼法》的具体规定，但总体上来看检察民事公益诉讼与传统诉讼的抵触难以在现有的民事诉讼规则体系内化解，“两高”为此也联合出台了检察公益诉讼的司法解释；但现有的法律规定和司法解释仍然有制度供给不足的问题，并未对所有特殊程序规则进行详细规定，检察民事公益诉讼制度的完善也绝非简单的几个法律条文和司法解释就能完成的，导致在实践中产生了一系列问题。

比如，随着长江、黄河等流域生态环境和资源保护问题特别是跨区划侵害公益现象的多发，如何通过诉讼途径维护跨区划的公共利益成为检察机关面临的主要程序问题。传统民事诉讼管辖规则都是按照行政区划确定的，然而大江大河往往模糊了行政区划的界限，这就给生态环境保护、治理与追责带来了程序障碍。比如上海市崇明区检察院在办理崇明岛东风西沙水源地生态环境保护案件时就遇到类似问题。该处水源地及相关水域在行政管辖上产生了横跨江苏和上海的现象，如何通过公益诉讼保护水源地，避免国家花费不必要的生态修复费用，首先需要解决的就是跨区域公益诉讼的管辖问题,还需要排除地方干扰的因素。根据案件的具体情况,最高人民检察院将该案指定上海市管辖,解决了跨区划公益诉讼管辖的实践难题。这是首例涉长江经济带跨省域公益诉讼案件,为此最高人民检察院出台了《关于长江经济带检察机关办理长江流域生态环境资源案件加强协作配合的意见》,意见强调多层级推进跨区划公益诉讼一体化办案,初步解决了以行政区划作为环境司法管辖基础带来的司法权配置与生态系统规律割裂的困境。2021 年 7 月起实施的《人民检察院公益诉讼办案规则》第 17 条明确规定:"上级人民检察院可以根据办案需要,将下级人民检察院管辖的公益诉讼案件指定本辖区内其他人民检察院办理。最高人民检察院、省级人民检察院和设区的市级人民检察院可以根据跨区域协作工作机制规定,将案件指定或移送相关人民检察院跨行政区划管辖。基层人民检察院可以根据跨区域协作工作机制规定,将案件移送相关人民检察院跨行政区划管辖。人民检察院对管辖权发生争议的,由争议双方协商解决。协商不成的,报共同的上级人民检察院指定管辖。"《人民检察院公益诉讼办案规则》以司法解释的形式正式确认了跨区划公益诉讼管辖制度。但是跨区划管辖的理论基础及程序机理是什么,仍有待研究;且规范的层级仍然偏低,保障力度不足,无法满足检察公益诉讼的发展需要。

(三)实践方面

实践方面的难点问题往往衍生于理论依据的匮乏和特殊诉讼程序尚未构建的现实,主要体现在案件范围、法律制度和诉讼程序三个方面。在案件范围方面,目前,检察机关提起民事公益诉讼的案件限于生态环境和资源保护、食品药品安全等领域。从实践观察来看,检察民事公益诉讼案件的办案数量明显少于检察行政公益诉讼的办案数量,"重行轻民"的现象普遍存在;在民事公益诉讼案件中,重大典型有影响力的公益诉讼案件偏少,有"抓小放大"之嫌;同时,刑事附带民事公益诉讼成为"主力军"。目前的生态环境和资源保护、食品药品安全及英雄烈士人格利益的民事公益诉讼受案范围还不能满足人民群众对公共利益保护的新期待,进入新时代人民群众对民主、法治、公平、正义、安全、环境、公共利益维护等方面有了更高要求。为了与《民事诉讼法》这一基本法关于公益诉讼的规定相适应,《未成年人保护法》第 106 条规定:“未成年人合法权益受到侵犯,相关组织和个人未代为提起诉讼的,人民检察院可以督促、支持其提起诉讼;涉及公共利益的,人民检察院有权提起公益诉讼。”《军人地位和权益保障法》第 62 条规定:“侵害军人荣誉、名誉和其他相关合法权益,严重影响军人有效履行职责使命,致使社会公共利益受到损害的,人民检察院可以根据民事诉讼法、行政诉讼法的相关规定提起公益诉讼。”《安全生产法》第 74 条第 2 款规定:“因安全生产违法行为造成重大事故隐患或者导致重大事故,致使国家利益或者社会公共利益受到侵害的,人民检察院可以根据民事诉讼法、行政诉讼法的相关规定提起公益诉讼。”《个人信息保护法》第 70 条规定:“个人信息处理者违反本法规定处理个人信息,侵害众多个人的权益的,人民检察院、法律规定的消费者组织和由国家网信部门确定的组织可以依法向人民法院提起诉讼。”《反垄断法》第 60 条规定:“经营者实施垄断行为,给他人造成损失的,依法承担民事责任。经营者实施垄断行为,损害社会公共利益的,设区的市级以上人民检察院可以依法向人民法院提起民事公益诉讼。”《反电信网络诈骗法》第 47 条规定:“人民检察院在履行反电信网络诈骗职责中,对于侵害国家利益和社会公共利益的行为,可以依法向人民法院提起公益诉讼。”《农产品质量安全法》第 79 条第 2 款规定:“食用农产品生产经营者违反本法规定,污染环境、侵害众多消费者合法权益,损害社会公共利益的,人民检察院可以依照《中华人民共和国民事诉讼法》、《中华人民共和国行政诉讼法》等法律的规定向人民法院提起诉讼。”《妇女权益保障法》第 77 条规定:“侵害妇女合法权益,导致社会公共利益受损的,检察机关可以发出检察建议;有下列情形之一的,检察机关可以依法提起公益诉讼:(一)确认农村妇女集体经济组织成员身份时侵害妇女权益或者侵害妇女享有的农村土地承包和集体收益、土地征收征用补偿分配权益和宅基地使用权益;(二)侵害妇女平等就业权益;(三)相关单位未采取合理措施预防和制止性骚扰;(四)通过大众传播媒介或者其他方式贬低损害妇女人格;(五)其他严重侵害妇女权益的情形。”因此,尽管《民事诉讼法》关于民事公益诉讼案件的范围主要局限于生态环境和资源保护以及食品药品安全领域,但实践中检察机关有权提起公益诉讼的办案领域已经逐步扩展至英雄烈士人格利益保护，军人荣誉、名誉和其他相关合法权益保护，安全生产，公民个人信息保护，反垄断行为，反电信网络诈骗，农产品质量，妇女合法权益保护等领域，都属于涉及面广、危害大、人民群众反映强烈的领域，且公益诉讼的办案领域呈现出继续扩展之态势，是检察机关积极进行“等外”案件探索的结果。理论尚未跟上实践的步伐，在理论上仍有部分学者认为应坚持检察民事公益诉讼的谦抑性和兜底性原则，在维护国家利益和社会公共利益方面发挥最后一道防线作用，检察民事公益诉讼制度的空间是有限的，不能行使行政执法的领域才有检察机关提起民事公益诉讼的价值。[①] 因此，检察公益诉讼制度办案领域扩展的理论基础、基本原则、具体路径等都是急需研究的问题：在合理界定公共利益内涵和边界的同时，既要坚持检察谦抑与兜底性原则，防止司法权越位对行政权形成干预，又要在涉及公益的领域发挥法律监督职能，实现公共利益保护的最大化，逐步探索并扩大公益诉讼的案件范围。

在检察公益诉讼法律制度供给方面，由于对公共利益的保护主要分为立法、行政和司法三种方式，立法机关承担着界定公共利益范围、建立法律制度等方面的职责；但目前立法明显滞后于公共利益保护的实际，立法层面对公共利益保护的依据不足，带来了检察机关拓展民事公益诉讼案件范围的障碍。同时，公益诉讼法律规定不够完善：虽然《民事诉讼法》规定了检察机关提起民事公益诉讼的条款，但过于简单；尽管“两高”共同出台了检察公益诉讼司法解释，全国人大常委会也颁布了相关涉及检察公益诉讼的单行法，但符合检察公益诉讼特点规律的法律规范体系还没有建立起来，一些程序性问题尚未通过法律予以规范和确立，在一定程度上阻碍了检察公益诉讼制度的实践发展。

检察民事公益诉讼的法律程序主要包括诉前程序和诉讼程序，诉前程序体现了检察权的谦抑性及兜底性原则和对其他诉权主体的尊重。诉前程序与诉讼程序的对象存在差异：诉前程序的对象是

---

① 参见林莉红：《论检察机关提起民事公益诉讼的制度空间》，载《行政法学研究》2018 年第 6 期。

社会组织，诉讼程序的对象则是违法行为人。诉前程序的主要目的在于鼓励社会组织提起诉讼。但在实践中，社会公益组织较少，诉讼积极性不高的现象普遍存在，诉前程序未能发挥一定功能；即便有社会组织提起诉讼，检察机关与社会组织之间如何衔接及它们之间的关系问题，检察机关如何跟进监督等成为检察民事公益诉讼的第一重障碍。在诉讼过程中，由于检法两院对某些制度的认识不一致，思路没有完全统一，存在以本部门为中心各自为政的问题；①特别是法院进行的集中管辖改革、跨行政区划管辖改革、专门法院的改革，致使检察机关办案的管辖与法院的审判管辖出现了冲突，海事法院等类似的专门法院无对应的检察机关设置，部分涉及海洋生态与资源保护的公益诉讼案件出现了"立案无门"的问题。这是随着工作的推进由于检法两院整体协调不够带来的实践难题。司法制度的改革涉及各个国家机关，需要统筹推进、协调一致；虽然是理想的状态，但是如果仅仅以本部门为中心各自为政必然导致改革效果不佳。

举证责任与调查核实权的问题也是困扰检察机关办案的重要难题，目前检察民事公益诉讼适用民事诉讼法有关举证责任的法律规定。但民事公益诉讼主要涉及生态环境和食品药品安全领域，这些领域一方面专业性比较强，另一方面损害结果往往难以依靠检察机关直接确定，大部分案件都需要鉴定，时间长、费用高成为检察机关办理民事公益诉讼案件的重要障碍。尽管目前在最高人民检察院的协调下出现了部分先鉴定后收费的鉴定机构，但数量之少一时难以从根本上解决问题；所以检察民事公益诉讼存在取证、举证难的问题，检察机关承担了较重的举证责任，以至于有学者认为民事公益诉讼与民事私益诉讼举证责任趋同不妥。② 尽管检察机关承担了较重的举证责任，但办案保障不足，特别是调查手段匮乏，调查权保障机制欠缺，并不享有一定范围内的强制性调查权，检察调查取证规则未建立，在一定程度上阻碍了公益诉讼的顺利进行，导致检

---

① 参见秦前红：《检察机关参与行政公益诉讼理论与实践的若干问题探讨》，载《政治与法律》2016 年第 11 期。

② 参见王秀卫：《我国环境民事公益诉讼举证责任分配的反思与重构》，载《法学评论》2019 年第 2 期。

察机关对独立办理民事公益诉讼案件的积极性不高，存在畏难情绪，进而形成了对刑事附带民事公益诉讼的高度依赖。刑事附带民事公益诉讼案件自2018年以来出现“井喷”态势，起诉案件数量大幅增加，传统的“刑主民辅”局面被打破，公益诉讼案件存在结构性失衡。这主要是由于刑事附带民事公益诉讼案件证据已经固定、取证难度小、容易办理，给检察机关带来了依赖心理、无奈选择。但是，刑事附带民事公益诉讼与民事公益诉讼的区别是什么？刑事诉讼与民事公益诉讼程序衔接等问题尚未从根本上进行研究和破解。民事公益诉讼程序一审结束后，二审程序的提起是抗诉还是上诉一直是困扰检察机关的心结，二审案件中原检察院与上一级检察院的关系，上一级检察院如何出席二审法庭等都是检察机关面临的现实困境，尚未产生有支撑的理论依据，也缺少实践的探索，在一定程度上制约了检察民事公益诉讼制度的发展。在诉讼程序结束后，检察机关如何对公益诉讼案件的执行进行监督缺乏明确的路径指引，公益诉讼的重心是公共利益，维护和实现公共利益是检察机关行使公益诉权的最终归宿。如果通过大量司法资源和诉讼程序，保护公共利益的目的最终仍未能实现，那么检察公益诉讼制度的效果就会大打折扣。因此，检察机关需要跟进公益诉讼的执行监督，经常开展办理案件的“回头看”监督工作，特别是在公共利益是否真正实现上不能有任何让步，才能推动检察公益诉讼制度行稳致远。

第三节 检察民事公益诉讼制度的定位与发展

在分析与检视检察民事公益诉讼制度的实践后，仍有必要从宏观角度对制度的未来发展予以规划，对有关的整体性、长期性和基本性问题进行考量，作为检察民事公益诉讼制度予以完善和发展的基本思路。

一、以习近平法治思想为引领，明确检察民事公益诉讼制度在国家治理体系中的角色定位

进入新时代，国家治理呈现出多头治理、多元领域、交叉重叠的治理结构，需要多元主体参与，形成多方共治、各谋其职、整体有序

的治理格局。[1] 从理论上看,国家治理是一种活动与过程,它包含了治理目标、治理主体、治理方式等要素。国家治理目标也就是治理的目的,治理主体既包括国家机关也包括社会组织,治理方式就是所采取的手段或者工具。体系泛指一定范围内或同类的事物按照一定的秩序和内部联系组合而成的整体,上述治理要素有机联系在一起就组成了国家治理体系。国家治理体系属于国家生活中的宏观顶层设计,对国家的政局稳定、经济社会文化发展具有重大的规划和指导作用。[2] 国家治理是一个系统工程,需要各方广泛参与。从主体来看,检察机关作为党领导下的国家法律监督机关,属于国家治理体系的特有主体,法律监督职能嵌入国家治理有其自身逻辑。首先,是对执政党政策的积极回应。法律是国家意志的体现,需要将政治权力作为基础,由国家强制力保证实施,通常法律要服务于政治;两者具有共生性,共同服务于社会目标与价值,实现国家的有效治理。[3] 执政党政策与法律是相辅相成、相互补充的关系。执政党政策是指在一定历史时期,为调整特定的社会关系和实现特定的任务而规定的路线、方针、规范和措施等行动准则的统称。在我国,党的政策是制定国家法律的依据,党的政策往往上升为国家法律,并且在实施法律中也要贯彻党的政策精神。[4] 推进国家治理体系和治理能力现代化体现了一段时期党的国家治理政策。检察机关作为国家的法律监督机关,将法律监督职能嵌入国家治理的现实需要,通过履行司法职能参与国家治理体现了法律服务于政治的功能,也是对党的政策的主动回应。其次,体现了检察制度的内在价值。现代检察制度最早可以追溯至中世纪法国的"国王代理人"制度。该制度产生之初的主要目的是维护国王利益,后来检察制度的主要功能发展为维护公共秩序、保护国家整体利益和法律秩序,后经德国等欧洲国家传承到世界各国。我国近代检察制度始于清

---

① 参见程同顺、邢西敬:《从政治系统论认识国家治理现代化》,载《行政论坛》2017年第3期。

② 参见丁志刚:《如何理解国家治理与国家治理体系》,载《学术界》2014年第2期。

③ 参见付子堂主编:《法理学进阶》(第4版),法律出版社2013年版,第253～254页。

④ 同上书,第263页。

末改制，新中国成立以后在列宁法律监督思想下初步建立；经历了“文革”的中断期，于 1978 年 6 月再次恢复重建，1982 年 12 月通过的《宪法》对检察机关的性质、地位等基本问题进行了明确，稳固并确立了检察机关的宪法地位，并不断发展完善。检察制度的主要作用体现为维护社会秩序、惩治刑事犯罪、维护社会公共利益。[①] 我国检察制度的内在价值通过法律监督职能体现，法律监督职能一般包括刑事公诉、诉讼监督、公益诉讼等；这些职能所内含的价值主要是公共利益，国家治理与公共利益密不可分，检察机关参与国家治理体现了其维护公共利益的内在价值。

2014 年 10 月，十八届四中全会审议通过的《中共中央关于全面推进依法治国若干重大问题的决定》提出“探索建立检察机关提起公益诉讼制度”，成为中国特色公益司法制度的源头。在习近平法治思想指引下，检察民事公益诉讼制度历经顶层设计、试点先行、立法确立、发展完善各个阶段，迈向高质量发展的新时代。习近平法治思想与检察民事公益诉讼制度具有天然的自洽性，体现为人民根本利益的一致性、人民主体的一致性、与社会主义制度的契合性。[②] 检察民事公益诉讼制度在发展历程中一直坚持党的领导、坚持以人民为中心、坚持中国特色社会主义制度，不断取得新成绩，体现了习近平法治思想的实践要求。习近平法治思想的核心要义在于“十一个坚持”，[③]其重要内容和组成部分就是在法治轨道上推进国家治理体系和治理能力现代化。而实现国家治理体系和治理能力现代化从来离不开法治的作用，法治在国家治理中发挥了“轨道”作用，能够为国家治理的系统性、规范性和协调性提供重要保障，是国家治理的重要依托。

检察民事公益诉讼制度正是以法治思维和法治方式推进国家治理体系和治理能力现代化的制度设计。现代社会强调多元治理主体参与协作的治理模式，检察机关以诉的方式行使法律监督职能

---

① 参见陈国庆：《检察制度原理》，法律出版社 2009 年版，第 55 页。

② 参见颜运秋：《习近平法治思想中有关公益诉讼的重要论述及其展开》，载《中国政法大学学报》2022 年第 1 期。

③ 参见习近平：《坚定不移走中国特色社会主义法治道路　为全面建设社会主义现代化国家提供有力法治保障》，载《求是》2021 年第 5 期。

并搭建治理平台，通过公益诉讼实践在有关主体参与下结成了错综复杂的网状治理结构，形成对其他治理主体和治理体系的监督制约和协同配合。公益诉讼的网状治理结构体现出明显的结构扁平、关系弱联、治理有效的特性，克服了"自上而下"的链条式治理模式的缺陷，推动国家治理向法治化转变。在检察民事公益诉讼的实践中，检察机关通过履行诉前程序，既可以在没有适格主体的前提下直接提起诉讼，也可以引导、支持符合条件的法定机关和组织提起公益诉讼，通过多元主体协同参与形成保护公共利益的合力。[①] 因此，检察民事公益诉讼制度作为国家治理体系中的重要一环，通过协同、监督、参与的模式实现了公共利益治理的法治化。

二、以习近平法治思想为指引，稳妥推进检察民事公益诉讼案件范围的拓展

进入新阶段，在习近平法治思想指引下，按照守正创新的基本要求，检察权呈现出变与不变的规律。守正创新是认识世界和改造世界的方法，具有重要的方法论意义，包括守正和创新两个方面："正"即事物的本质与规律，守正就是固本培元、坚守本质与规律；"新"即新的认识和实践，创新就是革故鼎新、推陈出新。守正创新，简言之，就是在坚守事物规律的基础上不断创造新的实践，积极回应人民群众新期待、不断解决矛盾。[②] 守正创新体现了辩证统一的关系：守正是基础，创新是目的。新时代我国社会的主要矛盾已经转化为人民日益增长的美好生活需要和不平衡不充分的发展之间的矛盾，人民群众在民主、法治、公平、正义、安全、环境等方面有内涵更丰富、水平更高的要求，产生了新的矛盾。检察权遵循守正创新之道，尊重发展规律，在坚持法律监督权基本属性不变的基础上，为了回应时代要求一直在动态调整其外延，保持与国家治理的相向而行。检察权外延的调整拓宽了法律监督空间，使法律监督职权更全面、更丰富、更契合实际；作为检察权的权力束，检察公益诉

---

① 参见易小斌：《检察公益诉讼参与国家治理的实践面向》，载《国家检察官学院学报》2020 年第 6 期。

② 参见黄庭满：《深入理解守正创新的丰富内涵》，载中国社会科学网 2021 年 4 月 1 日，http://www.cssn.cn/。

权就是在检察权变与不变的规律下为解决公益治理难题产生并发展完善的。[①] 随着实践的发展，检察机关公共利益维护者的角色进一步强化，首先体现在案件范围的不断扩大上（见表4－1）。

表4－1　检察公益诉讼案件范围

序号	法律及规范性文件	制定机关	公布时间	关于案件范围的表述
1	《关于授权最高人民检察院在部分地区开展公益诉讼试点工作的决定》	全国人大常委会	2015年7月	授权最高人民检察院在生态环境和资源保护、国有资产保护、国有土地使用权出让、食品药品安全等领域开展公益诉讼试点
2	《检察机关提起公益诉讼试点方案》	最高人民检察院	2015年7月	检察机关在履行职责中发现污染环境、食品药品安全领域侵害众多消费者合法权益等损害社会公共利益的行为，在没有适格主体或者适格主体不提起诉讼的情况下，可以向人民法院提起民事公益诉讼
3	《人民检察院提起公益诉讼试点工作实施办法》	最高人民检察院	2015年12月	人民检察院在履行职责中发现污染环境、食品药品安全领域侵害众多消费者合法权益等损害社会公共利益的行为，在没有适格主体或者适格主体不提起诉讼的情况下，可以向人民法院提起民事公益诉讼
4	《人民法院审理人民检察院提起公益诉讼案件试点工作实施办法》	最高人民法院	2016年2月	人民检察院认为被告有污染环境、破坏生态、在食品药品安全领域侵害众多消费者合法权益等损害社会公共利益的行为，在没有适格主体提起诉讼或者适格主体不提起诉讼的情况下，向人民法院提起民事公益诉讼，符合《民事诉讼法》第119条第2项、第3项、第4项规定的，人民法院应当登记立案

① 参见周新：《论我国检察权的新发展》，载《中国社会科学》2020年第8期。

续表

序号	法律及规范性文件	制定机关	公布时间	关于案件范围的表述
5	《全国人民代表大会常务委员会关于修改〈中华人民共和国民事诉讼法〉和〈中华人民共和国行政诉讼法〉的决定》	全国人大常委会	2017 年 6 月	人民检察院在履行职责中发现破坏生态环境和资源保护、食品药品安全领域侵害众多消费者合法权益等损害社会公共利益的行为,在没有前款(第 58 条第 1 款)规定的机关和组织或者前款规定的机关和组织不提起诉讼的情况下,可以向人民法院提起诉讼。前款规定的机关或者组织提起诉讼的,人民检察院可以支持起诉
6	《最高人民法院、最高人民检察院关于检察公益诉讼案件适用法律若干问题的解释》	最高人民法院、最高人民检察院	2018 年 3 月	人民检察院在履行职责中发现破坏生态环境和资源保护、食品药品安全领域侵害众多消费者合法权益等损害社会公共利益的行为,拟提起公益诉讼的,应当依法公告,公告期间为 30 日
7	《英雄烈士保护法》	全国人大常委会	2018 年 4 月	对侵害英雄烈士的姓名、肖像、名誉、荣誉的行为,英雄烈士的近亲属可以依法向人民法院提起诉讼。英雄烈士没有近亲属或者近亲属不提起诉讼的,检察机关依法对侵害英雄烈士的姓名、肖像、名誉、荣誉,损害社会公共利益的行为向人民法院提起诉讼
8	《未成年人保护法》	全国人大常委会	2020 年 10 月	未成年人合法权益受到侵犯,相关组织和个人未代为提起诉讼的,人民检察院可以督促、支持其提起诉讼;涉及公共利益的,人民检察院有权提起公益诉讼
9	《军人地位和权益保障法》	全国人大常委会	2021 年 6 月	侵害军人荣誉、名誉和其他相关合法权益,严重影响军人有效履行职责使命,致使社会公共利益受到损害的,人民检察院可以根据民事诉讼法、行政诉讼法的相关规定提起公益诉讼

续表

序号	法律及规范性文件	制定机关	公布时间	关于案件范围的表述
10	《安全生产法》	全国人大常委会	2021年6月	因安全生产违法行为造成重大事故隐患或者导致重大事故,致使国家利益或者社会公共利益受到侵害的,人民检察院可以根据民事诉讼法、行政诉讼法的相关规定提起公益诉讼
11	《个人信息保护法》	全国人大常委会	2021年8月	个人信息处理者违反本法规定处理个人信息,侵害众多个人的权益的,人民检察院、法律规定的消费者组织和由国家网信部门确定的组织可以依法向人民法院提起诉讼
12	《反垄断法》	全国人大常委会	2022年6月	经营者实施垄断行为,给他人造成损失的,依法承担民事责任。经营者实施垄断行为,损害社会公共利益的,设区的市级以上人民检察院可以依法向人民法院提起民事公益诉讼
13	《反电信网络诈骗法》	全国人大常委会	2022年9月	人民检察院在履行反电信网络诈骗职责中,对于侵害国家利益和社会公共利益的行为,可以依法向人民法院提起公益诉讼
14	《农产品质量安全法》	全国人大常委会	2022年9月	食用农产品生产经营者违反本法规定,污染环境、侵害众多消费者合法权益,损害社会公共利益的,人民检察院可以依照民事诉讼法、行政诉讼法等法律的规定向人民法院提起诉讼

续表

序号	法律及规范性文件	制定机关	公布时间	关于案件范围的表述
15	《妇女权益保障法》	全国人大常委会	2022 年 10 月	侵害妇女合法权益，导致社会公共利益受损的，检察机关可以发出检察建议；有下列情形之一的，检察机关可以依法提起公益诉讼：(1)确认农村妇女集体经济组织成员身份时侵害妇女权益或者侵害妇女享有的农村土地承包和集体收益、土地征收征用补偿分配权益和宅基地使用权益；(2)侵害妇女平等就业权益；(3)相关单位未采取合理措施预防和制止性骚扰；(4)通过大众传播媒介或者其他方式贬低损害妇女人格；(5)其他严重侵害妇女权益的情形

为了更好地分析检察公益诉讼案件范围扩展的脉络，笔者按照时间顺序，将立法与司法解释上对检察公益诉讼案件范围的表述以表格的形式排列出来。通过表 4 - 1 可以看到，检察公益诉讼的立法和司法解释的出台越来越频繁，自 2015 年以来，几乎每年都有立法和司法解释出台，特别是 2021 年有 3 部、2022 年有 4 部关于检察公益诉讼条款的立法出台。具体来说体现出如下特征：一是公益诉讼检察案件范围总体上呈现不断拓展的趋势。从案件领域来看，从《民事诉讼法》规定的“生态环境和资源保护”“食品药品安全”两个领域扩展到目前的英雄烈士人格利益、未成年人合法权益、军人权益、安全生产、个人信息保护、反垄断、电信网络诈骗、农产品质量、妇女权益保障等领域；这些领域中侵害公共利益的问题比较突出，所以在立法中嵌入了检察公益诉讼条款。二是公益检察诉讼案件领域的扩大符合我国成文法的形式要求。成文法表现为形式化规范性法律文件，是司法机关办案的依据。在大陆法系国家，即使法官和检察官都负有维护公共利益的职责，但如果法律上没有相应的规范依据，往往无法进入司法办案程序。这就需要立法机关根

据公共利益的现实治理需要，以立法形式为检察公益诉讼提供明确的案件领域。三是检察民事公益诉讼的案件范围与社会组织提起的公益诉讼案件范围不一致。这主要体现在《民事诉讼法》第58条规定中：第1款规定了社会组织直接提起公益诉讼的案件范围即污染环境和侵害众多消费者合法权益等损害社会公共利益的行为。第2款规定了检察机关提起民事公益诉讼的案件范围为破坏生态环境和资源保护、食品药品安全领域侵害众多消费者合法权益等损害社会公共利益的行为，有所扩大也有所限缩：扩大了生态环境和资源保护的案件范围；限缩了消费公益诉讼的案件范围，仅限于食品药品安全领域。[①] 根据目前《民事诉讼法》的规定，检察机关只对侵害食品药品安全公共利益的违法行为行使公益诉权。四是与检察公益诉讼案件范围相关的规范性文件体系呈现出分散化特点。目前已经有十几部法律或者司法解释规定了检察公益诉讼的案件领域，体现了国家越来越重视通过法治方式维护公共利益，并采取"基本法＋司法解释＋单行法"的立法模式，但这也致使相关规定散见于各类法律文件的具体条文中，特别是单行法中的公益诉权条款不断增加，造成检察公益诉讼制度的案件领域体现出非常零碎、分散、非体系化的状态。

频繁的立法、司法解释和单行法的出台，说明检察民事公益诉讼案件范围总的方向在不断扩大；也体现了检察公益诉讼已经在公益治理中发挥出独特的制度优势和价值，得到了立法机关和社会的普遍认可。检察公益诉讼制度以其强大的生命力逐步渗透到许多法律制度中；既是保护公共利益的现实需要，也是以法治方式推进国家治理的基本要求。案件范围是检察公益诉讼制度的基础，并指引着检察公益诉讼的发展完善；案件范围的拓展有利于解决实践中的公益侵害问题。目前我们对案件范围的拓展采取灵活的分散立法模式，是否可以通过此模式进行无限扩大呢？其实，案件范围的拓展是一个复杂的综合性问题，需要方法论的指导，也需要理论的深化和实践探索。

---

① 参见颜运秋：《中国特色公益诉讼案件范围拓展的理由与方法》，载《深圳社会科学》2021年第1期。

三、以习近平法治思想为指导，推动检察民事公益诉讼制度的体系化建设

贯彻落实党的二十大精神，以习近平法治思想为指导，推动检察民事公益诉讼制度体系化建设是实现高质量发展的必然要求，也是落实党的二十大精神的具体实践。具体来看，检察民事公益诉讼制度的框架体系可以划分为理论体系、法律规范体系、协同体系、案件质效体系、技术支持体系。

第一，在理论体系构建方面，理论是实践的基础，实践是理论的来源，检察民事公益诉讼制度自 2015 年试点以来积累了大量的实践案例，为制度的理论研究和完善提供了丰富的素材。

第二，在法律规范体系构建方面，目前检察公益诉讼诉权条款像毛细血管一样已经渗透到许多法律制度当中，这种分散式法律规范模式对于相应领域的公共利益保护发挥了重要作用；但是数量还不多，整体性、协调性也不强，尚未形成完善的由不同层次规范组成的法律体系，需要在立法模式上按照实践要求形成多层次、相互协调的检察公益诉讼规范体系。

第三，在协同体系构建方面，检察机关在民事公益诉讼中不是唯一的公益代表，还有法律规定的机关和组织，如何协调检察权与行政权、检察权与社会组织的诉权以及发挥群众参与公益诉讼的作用是协同体系构建的重要方面。从检察民事公益诉讼的本质来看，检察机关行使民事公益诉权是对行政执法失效的有益补充，实质上体现的是“代位执法”，是对行政执法的必要辅助，在公益治理顺位中应位于后位，构建协同体系时应避免司法权僭越行政权，实现两者在公共利益维护方面的合理分工与相互协调。检察机关与社会组织都是法律授权的诉权主体，但是在提起诉讼时后者享有优先权；只有在检察机关履行完诉前程序后没有适格主体或者社会组织不起诉时，检察机关才能提起民事公益诉讼，体现了检察权浓厚的谦抑性。但从公益诉讼制度的目的来看，检察机关与社会组织的“公益代表性”差别不大，检察机关反而在诉讼能力、诉讼资源等方

面更有优势。[①] 因此,需要构建两者"支持 + 配合 + 监督"的良性关系:一方面,检察机关要给予社会组织在维护公共利益方面更多的支持和帮助,在遵循司法谦抑的基础上协助社会组织发挥其在公益治理中的作用;另一方面,检察机关也应督促、监督社会组织依法行使公益诉权,[②]坚持能动检察理念,通过跟进监督、提出异议、抗诉等递进性方式实现对公益的及时保护。在强化群众参与公益诉讼方面,公共利益归根结底是人民的利益,公益诉讼作为一项管理公共事务的机制理应有群众的参与;这是全过程人民民主的要求,也是接受人民监督的需要,检察民事公益诉讼协同体系的构建需要在公众参与方面设立相应的制度机制。

第四,在案件质效体系与技术支持体系方面,《中共中央关于加强新时代检察机关法律监督工作的意见》提出了全面提升法律监督质量和效果的要求,检察公益诉讼要向高质量发展,离不开办案质效的提升。办案质效是由质量、规范、效果、效率等要素构成的;其中质量是根本,规范是基础,效果是核心,效率是保障。[③] 办案质效体系的建立需要实现案件质量、规范、效果、效率等要素的统一,坚持政治效果、法律效果、社会效果的统一,获得外界特别是党委政府和人民群众的广泛认可,正确处理案件数量与质效的关系。[④] 在推动质效体系建设方面,可以考虑通过完善办案标准体系、结案标准体系、考核标准体系、典型案例指导体系构建质效体系的基本框架,通过建立公益诉讼一体化办案机制,实现上对下的有效指导,通过构建符合检察公益诉讼规律的案件质量评价体系,杜绝不顾案件质效的粗放式办案。在技术支持体系方面,检察公益诉讼工作的高质量发展离不开大数据、人工智能的赋能。随着检察公益诉讼制度的深入发展,公益侵害的线索发现管理、调查取证举证等难题成为实

---

① 参见巩固:《公益诉讼的属性及立法完善》,载《国家检察官学院学报》2021 年第 6 期。

② 参见王浩等:《检察机关对社会组织提起民事公益诉讼开展监督之思考》,载《中国检察官》2022 年第 22 期。

③ 参见胡卫列:《当前公益诉讼检察工作需要把握的若干重点问题》,载《人民检察》2021 年第 2 期。

④ 参见梁田:《检察公益诉讼办案质效提升的涵义与维度》,载《人民检察》2022 年第 14 期。

践发展的障碍，特别是环境污染和食品药品方面的调查取证、鉴定等难题严重制约着检察民事公益诉讼工作的开展。如何借助新技术将科技生产力转化为检察公益诉讼的取证能力和办案效率显得尤为紧迫；这就需要探索信息技术与公益诉讼业务的深度融合之路，搭建检察公益诉讼部门与检察技术部门的有效衔接机制，做好人才储备，加强大数据、卫星遥感、无人机等技术的运用与建设，以强有力的技术支持体系助力检察民事公益诉讼实现长远发展。

第五章 我国检察民事公益诉讼制度的完善

检察公益诉讼制度历经顶层设计、试点先行、立法确立、发展壮大的过程，并取得良好效果，表明公益司法保护的“中国方案”逐渐形成。党的二十大报告专门强调“完善公益诉讼制度”，既是对检察公益诉讼实践的高度肯定，更是对制度的发展提出了新的更高要求。贯彻落实党的二十大精神，推动检察公益诉讼长远发展离不开制度的完善。

实践始终走在理论和立法的前面，公益治理通过检察公益诉讼找到了最佳制度模式，检察民事公益诉讼制度的效能也得到进一步显现；但制度的完善需要研究可行性路径与方法，需要从法治现代化、理论体系构建、立法供给与程序设置等方面考虑。检察民事公益诉讼制度虽然已经写入《民事诉讼法》，但法律规定过于简单，可操作性不强；“两高”的司法解释是目前的主要办案依据，但具体的程序设置不是很明确。特别是当前实践中检察民事公益诉讼与传统私益诉讼在程序规则方面产生了抵触，因此在检察民事公益诉讼制度完善的过程中需要进行理论体系的重塑：从立法的可能性和程序规则的特殊性出发，不但要考虑民事公益诉讼的一般程序问题，与私益诉讼在规则体系上是否兼容，即公益诉讼是否适用民事诉讼法的所有规定；同时根据检察机关特殊主体的程序角色地位和法律监督的宪法定位，还要考虑检察民事公益诉讼需要什么样的诉讼制度和程序规则及立法安排，这些诉讼制度和规则是否能够与公益诉讼及传统的民事诉讼相融合，这样才能为是否制定单独的检察公益诉讼法奠定法理基础。因此，本部分将从微观、中观和宏观三个角度对检察民事公益诉讼制度的程序设计、未来发展和立法安排进行探讨，为检察民事公益诉讼制度的完善提供理论支持。

第一节　中国式现代化视阈下的检察公益诉讼制度

习近平总书记在党的二十大报告中指出，“以中国式现代化全面推进中华民族伟大复兴”，“全面依法治国是国家治理的一场深刻革命，关系党执政兴国，关系人民幸福安康，关系党和国家长治久安。必须更好发挥法治固根本、稳预期、利长远的保障作用，在法治轨道上全面建设社会主义现代化国家”。[①] 法治是实现中国式现代化的重要保障，法治现代化和中国式现代化有其内在的逻辑关系，而检察公益诉讼制度又是中国式现代化在法治领域的具体体现和生动实践。

一、中国式现代化的基本理论阐释

现代化以“动态”为特征，描述的是人类社会从前现代社会向现代社会的历史变迁；[②]现代化是人类社会发展的必然趋势，是各国各族人民的共同追求和美好愿景。当今世界的现代化主要是从西方国家开始的，特别是全球化和资本主义工业文明的发展推动了西方的现代化进程。有学者从类型角度将西方国家的现代化分为荷兰模式、英国模式、法国模式、美国模式、德国模式、意大利模式、西班牙模式、加拿大模式和日本模式。它们有共性的特征，主要表现为各个模式国家的人口规模小，资本对工人的剥削，人与自然关系

---

① 参见习近平：《高举中国特色社会主义伟大旗帜　为全面建设社会主义现代化国家而团结奋斗——在中国共产党第二十次全国代表大会上的报告》，载中国政府网2022年10月25日，http://www.gov.cn/。

② 参见王立胜：《中国式现代化道路与人类文明新形态》，江西高校出版社2022年版，第14页。

复杂,始终伴随着暴力。[①] 还有学者将世界现代化分为三波浪潮。处于封建社会的中国未能抓住第一次现代化机遇;在第二次现代化浪潮中,西方的技术、实业、制度和文化的移植也未让中国走上现代化道路;在第三次现代化浪潮中,中国共产党在马克思主义的指导下带领中国人民走上了中国式现代化新道路。[②] 党的二十大报告全面、系统地阐释了"中国式现代化"这一宏伟蓝图,以中国式现代化全面推进中华民族伟大复兴成为新时代中国共产党的伟大使命。中国式现代化是以马克思主义思想为指导,以共产党为领导核心的社会主义的现代化。[③] 中国式现代化有其清晰的历史生成逻辑和演进逻辑。鸦片战争之后,中国逐步沦为半殖民地半封建社会,无数爱国志士、英雄儿女用鲜血和生命开始了现代化探索,西方现代化理论被源源不断地介绍到中国,许多仁人志士为了挽救中华民族的危亡提出了种种救国方案,洋务运动、戊戌变法、辛亥革命等就是典型代表,但均以失败告终。1921 年中国共产党的诞生才逐步使中国现代化由理想变为现实。[④] 后来,中国共产党带领全国各族人民夺取了抗日战争和解放战争的伟大胜利,并建立了中华人民共和国,为中国式现代化道路的探索与实践奠定了坚实基础。

新中国成立后,实现社会主义现代化成为党重要的执政目标。在历次重要会议上都对社会主义现代化有不同的表述和认识。从农业社会向工业社会转型成为中国式现代化的起点,[⑤]工业化成为"四个现代化"的主要组成部分。1956 年社会主义制度基本建立,为中国现代化的建设创造了制度条件;同年召开的党的八大首次提出了工业现代化、农业现代化、交通运输业现代化和国防现代化的

---

① 参见黄民兴、马超:《论中国式现代化的世界历史意义》,载《西北大学学报(哲学社会科学版)》2023 年第 1 期。

② 参见黄文艺:《推进中国式法治现代化　构建人类法治文明新形态——对党的二十大报告的法治要义阐释》,载《中国法学》2022 年第 6 期。

③ 参见罗红杰:《中国式现代化的百年实践、超越逻辑及其世界意义》,载《经济学家》2021 年第 12 期。

④ 参见包心鉴:《中国式现代化:历史逻辑、理论逻辑、实践逻辑》,载《山东行政学院学报》2022 年第 6 期。

⑤ 参见宋才发:《中国式现代化的现实逻辑、丰富内涵与世界意义——学习贯彻党的二十大精神》,载《党政研究》2022 年第 6 期。

"四个现代化"目标。1964 年年底第三届全国人民代表大会第一次会议首次提出新的"四个现代化",即在 20 世纪内,把中国建设成为一个具有现代农业、现代工业、现代国防和现代科学技术的社会主义强国。[①] 1978 年党的十一届三中全会作出把党和国家的工作重心转移到经济建设上来、实行改革开放的伟大决策,改革开放成为现代化建设的不竭动力。随着社会主义建设的推进,中国共产党对现代化的认识实现了从"四个现代化"到"小康式现代化"的飞跃。1979 年 3 月邓小平首次提出"中国式现代化"概念,并于同年 12 月提出"小康"的概念以及在 20 世纪末我国达到"小康社会"的构想,建设小康社会自此成为现代化建设的重要阶段目标。1982 年,党的十二大明确了实现工业、农业、国防和科学技术现代化的任务,并将达到小康水平作为 20 世纪末的奋斗目标。党的十三大全面阐述了社会主义初级阶段理论,提出我国社会的主要矛盾和党的基本路线,确定了建设社会主义现代化国家"三步走"的发展战略。[②] 1992 年党的十四大确定建立社会主义市场经济体制。1997 年党的十五大提出"建国一百年时,基本实现现代化,建成富强民主文明的社会主义国家"。[③] 进入 21 世纪后,"五位一体"总体布局和"四个全面"战略布局随着党中央对中国式现代化认识的深入逐步形成。2002 年党的十六大提出了"全面建设小康社会"及"基本实现现代化"的目标。2007 年党的十七大将党的十五大报告中提出的物质文明、政治文明、精神文明"三位一体"总体布局扩展为经济建设、政治建设、文化建设、社会建设"四位一体"总体布局。2012 年党的十八大提出了经济建设、政治建设、文化建设、社会建设和生态文明建设的"五位一体"总体布局并明确了把我国建设成为富强民主文明和谐的社会主义现代化国家的目标。[④] 2013 年党的十八届三中全会提

---

① 参见胡鞍钢:《中国现代化之路(1949 - 2014)》,载《新疆师范大学学报(哲学社会科学版)》2015 年第 2 期。

② 参见卢岚:《文明新形态的当代出场:中国式现代化演进逻辑》,载《中国矿业大学学报(社会科学版)》2022 年第 6 期。

③ 参见韩喜平、郝婧智:《人类文明形态变革与中国式现代化道路》,载《当代世界与社会主义》2021 年第 4 期。

④ 参见胡鞍钢:《中国现代化之路(1949 - 2014)》,载《新疆师范大学学报(哲学社会科学版)》2015 年第 2 期。

出,“全面深化改革的总目标是完善和发展中国特色社会主义制度,推进国家治理体系和治理能力现代化”,指明了深化改革的总目标和具体路径,标志着中国共产党对中国式现代化的认识达到了新的高度。2017 年党的十九大对“基本实现社会主义现代化”和“全面建成社会主义现代化强国”作了宏观展望和总体描绘。2020 年党的十九届五中全会进一步聚焦国家现代化建设,提出统筹推进“五位一体”总体布局,协调推进“四个全面”战略布局和基本实现现代化的远景目标,使中国式现代化道路的总体设计和战略路径更加清晰。2021 年在中国共产党成立 100 周年大会上,习近平总书记庄严宣告,“我们实现了第一个百年奋斗目标,在中华大地上全面建成了小康社会”。[①] 小康社会的全面建成是中国式现代化道路的具体实践形态,是社会主义现代化进程中迈向中华民族伟大复兴的一次历史性跨越。2022 年党的二十大报告指出,从现在起,中国共产党的中心任务就是团结带领全国各族人民全面建成社会主义现代化强国、实现第二个百年奋斗目标,以中国式现代化全面推进中华民族伟大复兴。[②] 党的二十大报告系统阐述了中国式现代化的本质要求、中国特色和价值取向,体现了党对中国式现代化认识的升华,是中国式现代化理论的新飞跃。

经过梳理中国式现代化的历史逻辑和演进逻辑可见,从“四个现代化”、“中国式现代化”、“小康式现代化”到“富强民主文明和谐的社会主义现代化国家”、“国家治理体系和治理能力现代化”再到“基本实现社会主义现代化”、“全面建成社会主义现代化强国”、“全面推进中华民族伟大复兴”,是一个不断实践、不断探索、不断开拓创新的过程,是中国式现代化的发展逻辑。中国式现代化是党领导的社会主义现代化,是以人民为中心的现代化,是统筹推进“五位一体”、协调推进“四个全面”战略布局的现代化,是实现中华民族伟大复兴

① 参见卢岚:《文明新形态的当代出场:中国式现代化演进逻辑》,载《中国矿业大学学报(社会科学版)》2022 年第 6 期。

② 参见习近平:《高举中国特色社会主义伟大旗帜　为全面建设社会主义现代化国家而团结奋斗——在中国共产党第二十次全国代表大会上的报告》,载中国政府网 2022 年 10 月 25 日,http://www.gov.cn/。

的现代化，具有长远清晰的战略规划和分步实施的路线图，[①]体现了鲜明的全面性、人民性、实践性、动态性、时代性特征。

二、法治是中国式现代化的逻辑意蕴

党的二十大报告在系统阐释“中国式现代化”宏伟蓝图的同时特别强调“在法治轨道上全面建设社会主义现代化国家”，充分体现了法治与中国式现代化须臾不可分离的关系，两者相辅相成、相互依存、相得益彰。法治是国家现代化的必然要求，中国式现代化道路的生成离不开法治的规范、引领和保障作用。

关于新时代全面依法治国的具体实践和法治现代化道路的基本形成，党的十八届三中全会将“完善和发展中国特色社会主义制度，推进国家治理体系和治理能力现代化”作为全面深化改革的总目标。党的十九大以来，全面依法治国的实践不断推进，取得了一系列历史成就。党的十九大明确了全面推进依法治国的总目标，描绘了建设社会主义法治国家的宏伟蓝图和推进中国式法治现代化的战略安排。十九届五中全会对“四个全面”的表述进行了更新，内容为：协调推进全面建设社会主义现代化国家、全面深化改革、全面依法治国、全面从严治党。此次全会开启了全面建设社会主义现代化国家新征程第一个五年的法治蓝图。[②] 2020 年 11 月召开的中央全面依法治国工作会议，第一次以党中央工作会议形式研究部署全面依法治国，将习近平法治思想明确为全面依法治国的指导思想，为新时代全面依法治国、实现法治现代化指明了前进方向，提供了根本遵循。十九届六中全会通过的《中共中央关于党的百年奋斗重大成就和历史经验的决议》对十八大以来全面依法治国的成就和经验进行了系统总结，为当前和今后一个时期推进全面依法治国、建设法治中国指明了方向。党的十八大以来依法治国的实践取得了重大进展，全面依法治国的基本方略最终成形，中国特色社会主义法治体系逐步健全，法治中国建设稳步推进，以法治思维和法治

① 参见孙代尧：《论中国式现代化新道路与人类文明新形态》，载《北京大学学报(哲学社会科学版)》2021 年第 5 期。

② 参见公丕祥：《党的十八大以来全面依法治国的历史性成就和主要经验》，载《南京师大学报(社会科学版)》2022 年第 4 期。

方式推进国家治理的能力显著增强,法治成为治国理政的有效方式,成为推进国家治理现代化的强大动力,中国式法治现代化新道路在此基础上基本形成。

中国式法治现代化是中国式现代化的逻辑意蕴。一个国家的现代化必然包含法治的现代化;中国式法治现代化既是中国式现代化的法治篇章,也是中国式现代化的有力保障。[①] 关于法治现代化的基本内涵,公丕祥教授认为:“法治现代化是一个规范与价值相统一的法律变更过程,旨在实现从传统的法律理念、法律制度、法律实践、法律价值向现代社会的法治理念、法治制度、法治实践、法治价值的历史性转变。”[②]张文显教授对中国式法治现代化新道路进行了概念构建,指出:“中国式法治现代化新道路是中国式现代化新道路在法治领域的具体体现,是中国共产党领导人民经过长期探索和伟大实践而成功走出的一条符合中国国情、遵循法治规律、通向良法善治的法治现代化正确道路。”[③]中国式法治现代化是中国共产党领导的全面推进依法治国方略的具体实践,以人民为中心,以实现国家治理现代化为目标,是中国式现代化在法治领域的生动体现。

面对社会主要矛盾的历史性变化和中国发展模式的历史转型,中国式法治现代化呈现出鲜明的中国特色、时代特色。中国共产党的领导是中国式法治现代化的根本保证,新时代全面依法治国的具体实践和法治现代化道路的形成逻辑始终贯彻党的领导,中国式法治现代化是在党领导人民走上法治之路、全面依法治国、建设法治国家的探索过程中生成的。党的根基在人民、血脉在人民,依法保障人民权益是中国式现代化的出发点和落脚点,是中国式现代化的价值依归,[④]也是社会主义法治的核心逻辑;人民是中国式法治现代化的最重要主体,是法治的最终决定者,是法治的最大受益者,是法

---

① 参见黄文艺:《推进中国式法治现代化 构建人类法治文明新形态——对党的二十大报告的法治要义阐释》,载《中国法学》2022 年第 6 期。

② 公丕祥:《习近平法治思想与中国式法治现代化》,载《法学家》2022 年第 5 期。

③ 张文显:《论中国式法治现代化新道路》,载《中国法学》2022 年第 1 期。

④ 参见公丕祥:《习近平法治思想与中国式法治现代化》,载《法学家》2022 年第 5 期。

治的最高评判者。[①] 中国式现代化不是自发演进型现代化，而是规划引领型现代化。[②] 从法治现代化的生成逻辑来看，党始终高度重视对法治建设的战略规划和部署，前述关于全面推进依法治国的具体实践就是最好的证明。

三、检察公益诉讼制度是中国式现代化在法治领域的具体实践

检察公益诉讼制度是中国式现代化在法治领域的具体体现，也是法治现代化的重要内容。中国共产党从我国实际和国情出发探索出一条具有中国特色社会主义性质的法治现代化道路。[③] 这条道路是一种政府推动与社会演进双向互动、相互混合、有机统一的法治现代化模式，其以人民至上为价值基石，以保障人民权益为价值依归，以维护社会公平正义为价值追求。[④] 检察公益诉讼制度是具有中国特色的公益司法制度，是本轮司法改革的制度性成果，也是党的十八大以来全面推进依法治国的具体举措。检察公益诉讼制度从顶层设计、试点先行到立法确立，再到发展完善，制度的效能已经得到检视，在维护公共利益、推进国家治理体系和治理能力现代化方面发挥了重要作用，是党的十八大以来全面推进依法治国取得的主要成就。公共利益归根结底是人民的利益。检察公益诉讼制度在党的领导下按照规划部署从无到有、从确立到发展、从成熟到完善，始终坚持以人民为中心的根本思想，以高科技赋能，探索构造“科技＋公益诉讼”“大数据＋公益诉讼”“智慧检务＋公益诉讼”的办案模式，通过与高科技深度融合聚焦解决人民群众关心的公益损害问题，充分发挥制度效能，实现国家治理体系和治理能力的法治化、现代化。从中国式法治现代化的生成逻辑来看，检察公益诉讼制度作为法治现代化的组成内容是中国式现代化在法治领域的具

---

① 参见黄文艺：《推进中国式法治现代化　构建人类法治文明新形态——对党的二十大报告的法治要义阐释》，载《中国法学》2022 年第 6 期。

② 同上。

③ 参见公丕祥：《习近平法治思想与中国式法治现代化》，载《法学家》2022 年第 5 期。

④ 同上。

体体现。反观检察公益诉讼制度的生成逻辑，其一直在坚持并体现中国式现代化的具体要求，一直在为中国式现代化的推进提供法治保障，检察公益诉讼制度契合了中国式现代化的本质属性和基本特征。因此，作为具有中国特色的公益司法制度，检察公益诉讼制度是中国式现代化在法治领域的具体实践。

第二节　检察民事公益诉讼程序的特殊性

检察机关提起民事公益诉讼作为一种特殊类型的诉讼程序安排，完善的前提在于考察检察民事公益诉讼制度的差异性，这种差异性是否能够为普通民事公益诉讼与私益诉讼所包容；如果能够包容则无须对检察民事公益诉讼实行特别程序设置，当然更无单独立法之必要。因此，比较分析检察民事公益诉讼制度与传统民事公益诉讼及私益诉讼之区别成为完善该制度的基础。

检察民事公益诉讼与私益诉讼虽然都规定在民事诉讼制度中，这是目前特殊的诉讼制度安排，但并不能说明检察民事公益诉讼与私益诉讼完全一样：两者在诉讼目的、诉权基础、诉讼程序、诉讼权利义务等方面存在不同，特别是诉讼目的的不同导致检察民事公益诉讼与私益诉讼在诉讼程序方面存在冲突。传统民事诉讼理论认为诉讼目的主要包括权利保护、私法秩序维持、纠纷解决、多元目的、程序保障等。权利保护，是指作为禁止自力救济的代价，国家应当负有保护私人权利的责任；私法秩序维持，是指国家为了维持基于其自身制定民法、商法等私法而产生的私法秩序，并确保该秩序的时效性而设置民事诉讼；纠纷解决，是指历史上首先出现的是诉讼，经过日积月累，权利和私法产生并逐步完备，因此民事诉讼的目的仅仅在于私益纠纷的解决；多元目的，是指民事诉讼的目的并不仅限于单一的权利保护、私法秩序维持或者纠纷解决等，所有这些都是民事诉讼的目的；程序保障，是指民事诉讼的目的在于一方面保障当事人之间的实质性平等，另一方面保障当事人穷尽其论争。①

---

① 参见［日］高桥宏志：《民事诉讼法制度与理论的深层分析》，林剑锋译，法律出版社2003年版，第2页。

尽管论争一直未停止过，本书也同意民事诉讼的权利保护、私法秩序维持、纠纷解决、程序保障等目的学说，但是若从不同的主体角度分析，本书更倾向于认为民事诉讼目的的多元化面向。从原告来看，其提起民事诉讼的目的是寻求权利保护；从国家的角度来看，设置民事诉讼程序的目的是维护私法秩序、确保程序公正，实现国家治理的法治化；从社会的角度来看，民事诉讼的主要目的是化解矛盾解决纠纷，实现社会稳定。因此，民事诉讼多元化目的更能适应社会发展的需要。传统民事诉讼解决的民事纠纷在性质上属于私权争议，这就决定了诉讼程序具有适应解决民事纠纷的相应特性，比如民事诉讼中的平等原则、辩论原则、处分原则都是为解决私益诉讼而确立的基本原则。检察民事公益诉讼作为一种特殊类型的公益诉讼，其诉讼目的与私益诉讼截然不同。检察民事公益诉讼是指检察机关根据法律规定提起的旨在维护社会公共利益的诉讼，直接目的是保护社会公共利益；这种利益涉及不特定主体，不能确定具体的利益主体享有者。检察机关提起公益诉讼并不是按照直接利害关系原则，与受侵害的社会公共利益也没有直接的利害关系。所以，从诉讼目的来看，私益诉讼与检察民事公益诉讼是性质不同的诉讼类型：一个是为了私益，一个是为了社会公共利益；一个需与案件有直接的利害关系，一个并非社会公共利益的特定权利主体。因此，基于社会公共利益主体的不特定性，民事诉讼中的辩论原则、处分原则就不能完全适用民事公益诉讼；[①]检察机关在诉讼过程中需要从维护社会公共利益的角度行使处分权和辩论权，特别是不能达成损害社会公共利益的和解、调解协议或者自认等。诉讼程序的设计也需要从社会公共利益的角度出发，这完全不同于传统的以维护私益为目的的民事诉讼：传统民事诉讼当事人可以在法律规定的范围内行使完全的处分权和辩论权，但检察民事公益诉讼不同，具体将在下文详细分析。

《民事诉讼法》第 58 条规定了民事公益诉讼的案件范围和享有诉权的主体范围，同时，该条还规定了检察机关在履行职责中对发现的上述领域侵害社会公共利益的行为享有提起民事公益诉讼补

① 参见张卫平：《民事诉讼法》（第 4 版），法律出版社 2016 年版，第 339 页。

充诉权或者支持起诉权。因此,目前普通民事公益诉讼与检察民事公益诉讼统一规定在《民事诉讼法》第58条中,这背后的立法意图是什么？是否意味着两者的趋同性,还是因为缺少理论支撑和实践检验无法将两者进行明确区分并进行不同的立法设计。其实,《民事诉讼法》第58条对公益诉讼进行了一体化的规定,主要是立法技术的需要或者是节约立法资源的考量,且检察民事公益诉讼与其他诉权主体提起的民事公益诉讼在诉讼目的、案件范围、诉讼程序等方面具有相同点,形成一定的补充关系,但两者仍然有一定的区别。

一、诉讼主体

检察民事公益诉讼是由检察机关针对特定领域侵害社会公共利益的行为在法律规定的机关或者社会组织未提起诉讼的前提下履行社会公共利益代表职责,依法提起的维护社会公共利益的职权行为。在民事公益诉讼中,检察机关处于补充诉权主体地位,提起民事公益诉讼意味着法律规定的机关或者社会组织对公益诉权的放弃。因此,检察民事公益诉讼与普通民事公益诉讼的根本区别在于诉讼主体的不同;检察民事公益诉讼是检察机关履行法律监督职责、保护公共利益的职权行为,是以诉的方式履行法律监督职责的体现。由于司法是维护社会公平正义的最后一道防线,因此检察机关作为维护社会公共利益的补充主体,其提起诉讼的职权行为原则上不能放弃,是检察机关的职责所在,否则社会公共利益将难以得到保护;而一般民事公益诉讼是法律授权主体的诉讼选择行为,既可以行使也可以放弃。因此,检察民事公益诉讼与普通民事公益诉讼主体的不同带来了诉权基础、诉讼程序、诉讼权利和义务等各方面的差异。

二、诉权基础

传统的诉权理论学说从私益诉讼的角度出发将诉权分为私法诉权、公法诉权和二元诉权等。私法诉权理论认为诉权的基础来源于实体法上的权利,比如环境权利是环境民事公益诉讼的诉权基础;公法诉权学说则坚持诉权是请求国家司法机关对其纠纷进行裁判的权利;二元诉权论从程序和实体两个维度将诉权分为程序诉权和实体诉权,程序诉权主要是起诉权、应诉权等程序性权利,实体诉权则是请求国家司法机关解决实体权利和义务关系争议的权利。[①]从前述诉权的几种理论学说分析,诉权的行使都是以与纠纷有利害关系为原则,是一种主观诉讼,也即直接利害关系原则。这也是传统民事诉讼当事人取得正当诉权的理论依据。但在公益诉讼案件中,由于社会公共利益涉及不特定多数人的利益,往往没有直接的利害关系人提起诉讼,根据国家代表权理论,只有国家才能代表这种不可分的社会公共利益,国家通过法律规定授权并委托特定的社会组织提起公益诉讼,以填补公共利益保护主体的空白。因此,普通民事公益诉讼的诉权基础来自法律的特别授权,并非来自法定职能。从检察公益诉讼制度的探索、试点和最终确立的历程来看,也是以立法机关的授权为前提,体现了重大改革于法有据的指导思想,也是国家机关职权法定性的基本要求。由于国家负有维护社会公共利益的职能,国家对社会的干预通过其职能加以确定,因此由国家机关代表国家提起实现国家维护社会公共利益职能的公益诉讼符合公共信托理论和国家代表权理论。[②] 检察机关作为国家机关的重要组成部分,维护公共利益是其履行法律监督职能的主要目的;尽管检察公益诉讼的理论基础有公益代表理论、客观诉讼理论等,但法律监督职能在检察公益诉讼中表现得更为明显。因此法律监督职能是检察民事公益诉讼的诉权基础,国家通过法律授权检察机关提起实现维护公共利益职能的诉讼资格。检察机关作为国家的法律监督机关,是国家治理的重要参与主体;为了解决治理难题,法律授予检察机关公益诉权,是法律监督职能的延伸,是检察机关以诉的形式履行法律监督职能、维护社会公共利益的制度创新。

三、诉讼程序

普通民事公益诉讼与检察民事公益诉讼在诉讼程序方面主要存在以下差异。普通民事公益诉讼的原告主要限于法律规定的机关和有关组织;案件来源的方式多种多样,包括但不限于自我主动

---

① 参见李龙:《民事诉权论纲》,载《现代法学》2003 年第 2 期。

② 参见张卫平:《民事诉讼法》(第 4 版),法律出版社 2016 年版,第 339 页。

发现、行政执法、社会监督等，凡是有符合法律规定条件的案件线索，法律规定的机关和社会组织都可以行使诉权维护社会公共利益。但是检察民事公益诉讼的案件线索是检察机关在履职中发现的，这体现了对检察机关既授权又限权的原则。对于发现的公益诉讼案件线索，普通民事公益诉讼中的公益诉权主体在符合起诉条件下可以直接向法院提起公益诉讼；但在检察民事公益诉讼中需要履行诉前程序，也即检察机关需要在起诉前进行公告，告知相关诉权主体对侵害社会公共利益的行为可以提起民事公益诉讼，相关主体起诉后，为了维护社会公共利益，检察机关可以跟进监督。

对于《民事诉讼法》规定的生态环境、资源保护及食品药品安全民事公益诉讼案件，检察机关履行诉前程序主要是公告，期间不少于 30 日，公告的内容包括公益受害的主要事实、适格主体有权向法院提起诉讼、符合生态环境损害赔偿程序启动条件的案件，告知赔偿权利人启动相应程序等。检察机关在办理侵害英雄烈士人格利益民事公益诉讼案件时，诉前程序除了公告之外还包括征询。公告具有一定的程序性效力，其主要作用在于向法院起诉后无须再公告，节省司法资源，提高维护社会公共利益的效率。在公告期内，检察机关需要为提起诉讼做准备，主要通过调取事实证据材料，确保公告期满后能够尽快启动民事诉讼程序实现社会公共利益的救济。设置诉前公告程序的目的一方面在于体现检察权的谦抑性，督促符合条件的机关和社会组织行使公益诉讼诉权，这是检察机关行使公益诉权的前提条件；另一方面也体现了司法公开，以公告形式展现社会公共利益受侵害的事实，为公益保护营造法治氛围。

检察民事公益诉讼履行完诉前程序后，在生态环境和资源保护、食品药品安全、英雄烈士人格利益保护以及其他类型公益诉讼案件中，如果有适格主体行使公益诉权，此时检察机关可以支持起诉。检察机关支持起诉的程序启动是依职权而非依申请，支持起诉的方式主要包括提交支持起诉意见书、协助调查取证等。检察机关支持起诉一般支持一审程序，但实践中也出现了民事公益诉讼二审中支持的案例，比如广东省东莞市人民检察院支持东莞市环境科学学会诉袁某苍等三人电镀废水污染环境民事公益诉讼案。该案一审支持起诉的检察机关为东莞市人民检察院，一审判决后被告三人不服提起上诉,二审期间支持起诉人广东省东莞市人民检察院指派两名检察人员、其上级检察机关广东省人民检察院指派一名检察人员共同参加庭审。在二审庭审过程中,支持起诉人广东省东莞市人民检察院认为该案一审判决程序合法,认定事实清楚,证据确实、充分,适用法律正确,判决公平合理,并发表了具体支持意见。广东省人民检察院也发表了口头意见并履行对二审庭审过程监督的职责,认为检察机关支持东莞市环境科学学会提起公益诉讼是基于对公共利益的保护,一审判决认定事实清楚,适用法律正确,应依法予以维持,请合议庭依法审理,二审程序合法。2021 年 7 月实施的《人民检察院公益诉讼办案规则》对民事公益诉讼支持起诉的程序规则仅有 4 条,未对二审期间检察机关出席法庭等程序进行规定;但是该规则第 63 条规定了检察机关提起公益诉讼上诉案件的程序规则,即“人民法院决定开庭审理的上诉案件,提起诉讼的人民检察院和上一级人民检察院应当共同派员出席第二审法庭”。在前述案件审理过程中,《人民检察院公益诉讼办案规则》尚未出台,其第 63 条的制定参考了相关实践案例,但是否可以在此后的支持起诉中直接按照该规则第 63 条规定出席二审庭审仍需要明确,毕竟检察机关支持起诉与检察机关直接提起民事公益诉讼在程序规则方面有诸多不同。如果检察机关支持起诉的案件未得到审判机关的支持,此时社会公共利益可能仍然处于受损害的状态。如果法院的裁判确实有错误,并符合《民事诉讼法》关于再审的条件,可以由检察机关民事检察部门启动审判监督程序。如果未获支持是因为事实证据不足,那么为了实现对社会公共利益的有效救济,检察机关可以另行提起民事公益诉讼。

若经过诉前程序,没有适格主体,或者公告期满后适格主体不提起诉讼,也不存在支持起诉情形,此时社会公共利益仍然处于受侵害状态,检察机关应当提起民事公益诉讼,必要时可以提起刑事附带民事公益诉讼。检察机关在提起民事公益诉讼时,为了更好地救济与保护社会公共利益,首先需要明确诉讼请求。民事公益诉讼请求是基于民事实体法律关系提出的权益主张,是对公益侵害行为责任承担方式的具体化。《民法典》第 179 条规定了 11 种民事责任承担方式,民事公益诉讼中的诉讼请求与民法上的侵权责任承担方式基本一致。因此,对民事公益诉讼案件,总体上检察机关可以提出要求被告停止侵害、排除妨碍、消除危险、恢复原状、赔偿损失等诉讼请求。同时,针对不同类型的公益诉讼,检察机关可以根据有关实体法规定提出不同的诉讼请求。例如,对于破坏生态环境和资源保护领域案件,检察机关还可以根据公益受损情况提出要求被告通过补植复绿、土地复垦等方式修复生态环境,或者支付生态环境修复费用,赔偿生态环境功能永久性损害造成的损失等诉讼请求。被告违反法律规定故意实施污染环境、破坏生态的行为并造成严重后果的,还可以提出惩罚性赔偿等诉讼请求;根据《最高人民法院关于审理生态环境侵权纠纷案件适用惩罚性赔偿的解释》的规定,惩罚性赔偿金数额一般不超过人身损害赔偿金、财产损失数额的2倍,但司法办案中也出现了以劳务代偿折抵部分惩罚性赔偿金的实践。例如,山东省青岛市人民检察院诉青岛市崂山区某空间艺术鉴赏中心非法收购、出售珍贵、濒危野生动物及制品民事公益诉讼案,案件审理过程中,经检察机关提出劳务代偿方案建议,被告签署了劳务代偿同意书,同意该案部分惩罚性赔偿金以劳务代偿方式履行,替代性惩罚性赔偿责任发挥了遏制不法行为与预防警示教育的双重作用。

关于食品药品安全领域民事公益诉讼是否可以提出惩罚性赔偿的要求,尽管目前理论上仍然存在争议,但实践中已经出现了探索适用食品药品安全领域民事公益诉讼惩罚性赔偿的案例。如新疆维吾尔自治区伊犁哈萨克自治州人民检察院诉某气体制造有限公司非法销售假药民事公益诉讼案,违法行为人将工业氧冒充药品医用氧非法销售,侵害了患者的知情权及健康权,检察机关提起民事公益诉讼,依据《消费者权益保护法》的规定,要求违法者承担销售价款3倍的惩罚性赔偿。对于实践中出现的大量案例,理论需要对司法实践作出回应和总结,深入研究检察机关提出食品药品安全领域惩罚性赔偿的诉权基础与理论依据,为制度更好地发展提供理论支撑。在英雄烈士人格利益民事公益诉讼案件中,检察机关可以提出要求被告消除影响、恢复名誉、赔礼道歉等诉讼请求,大多是传统侵权案件所提的诉讼请求,目前实践中针对英雄烈士人格利益民事公益诉讼案件是提出公益损害赔偿金的诉讼请求。比如罗某平侵害英雄烈士名誉、荣誉暨刑事附带民事公益诉讼一案，三亚市检察机关提起刑事附带民事公益诉讼，请求判令罗某平在承担赔礼道歉、消除危害和影响的同时要求被告承担公益损害赔偿的民事侵权责任，公益损害赔偿数额参照《最高人民法院关于确定民事侵权精神损害赔偿责任若干问题的解释》的相关规定及被告过错、情节、后果及认罪态度、经济能力等因素确定为 8 万元。庭审中，罗某平自愿赔偿公益损害赔偿金 8 万元，用于抗美援朝烈士精神事迹纪念、宣传等公益事业，既保护了社会公共利益，也有利于推动相关网络平台的治理。在安全生产领域，目前国家治理的重点是防范风险、消除隐患；对于需要提起的民事公益诉讼案件，检察机关可以提出消除危险、恢复原状、赔礼道歉等诉讼请求。例如，扬州市人民检察院诉高邮市运东水产品加工厂拒不整改重大事故隐患民事公益诉讼案，诉请判令该厂立即依法治理隐患，彻底消除安全危险，并向社会公众公开赔礼道歉。安全生产领域的民事公益诉讼是否可以适用惩罚性赔偿尚缺乏明确的法律依据，但是在安全事故造成环境污染、生态破坏时，检察机关可以探索适用惩罚性赔偿制度。在个人信息保护领域的民事公益诉讼，根据全国首例未成年人网络保护民事公益诉讼案来看，检察机关在诉讼中就该案提出了停止侵权、赔礼道歉、消除影响、赔偿损失等诉求。关于是否可以提出惩罚性赔偿的问题，实践中也有检察机关探索过，比如河北省保定市人民检察院诉李某侵害消费者个人信息和权益民事公益诉讼案，针对被告非法获取消费者个人信息并进行消费欺诈的行为，检察机关提出惩罚性赔偿诉讼请求，均获得法院支持，具有一定的示范作用。

在公益诉讼的立案审查程序方面，普通民事公益诉讼与一般私益诉讼的立案程序基本相同，比如需要提交起诉状、法定代表人身份证明及授权委托书、交纳诉讼费等，法院受理后在 10 日内通过书面形式告知相关行政机关公益诉讼案件情况。检察机关提起民事公益诉讼时除了提交公益诉讼起诉书等诉讼资料之外则无须提交上述材料，也不需要交纳诉讼费。法院立案后无须履行公告程序；进入诉讼程序后，普通民事公益诉讼主要遵循民事诉讼的基本原则、制度；法院受理后，具有诉讼资格的其他机关和有关组织可以在开庭前申请参加诉讼，是否准许由法院裁定；公益诉讼案件的受理不影响同一侵权行为的受害人提起私益诉讼。而检察民事公益诉讼除了遵循民事诉讼的基本原则外还要遵循检察权的运行规律，检察民事公益诉讼诉前公告程序是对法律规定的行政机关和社会组织的诉权的尊重。如果公告后没有相关诉权主体提起诉讼，意味着对诉权的放弃，开庭前再次申请参加诉讼，法院可以裁定不予准许，当然检察机关申请撤诉后其他诉权主体另行起诉的除外。在诉讼过程中，检察机关依法享有相应的诉讼权利，履行相应的诉讼义务，比如检察机关有权派员出席法庭参加相关诉讼活动发表辩论意见，可以申请人民法院通知证人、鉴定人、有专门知识的人出庭作证或者提出意见，有权对相关事实进行补充调查，有权参与调解，并在社会公共利益得到维护及诉讼请求实现的前提下撤回起诉，有权提起上诉。在二审过程中，检察民事公益诉讼体现了与普通民事公益诉讼程序的不同，比如检察一体原则，由提起公益诉讼的检察院派员出庭，上一级人民检察院也可以派员参加并且发表意见，并有权对诉讼活动进行监督。[①] 诉讼程序结束后，民事公益诉讼判决、裁定发生法律效力而被告未履行裁判确定的义务的，法院需移送执行以实现社会公共利益；在民事公益诉讼案件执行过程中，检察机关不交纳执行费用，并可以对执行活动实施法律监督。

四、诉讼权利和义务

诉讼权利和义务是当事人在诉讼过程中所享有的权利和应履行的义务。《民事诉讼法》针对当事人规定了不同的诉讼权利和义务，如起诉权、处分权、辩论权、举证权、撤诉权、胜诉权、申请执行权、上诉权、申请再审权；诉讼义务包括不得滥用诉讼权利、遵守诉讼秩序、履行生效裁判文书等。私益诉讼原告所享有的诉讼权利和履行的诉讼义务同样适用于一般民事公益诉讼的原告。其主要区别在于起诉权的来源不同：私益诉讼原告的起诉权遵循直接利害关系原则；一般民事公益诉讼中原告的起诉权并不是基于直接利害关系原则，而是来自法律的授权，原告与案件并没有利害关系。检察

---

① 参见最高人民检察院：《人民检察院公益诉讼办案规则》，载最高人民检察院网站 2021 年 6 月 29 日，https://www.spp.gov.cn/。

机关的民事公益诉讼起诉权资格直接来自法律授权,但从根本上体现的是法律监督的宪法定位,是履行法律监督职权的具体表现形式。检察机关作为社会公共利益的代表,与普通民事公益诉讼中的原告相比,双方尽管同样遵守诉讼的原则、制度,但其诉讼权利并不完全相同。如检察机关以“公益诉讼起诉人”的身份提起诉讼,一般民事公益诉讼诉权主体则以“原告”身份提起诉讼,都是居于起诉人的诉讼地位,但仍然存在区别,如立案时提交的诉讼资料不同,检察机关无须交纳诉讼费。一般民事公益诉讼的起诉主体并不享有调查核实权,但是检察机关基于其职权可以在公益诉讼过程中行使调查核实权,调查取证方面检察机关拥有比普通民事公益诉讼的原告更为广泛的权力。比如根据“两高”《关于检察公益诉讼案件适用法律若干问题的解释》的规定,检察机关有权进行调查取证,有关部门和公民个人应当配合。在公益诉讼案件庭前阶段,法院向检察机关送达的是出庭通知书,检察机关则向法院提交派员出庭通知书,这明显不同于普通民事公益诉讼的出庭应诉材料。在庭审过程中,出庭的检察人员履行宣读公益诉讼起诉书、举证和质证、法庭调查及辩论等职责,同时出庭的检察人员对诉讼程序负有一定的监督职责;这不同于一般民事公益诉讼中原告委托代理人的职责与权利。在裁判生效后,检察民事公益诉讼的执行程序由法院移送执行。在二审程序中,检察民事公益诉讼中除了提起公益诉讼的检察机关派员出庭外,上级检察机关可以派员参加庭审并发表意见,但在一般民事公益诉讼中当事人恒定,出席二审庭审的仍然是一审民事公益诉讼的原告。

第三节　检察民事公益诉讼程序的完善

一、检察民事公益诉讼程序的定位

检察机关提起民事公益诉讼具有不同于传统民事诉讼和普通民事公益诉讼的区别,差异性是定位检察民事公益诉讼特殊程序的前提。目前,《民事诉讼法》和“两高”的司法解释对检察民事公益诉讼程序的定位体现了不同的取向。《民事诉讼法》第 58 条第 2 款只是从法律上正式确立了检察民事公益诉讼制度,但仅仅是一个笼统的法律条文,对检察民事公益诉讼的具体程序性事项在整部《民事诉讼法》中没有作出明确规定。为了更好地适用检察公益诉讼制度,结合审判与检察工作实际,最高人民检察院与最高人民法院联合制定了司法解释,对检察民事公益诉讼进行了不同于传统民事诉讼的程序设计和具体制度规定,为具体操作提供了指导规范。由于检察民事公益诉讼所承载的独特诉讼目的和价值,司法解释在遵循诉讼制度原则和检察权运行规律的基础上,从一般规定、案件管辖、受案范围、诉前程序、案件受理、调查取证、庭审、反诉、撤诉、刑事附带民事公益诉讼、移送执行、二审程序等方面作出了根本有别于普通民事公益诉讼的特殊性程序规定,初步形成了一套具有自身专门性的诉讼程序形态。上述司法解释是对《民事诉讼法》第 58 条第 2 款规定的拓展、补充与细化,弥补了检察机关提起民事公益诉讼的程序不足,成为审判、检察民事公益诉讼工作实践中重要的程序依据,为检法两院在办理检察公益诉讼案件中正确适用程序规则提供了可靠保障。

从《民事诉讼法》和"两高"的司法解释对比来看,《民事诉讼法》并未对检察民事公益诉讼的程序进行特别规定;但司法解释从检察和审判实践出发,对检察民事公益诉讼的程序进行了特殊设计,可以看出司法解释更偏重将检察民事公益诉讼定位为不同于普通民事诉讼的特殊程序。设立独立或者特殊诉讼程序的标准是什么?根据一般认识,设立特殊诉讼程序必须符合以下标准:(1)受案范围的特殊性;(2)具有特殊的程序价值;(3)传统民事诉讼程序规则已无法满足此类纠纷需要,且具有与民事诉讼不同的程序规则达到 1/3 以上;(4)法治实践对设置特殊诉讼程序具有现实需要。[①]从目前我国民事诉讼法的体系来看,存在具有一定逻辑关系的普通程序与特别程序;若某种程序与民事诉讼的基本程序在原则、功能等方面具有根本不同,就应该是一种特殊程序,如家事诉讼程序、民事公益诉讼程序、强制执行程序等。[②] 从未来民事诉讼程序的完善

① 参见张旭东:《环境民事公益诉讼特别程序研究》,法律出版社 2018 年版,第 32 页。

② 参见张卫平:《我国民事诉讼法理论的体系建构》,载《法商研究》2018 年第 5 期。

角度出发，也应当基于功能主义和程序主义的视角，建立符合不同诉讼制度需要的一系列程序群，包括一般民事诉讼程序与特殊民事诉讼程序。[①] 这是推动民事诉讼法规范实施和构建民事诉讼程序体系的有效途径。

从检察民事公益诉讼试点以来的实践来看，其受案范围均与社会公共利益有关，这与传统民事诉讼的私益诉讼定位存在根本区别。检察民事公益诉讼的根本目的是维护社会公共利益，与普通民事诉讼程序是为了解决平等主体之间的私益纠纷存在程序价值上的不同。从检察民事公益诉讼的内在逻辑和其与普通民事诉讼、民事公益诉讼的差异性来看，程序规则的不同也已经超过 1/3，传统的民事诉讼程序已无法适应检察民事公益诉讼解决社会公共利益纠纷的需要。从构建民事诉讼程序体系出发，案件决定程序的基本理念要求根据不同的社会纠纷类型设置不同的程序规则。检察民事公益诉讼的程序价值是维护社会公共利益，解决社会公共利益纠纷，与一般民事诉讼程序解决私益纠纷的价值取向有很大不同；因此，检察民事公益诉讼需要特殊程序规则。鉴于此，将检察民事公益诉讼定位为一种相对独立的特殊程序显然更合适。

二、检察民事公益诉讼程序完善的基本原则

作为救济社会公共利益的司法程序，除了遵循民事诉讼的基本原则、制度外，还应根据检察权运行规律和公益诉讼特点，确立反映检察民事公益诉讼自身需要的基本原则；这是构建检察民事公益诉讼特殊程序规则的基础。这些原则主要包括公共利益最大化原则、注重效率原则、程序公正原则、检察谦抑原则。

一是公共利益最大化原则。以维护公共利益为目的的公益诉讼不同于传统的纠纷解决型司法，公益诉讼的案件范围往往与国家的大政方针政策有关；因此公益诉讼可以说是一种政策实施型司法，公共利益最大化更像是公益司法的一种法治态度。[②] 检察民事

---

① 参见张旭东：《环境民事公益诉讼特别程序研究》，法律出版社 2018 年版，第 36 页。

② 参见张旭东：《环境民事公益诉讼特别程序研究》，法律出版社 2018 年版，第 82 页。

公益诉讼制度的根本目的在于通过司法手段保护社会公共利益。公共利益是不特定多数人的利益。检察民事公益诉讼目前受案范围所涉及的公共利益具有较强的社会属性，对其进行公益诉讼保护是推动政策型司法的实施和实现社会实质正义的现实需要。因此，公共利益最大化是公益诉讼的本来要义，是检察民事公益诉讼特殊程序规则构建的第一原则。检察民事公益诉讼的立案、诉前程序、审理程序、撤诉、调解、裁判及执行、二审等全部诉讼程序都应以公共利益最大化为根本，程序的进行、结束及处分都应该考虑是否实现了公共利益的最大保护；唯有如此，方能实现检察民事公益诉讼制度的立法目的和初衷。

二是注重效率原则。效益与效率都是诉讼价值的基本体现。诉讼效益是表征经济成本与经济收益之间关系的概念，诉讼中的经济成本包括人力、财力、物力、时间等，诉讼收益主要是指裁判所附着的经济利益，实现诉讼效益的方式主要包括缩短诉讼周期、简化诉讼程序、实行诉讼合并等。诉讼效率也称为“诉讼及时”，主要体现在诉讼效益的时间内容方面，案件能够以最快的速度终结，解决纠纷所耗费的时间最少。[①] 诉讼效率的提高依赖于诉讼周期的节约，诉讼周期是指从诉讼开始到结束的时间过程。诉讼周期过长会导致当事人成本的增加和法律秩序的不稳定状态，不利于程序的安定；缩短诉讼周期除了遵循法律规定的诉讼期间外，还需要当事人和法官实施积极的诉讼行为，尽量减少诉讼程序的延长和不必要的诉讼拖延，确保纠纷及时解决。检察民事公益诉讼作为保护社会公共利益的政策型司法模式，公共性是其本质属性：通过检察民事公益诉讼不仅可以救济社会公共利益，而且能够产生预防价值，通过较少的司法投入保护了较大的社会公共利益，实现了诉讼效益价值。[②] 但是基于社会公共利益的公共属性，在实现检察民事公益诉讼效益价值的同时更应该注重效率价值；因为侵害社会公共利益的行为已经对不特定的社会群体的利益造成了损害，如果不注重诉讼

---

① 参见樊崇义主编：《诉讼原理》（第 2 版），法律出版社 2009 年版，第 176 ~ 178 页。

② 参见张旭东：《环境民事公益诉讼特别程序研究》，法律出版社 2018 年版，第 54 页。

效率，拖延诉讼程序，特别是因鉴定时间周期较长、检法两院因协调程序分歧等导致诉讼周期的延长，事实上会给社会公共利益带来二次伤害。因此，检察民事公益诉讼需要重视诉讼效益价值的同时，更要重视效率价值，使社会公共利益能够及时地得到最大维护。

三是程序公正原则。“程序是指按照一定的顺序、方式和手续来作出决定的相互关系。”①诉讼程序是通过司法的方式解决社会冲突作出裁判实现法律正义的重要途径，对社会冲突具有重要的抑制和预防作用，公正性是诉讼程序真正永恒的生命基础。② 检察民事公益诉讼作为现代型纠纷解决制度，属于特殊的民事诉讼程序。程序公正的实现首先应该坚持过程的公正，即在检察民事公益诉讼程序中体现形式上的平等性，实现诉讼程序的透明性；在审判过程中给予双方当事人公正待遇，从某种意义上来说社会公共利益的实现还需要被告的积极行为。因此从维护社会公共利益的角度分析，检察机关与被告具有共同目的，诉讼程序体现双方的平等和公正，能够确保社会公共利益在透明的程序中得到维护，达到多赢共赢之目标。检察机关提起民事公益诉讼应坚持形式公正，体现实质公正，最终达到理想的公正目标。检察机关民事公益诉讼诉权来自法律赋权，其司法行为除了严格遵守法律规定解决社会公共利益纠纷之外，还要注重检察民事公益诉讼立法条款的本意和实际内涵。立法本意一方面在于维护社会公共利益，因此公共性应该贯穿程序的始终；另一方面在于推进国家治理和社会治理的法治化，这是理想化公正的表现。所以检察机关提起民事公益诉讼的程序应遵守过程的公正、形式的公正，体现主观的公正，达到维护社会公共利益的实质公正，最终实现国家治理和社会治理法治化的理想公正目标。

四是检察谦抑原则。检察机关作为国家的公权力机关，主要通过刑事、民事、行政和公益诉讼检察等业务履行法律监督职能，重点是对公权力进行监督，比如刑事侦查监督、民事和行政诉讼监督、行政公益诉讼等都是对国家公权力机关的行为进行的法律监督。公

---

① 季卫东：《程序比较论》，载《比较法研究》1993 年第 1 期。

② 参见顾培东：《社会冲突和诉讼机制》（修订版），法律出版社 2004 年版，第 65 页。

权力行使的边界决定了检察机关不能直接干涉私人权利领域，特别是在民事领域要遵循当事人的意思自治，这就需要坚持检察权的克制或谦抑原则。尽管法律已于2012年确立了民事公益诉讼制度，但是社会公共利益受侵害的问题未得到根本改观，在民事领域特别是生态环境和资源保护、食品药品安全等方面侵害社会公共利益的问题多发，为此法律赋权检察机关作为社会公共利益的代表行使民事公益诉权，体现了国家干预原则。检察机关作为诉讼程序的主要参与者需遵循检察权的谦抑性要求，这分别体现在诉前和诉讼程序中。诉前程序作为检察民事公益诉讼的特有程序，体现了检察权对其他社会主体民事公益诉权的尊重。在诉讼程序中，检察克制原则主要体现在检察权行使的有限性方面，也就是对处分权行使的限制。检察机关在民事公益诉讼程序中有权对实体性权利和程序性权利进行处分，但应受到一定限制；这种限制除了法律的规定之外，更需要坚守公共利益底线，检察机关处分权的行使以不损害社会公共利益为原则。比如在诉讼过程中，检察机关为了快速解决纠纷使社会公共利益得到及时有效的救济可以调解结案，但调解处分权的行使应该在不违反法律、不损害社会公共利益的前提下进行，是一种有限调解，而非不加限制地对社会公共利益的随意处分。检察机关的诉讼请求全部得到实现时，可以申请撤回诉讼请求，但撤诉权的行使也不能违反法律和损害社会公共利益，否则国家就要干预由审判机关进行合法性审查。总之，在检察民事公益诉讼程序中贯彻检察权的克制原则，坚持检察处分权的有限行使，符合最大限度保护社会公共利益的需要，也符合检察民事公益诉讼制度的立法目的。

三、检察民事公益诉讼程序完善的理论基础

检察民事公益诉讼作为一种特殊类型的民事公益诉讼，其程序规则的构建是否与传统的民事诉讼和民事公益诉讼一致？从前述检察民事公益诉讼的程序差异、程序定位和构建规则来看，检察民事公益诉讼仍然有其特殊性，因此有必要从诉权、诉讼标的、诉讼攻击防御和既判力几个方面对特殊程序进行理论上的思考与构造。

一是检察民事公益诉讼的诉权。从民事诉讼法学的角度分析，

传统诉权理论学说主要有双重诉权说、私法诉权说、公法诉权说、诉权否定说等。[①] 诉权的核心问题是:为什么可以起诉?诉权的来源是什么?其解决的是实体法与诉讼法的关系问题。大陆法系的民事诉讼属于规范出发型诉讼,诉讼的发生以当事人实体法上的权利受到侵害为前提;此时权利人有向国家请求救济的权利,也就是所谓的诉权。因此,大陆法系民事诉讼制度是以保护当事人权利为目的建立的制度。英美法系则是事实出发型诉讼,民事诉讼制度旨在维护社会和平,因此可以认为民事诉讼制度的目的是解决纠纷。[②] 诉权与诉讼目的存在不可分割的紧密联系,民事诉讼制度的目的其实就是诉讼制度所要实现的目标,诉讼目的的阐释必须在诉权理论下进行才有意义。在私法诉权说理论下,诉讼目的是保护当事人的权利;在公法诉权说理论下,诉讼目的则是维持国家的私法秩序。随着现代型诉讼案件的大量出现,破坏生态环境、侵害消费者合法权益等不特定群体利益的案件多发,对这类案件的处理往往通过实体法的类推、扩张解释等程式进行。传统民事诉讼遵循的实体权利—请求权—诉权的链条被打破,在这种背景下产生了民事公益诉讼制度;该制度的目的是保护公共利益,其诉权基础无法从实体法规定的权利义务关系中找到依据,因此就出现了诉讼担当、诉的利益、私人检察总长等理论,[③]以此对民事公益诉讼的诉权进行论证与回应。本书比较认同诉讼管理学说的观点。该观点认为,民事诉讼的目的除了保护私法利益外,还应当维护客观法益,民事公益诉讼成为服务于公共治理的典型客观规则控制手段。[④] 鉴于国家在保护公共利益方面的特定职责,国家机关享有特定的民事公益诉权成为必然;检察机关作为国家的法律监督机关,可以说法律监督是检察机关拥有民事公益诉讼诉权的依据和来源。检察民事公益诉讼制度的直接目的在于维护社会公共利益,根本目的在于维持法的秩序

---

① 参见张卫平:《民事诉讼法》(第 4 版),法律出版社 2016 年版,第 179 ~ 184 页。

② 参见[日]中村宗雄、中村英郎:《诉讼法学方法论——中村民事诉讼理论精要》,陈刚、段文波译,中国法制出版社 2009 年版,第 228 页。

③ 参见张旭东:《环境民事公益诉讼特别程序研究》,法律出版社 2018 年版,第 133 页。

④ 参见张陈果:《论公益诉讼中处分原则的限制与修正:兼论〈新民诉法解释〉第 289、290 条的适用》,载《中外法学》2016 年第 4 期。

统一,补强现代公共治理,实现客观规则利益,属于客观诉讼的范畴;直接目的和根本目的具有一致性,统一于检察民事公益诉讼制度内部,所以检察民事公益诉讼在推进国家治理法治化方面具有重要的意义。尽管检察民事公益诉讼制度作用巨大,但是作为民事公益诉讼多元实施主体之一,在诉权发生冲突时仍应坚持补充地位。首先应尊重其他主体的诉权行使,这也是检察民事公益诉讼诉前公告程序的依据,保证行政执法功能的充分发挥;只有在其他主体无法实现维护社会公共利益之目的时,检察机关方能启动民事公益诉讼程序,发挥诉权的补充作用,补足公共治理的弱项,实现检察民事公益诉讼制度的目标。

二是检察民事公益诉讼的诉讼标的。传统民事诉讼法学认为诉讼标的是民事诉讼中予以审理和判断的对象,也就是原告向被告主张的法律上的利益。诉讼标的是当事人诉讼活动的根本指向,法院审理和裁判的基础和依据也是诉讼标的。[①] 因此诉讼标的贯穿整个诉讼过程,诉讼以诉讼标的为核心生成、展开和终结。在民事诉讼法学关于诉讼标的的识别理论中,出现了以实体法律关系为识别标准的"旧实体法说"到主张以诉讼的声明和案件事实作为识别标准的"新诉讼标的理论"的发展和变迁;因此关于诉讼标的的识别尚未形成统一的认识和理论依据,我国民事诉讼的理论和实践主要采用了旧实体法说中的诉讼标的理论。[②] 上述关于诉讼标的的理论都是在私益诉讼的基础上展开的,但是关于检察民事公益诉讼的诉讼标的问题仍未得到充分讨论。有部分学者对民事公益诉讼的诉讼标的提出了一些观点。比如,有学者认为民事公益诉讼是以诉的声明作为诉讼标的,这与私益诉讼不同;[③]也有学者认为诉讼标的主要指法律关系,公益诉讼的诉讼标的应该从公共利益和侵权行为两方面进行限定和把握。[④] 上述学者的观点为认识民事公益诉讼中诉

---

① 参见张卫平:《民事诉讼法》(第4版),法律出版社2016年版,第191页。

② 参见段厚省:《环境民事公益诉讼的基本理论思考》,载《中外法学》2016年第4期。

③ 同上。

④ 参见吴俊:《环境民事公益诉讼的程序构造》,载《华东政法大学学报》2015年第6期。

讼标的的问题提供了思路。检察民事公益诉讼与一般民事公益诉讼在诉讼标的问题上具有趋同性,因此检察民事公益诉讼的诉讼标的可以理解为针对侵害社会公共利益的行为所提出的诉讼请求或者诉讼声明;侵害社会公共利益的行为和维护社会公共利益的诉求共同构成了检察民事公益诉讼的诉讼标的,某种程度上体现了一种诉的利益。

检察民事公益诉讼的对象必须是侵害社会公共利益的行为,针对这一行为通过司法程序提出诉讼请求并追究民事责任。因此,检察民事公益诉讼的诉讼标的、诉讼声明与社会公共利益密切相连。社会公共利益并非实体法上的权利或者利益,而是一种创制的利益,属于客观的法益范畴。检察民事公益诉讼的诉讼标的会随着社会公共利益形态的变化而改变。《民事诉讼法》第 58 条规定了检察民事公益诉讼的案件范围,同时《英雄烈士保护法》将侵害英雄烈士的姓名、肖像、名誉、荣誉等损害社会公共利益的行为也纳入了检察民事公益诉讼的范围,是否意味着其他法律可以将此外的其他公益纠纷纳入检察民事公益诉讼的客观范围?从立法的原则和精神及根据理论界和实务界的认识来看,《民事诉讼法》第 58 条规定的"等"应该理解为"等外等",也就是检察民事公益诉讼的案件范围不应限于该条规定的案件领域。随着社会的发展和公共利益保护需求的增多,检察民事公益诉讼的保护范围必将逐步扩大,这就需要考虑和论证哪些纠纷可以纳入这一范围。目前检察机关对公共安全、互联网、侵害公民个人信息安全等领域的公益诉讼"等外"探索体现了检察公益诉讼制度的价值。但是关于"等外等"范围扩展的基本原则、认定程序等缺乏理论方面的深度思考和丰富的实践样本,无法由有权机关在相应法域中通过规范进行明确;这是检察民事公益诉讼范围扩展需要深入研究的问题,也是未来发展规划不可逾越的问题。

三是检察民事公益诉讼的攻击防御。这主要涉及检察机关在民事公益诉讼过程中的主张责任和证明责任以及调查核实权的有效运用问题。在民事诉讼中,所谓主张责任,是指当事人对提出的诉讼请求应该提供相应的法律要件事实,否则就会产生法律上的不利益。所谓证明责任,是指法律要件事实处于真伪不明状态,足以影响法院作出裁判时,由负有提供证据责任的当事人承担诉讼上的不利后果。[①] 在私益诉讼中,原告、被告双方处于平等地位,“两造”的实体和程序利益均得到平等保护,诉讼程序一直维持着“两造”之间的平衡状态,诉讼主体遵循武器平等原则,双方当事人均衡对抗,具有平等地收集证据和提出证据的权利,“谁主张,谁举证”便成为传统民事诉讼一般的证明责任规范。[②] 民事诉讼举证责任分配的依据是否对双方当事人公平对待以及立法趣旨,考量因素包括举证难易、与证据距离的远近以及盖然性的高低。在事实真伪不明时,应当从该实体法规范考虑由哪一方承担事实真伪不明的不利后果。[③] 虽然民事公益诉讼在程序上强调“两造”的平等地位,但是在事实真伪不明时,如何分配结果意义上的证明责任需要从公平正义的维度和证据收集与提出的难度考虑。基于对社会公共利益的有效保护,民事公益诉讼的举证责任规则与普通民事诉讼不同,并非直接适用“谁主张,谁举证”的要求,证明责任的转移往往成为民事公益诉讼程序中的常态。例如,根据有关证据规定,环境污染损害赔偿纠纷中加害人承担免责事由及因果关系的举证责任,传统的一般侵权责任要件事实基本上遵循“谁主张,谁举证”的证明责任标准,并由主张者承担证明责任。但在环境侵害案件中,因果关系要件事实的证明责任转移到了加害人身上,这是根据举证的难易、与证据距离的远近作出的举证责任安排,加害人相较于受害人更有条件和能力对是否具有因果关系进行证明,这种证明责任的转移符合公平正义要求,能够更好地维护环境利益。

在民事公益诉讼中,因果关系证明责任呈现原告负担逐渐弱化,被告就其行为与损害结果之间不存在因果关系证明责任强化态势。[④] 有学者认为,检察机关在人员、手段、资金、调查取证等方面都具有明显优势,因此检察机关对提起的民事公益诉讼应承担完

---

① 参见张卫平:《民事诉讼法》(第4版),法律出版社2016年版,第234页。

② 参见段厚省:《环境民事公益诉讼的基本理论思考》,载《中外法学》2016年第4期。

③ 参见[日]高桥宏志:《民事诉讼法制度与理论的深层分析》,林剑锋译,法律出版社2003年版,第444页。

④ 参见张旭东:《环境民事公益诉讼特别程序研究》,法律出版社2018年版,第192页。

全的举证责任,不再实行因果关系证明责任的转移。[①] 也有人认为,为了更好地保护社会公共利益,充分发挥检察公益诉讼制度的功能,应当将主观过错、违法行为、因果关系全部转移给被告承担证明责任,检察机关只承担损害事实的初步证明责任。[②] 上述观点站在不同角度对检察民事公益诉讼举证责任进行了设计,但值得商榷,在检察民事公益诉讼中本书比较赞同证明责任的适度转移,也就是将社会公共利益受侵害的因果关系证明责任分配给加害人。因为即便检察机关在人员、资金和手段等方面具有相对的优势,基于调查核实权的柔性和证明社会公共利益受侵害事实的复杂性,在诉讼过程中检察机关要想完全达到民事诉讼的“高度盖然性”证明标准基本不可能,特别是在生态环境资源保护公益诉讼案件中,环境致害往往多因一果,证明因果关系极其复杂,这也是检察机关更偏爱办理刑事附带民事公益诉讼案件的原因。刑事附带民事公益诉讼往往省去了检察机关调查取证的周折,所以在民事公益诉讼中如果再对检察机关课以较重的证明责任,无疑与检察公益诉讼制度的初衷相悖,也不符合证明责任分配的基本标准。

根据“两高”关于检察公益诉讼的司法解释的规定,检察机关提起民事公益诉讼需要提交民事公益诉讼起诉书、被告的行为已经损害社会公共利益的初步证明材料、检察机关已经履行公告程序的证明材料。所以在民事公益诉讼中,检察机关仍应当对违法行为、损害事实以及违法行为与损害事实之间存在因果关系的可能性承担证明责任,这体现了民事公益诉讼中“两造”证明责任分配的利益平衡,符合民事诉讼的基本原则。但是检察机关证明责任的承担离不开调查核实权的行使与完善,检察调查核实权是一种柔性权力,目前存在调查核实权功能不足、缺乏强制力保障等问题,导致检察机关对民事公益诉讼案件有畏难情绪。作为检察民事公益诉讼攻击防御手段的主要依靠,调查核实权的完善事关检察民事公益诉讼证明责任的履行,也是确保实现和维护社会公共利益的主要手

---

① 参见徐淑琳、冷罗生:《反思环境公益诉讼中的举证责任倒置——以法定原告资格为视角》,载《中国地质大学学报(社会科学版)》2015 年第 1 期。

② 参见洪浩、邓晓静:《公益诉讼中检察权的配置》,载《法学》2013 年第 7 期。

段。因此,有学者建议从目的主义视角,通过动态分析证明责任、证明标准与调查核实权的结合,完善检察公益诉讼调查核实权。[①] 检察公益诉讼调查核实权的完善不仅需要从目的主义出发,也需要以实践需要为基础,尽快通过立法、司法解释或者办案规则等对调查核实权予以重构,特别需要补足调查核实权的强制力保障措施,这是检察机关在民事公益诉讼中承担证明责任的主要依靠,是实现检察公益诉讼制度目的的重要手段。

民事诉讼中的既判力是指终局裁判的拘束力,先前诉讼的终局裁判内容对后诉产生阻断效力,也即当事人和法院在以后的诉讼中不得再次主张或者作出与先前判决不一致的内容。[②] 有学者从实体和程序两个方面对既判力进行了概括:法院判决的权威性,“两造”当事人权利义务的固定性,对当事人和法院后诉行为的拘束性体现了实体上的既判力;程序上的既判力意味着“两造”当事人已经穷尽对所争议事项的程序,对法院经过这些程序作出的权威判决原则上不得再进行争议。[③] 总之,既判力就是不允许对法院的判决再起争议的效力。既判力的阻断效力范围体现在主观、客观和时间三个方面:既判力的主观阻断效力是指对“人”的效力,即对某些主体的拘束力,主要体现在既判力的相对性原则;既判力的客观阻断效力是指对“事”的效力,也即对后诉诉讼标的的拘束力;既判力的时间阻断效力是指对“时”的效力,对于事实审言词辩论终结之前的事实具有阻断效力,对于事实审言词辩论终结之后的事实不发生既判力效果。[④] 判决的既判力在传统的“两造”对抗诉讼中对于节约司法资源、防止重复诉讼、减少裁判矛盾、促进纠纷的一次性解决发挥了重要作用。

近年来,随着各种新型纠纷的出现,既判力的阻断效力发生了扩张现象,既判力的扩张是指判决对当事人以外的第三人具有拘束

---

① 参见樊华中:《检察公益诉讼的调查核实权研究——基于目的主义视角》,载《中国政法大学学报》2019 年第 3 期。

② 参见张卫平:《民事诉讼法》(第 4 版),法律出版社 2016 年版,第 421 页。

③ 参见王亚新等:《中国民事诉讼法重点讲义》,高等教育出版社 2017 年版,第 253 页。

④ 参见张卫平:《民事诉讼法》(第 4 版),法律出版社 2016 年版,第 428 页。

力,民事公益诉讼就是其中的类型之一。民事公益诉讼作为社会公共利益司法保护的重要方式,由于民事公益诉讼与民事私益诉讼保护的利益不同,因此传统民事诉讼判决的既判力在民事公益诉讼中发生了改变甚至扩张的现象。民事公益诉讼往往与私益诉讼发生竞合,因此民事公益诉讼判决的既判力需要区别对待。在主观方面,也就是民事公益诉讼判决对“人”的既判力方面,民事公益诉讼判决对后诉公益诉讼产生既判力的阻断,其他有权提起民事公益诉讼的适格主体不得就同一侵权行为再次提起诉讼,例外情况是有证据证明存在前案审理时未发现的损害;但对私益诉讼并不发生既判力,也即因同一侵害社会公共利益的行为遭受损害的受害人,在公益诉讼判决生效后,依法可以提起损害赔偿诉讼。在客观方面,即民事公益诉讼判决对“事”的既判力方面,民事公益诉讼判决对后诉公益诉讼而言具有相对的既判力,对同一侵害社会公共利益的行为不能再次起诉,但对于新发现的社会公共利益受损的事实可以主张;对私益诉讼而言也具有相对的既判力,原则上作为已发生的侵害社会公共利益案件的受害者可以针对侵权行为提起诉讼,但已为民事公益诉讼生效判决认定的事实对私益诉讼具有阻断效力,私益诉讼受害者均无须再举证证明。在时间方面,民事公益诉讼判断的既判力对于事实审言词辩论终结之前的新发现事实不具有阻断效力,其他适格主体仍然可以提起诉讼,但对于事实审言词辩论终结之前的其他已经调查的事实具有既判力。总之,民事公益诉讼既判力发生了一定的扩张现象,这同样适用于检察民事公益诉讼制度,检察机关提起民事公益诉讼,在判决生效后同样遵循前述民事公益诉讼判决的既判力理论,有利于维护公共利益司法裁判的公信力、实现社会公共利益的有效保护。

第四节　检察公益诉讼制度的立法完善

党的二十大报告强调“完善公益诉讼制度”,为未来一段时间检察公益诉讼制度的发展完善提供了指引和方向。检察公益诉讼制度自全面推开以来,办理了相当数量的案件,公益司法保护的“中国方案”基本成型,检察公益诉讼制度得到了实践的检视。如何完善检察公益诉讼制度,成为理论界和实务界热议的话题,从最高人民检察院到地方各级检察院基本达成了系列共识,也即推动检察公益诉讼专门立法是"完善公益诉讼制度"的基本方式,是贯彻落实党的二十大精神的务实举措,是实现检察公益诉讼长远发展的重要保障。关于检察公益诉讼单独立法的必要性、可行性及可能路径在理论上尚存在争议,需要进行深入的研究论证,才能为检察公益诉讼制度的立法完善提供借鉴。

一、目前检察公益诉讼制度的立法实践及其特点

检察民事公益诉讼与行政公益诉讼统称为检察公益诉讼制度,检察民事公益诉讼的立法实践与行政公益诉讼基本吻合。本书将从国家与地方层面梳理检察民事公益诉讼的规范性文件,分析立法实践中存在的问题,为证成检察公益诉讼单独立法的必要性、可行性及模式选择奠定基础。

(一)国家层面关于检察公益诉讼的主要规范性文件

国家层面关于检察民事公益诉讼的规范性文件包括中共中央的规范性文件、全国人大常委会颁布的授权性文件及通过的法律,最高司法机关发布的相关司法解释,本书将按照时间顺序对重要的规范性文件进行统一梳理。检察民事公益诉讼制度的源头在于2014年10月党的十八届四中全会通过的《中共中央关于全面推进依法治国若干重大问题的决定》,这是关于检察公益诉讼制度的第一份党内规范性文件,成为检察公益诉讼制度的发展起点。为落实党的十八届四中全会关于"探索建立检察机关提起公益诉讼制度"的部署,2015年7月,全国人大常委会通过了《关于授权最高人民检察院在部分地区开展公益诉讼试点工作的决定》,授权最高人民检察院开展公益诉讼试点工作,成为检察民事公益诉讼第一个由立法机关发布的授权性文件。根据全国人大常委会的授权,最高人民检察院于2015年7月发布了《检察机关提起公益诉讼改革试点方案》,于2015年12月发布了《人民检察院提起公益诉讼试点工作实施办法》,这两个文件对检察机关开展公益诉讼的具体程序性规范作出了明确规定。2016年2月,最高人民法院发布了《人民法院审理人民检察院提起公益诉讼案件试点工作实施办法》,为相关试点

地区审判机关审理检察公益诉讼案件提供了基本规范。经过两年的试点，检察公益诉讼制度在实践中充分展现出制度的价值，因此有必要以国家法律的形式将制度确定下来，2017 年 6 月全国人大常委会通过的《民事诉讼法》，正式以国家基本法的形式将检察机关提起民事公益诉讼制度确定下来，从此全国检察机关开展检察民事公益诉讼有了明确的法律依据。2018 年 3 月，为了解决检察机关和审判机关在办理公益诉讼案件过程中存在的分歧，统一法律适用，最高人民检察院联合最高人民法院共同发布了《关于检察公益诉讼案件适用法律若干问题的解释》，达成了程序规则共识，对检察机关和审判机关更好地协作配合维护公共利益具有重要作用。

随着司法改革的推进，检察院内设机构和员额制改革基本完成，全国人大常委会先后修正了《人民检察院组织法》《检察官法》，两法均对检察机关的公益诉讼职权作出了规定。2019 年 10 月，党的十九届四中全会审议通过的《中共中央关于坚持和完善中国特色社会主义制度　推进国家治理体系和治理能力现代化若干重大问题的决定》要求“拓展公益诉讼案件范围”，为检察公益诉讼案件范围的拓展指明了方向。自 2018 年以来，检察公益诉讼制度以其强大的生命力逐步渗透到许多单行法中，如《英雄烈士保护法》《未成年人保护法》《军人地位和权益保障法》《安全生产法》《个人信息保护法》《反垄断法》《反电信网络诈骗法》《农产品质量安全法》《妇女权益保障法》《农村集体经济组织法》等，以单行法模式不断拓展检察公益诉讼案件范围成为解决相关领域公益治理难题的重要方式。中共中央于 2021 年 1 月印发的《法治中国建设规划（2020－2025 年）》中明确要求“拓展公益诉讼案件范围，完善公益诉讼法律制度”。2021 年 6 月，中共中央印发了《关于加强新时代检察机关法律监督工作的意见》，提出“积极稳妥推进公益诉讼检察”“总结实践经验，完善相关立法”，这是党的历史上第一次以“中共中央文件”的形式专门印发关于检察机关法律监督工作的意见，体现了党中央对法律监督工作的重视，为检察公益诉讼立法提供了基本遵循。2021 年 6 月，最高人民检察院颁布了《人民检察院公益诉讼办案规则》，司法解释的出台为检察机关办理公益诉讼案件明确了涵盖线索发现、立案调查、诉前程序、提起诉讼、上诉及诉讼监督的全部程序规则，是检察公益诉讼制度确立以来检察机关制定实施的第一个具有司法解释效力的办案规则。2022 年 10 月，党的二十大报告明确提出"完善公益诉讼制度"，为检察公益诉讼制度的发展完善指明了方向。

（二）地方省级层面关于检察公益诉讼的规范性文件

检察公益诉讼制度试点及全面开展以来，从国家层面开始不断推进完善制度规范，形成了从党的文件、法律到司法解释等多层级、全方位、立体化的规范体系。与此同时，全国大部分省级人大常委会制定了加强检察公益诉讼工作的地方性规范文件，为地方各级检察机关开展公益诉讼提供了规范依据。本书将以时间顺序为脉络，以各地出台的地方性规范文件为样本（见表 5－1），分析检察公益诉讼地方立法实践的特色、存在的问题及可借鉴的思路。

表 5－1　2018～2022 年省级层面关于检察公益诉讼的规范性文件

序号	年份	地区	文件名称	制定机关
1	2018	贵州	《关于支持检察机关依法开展公益诉讼工作的实施意见》	省委、省政府
2	2018	辽宁	《关于支持检察机关提起公益诉讼工作的意见》	省委、省政府
3	2019	黑龙江	《关于加强检察机关公益诉讼工作的决定》	省人大常委会
4	2019	湖北	《关于加强检察公益诉讼工作的决定》	省人大常委会
5	2019	吉林	《吉林省人民代表大会常务委员会关于加强检察机关公益诉讼工作的决定》	省人大常委会
6	2019	内蒙古	《内蒙古自治区人民代表大会常务委员会关于加强检察公益诉讼工作的决定》	自治区人大常委会
7	2019	山东	《山东省人民代表大会常务委员会关于加强新时代检察机关法律监督工作的决议》	省人大常委会
8	2019	广西	《广西壮族自治区人民代表大会常务委员会关于加强检察机关公益诉讼工作的决定》	自治区人大常委会
9	2019	河南	《河南省人民代表大会常务委员会关于加强检察公益诉讼工作的决定》	省人大常委会

续表

序号	年份	地区	文件名称	制定机关
10	2019	湖南	《湖南省人民代表大会常务委员会关于加强新时代人民检察院法律监督工作的决议》	省人大常委会
11	2019	河北	《河北省人民代表大会常务委员会关于加强检察公益诉讼工作的决定》	省人大常委会
12	2019	云南	《云南省人民代表大会常务委员会关于加强检察机关公益诉讼工作的决定》	省人大常委会
13	2020	青海	《青海省人民代表大会常务委员会关于加强公益诉讼检察工作的决定》	省人大常委会
14	2020	陕西	《陕西省人民代表大会常务委员会关于加强检察公益诉讼工作的决定》	省人大常委会
15	2020	重庆	《重庆市人民代表大会常务委员会关于加强检察机关公益诉讼工作的决定》	市人大常委会
16	2020	新疆	《新疆维吾尔自治区人民代表大会常务委员会关于加强检察公益诉讼工作的决定》	自治区人大常委会
17	2020	浙江	《浙江省人民代表大会常务委员会关于加强检察公益诉讼工作的决定》	省人大常委会
18	2020	宁夏	《宁夏回族自治区人民代表大会常务委员会关于加强检察机关公益诉讼工作的决定》	自治区人大常委会
19	2020	上海	《上海市人民代表大会常务委员会关于加强检察公益诉讼工作的决定》	市人大常委会
20	2020	广东	《广东省人民代表大会常务委员会关于加强检察公益诉讼工作的决定》	省人大常委会
21	2020	海南	《海南省人民代表大会常务委员会关于加强检察公益诉讼工作的决定》	省人大常委会
22	2020	甘肃	《甘肃省人民代表大会常务委员会关于加强检察公益诉讼工作的决定》	省人大常委会
23	2020	福建	《福建省人民代表大会常务委员会关于加强新时代人民检察院法律监督工作的决定》	省人大常委会
24	2020	安徽	《安徽省人民代表大会常务委员会关于加强检察公益诉讼工作的决定》	省人大常委会

续表

序号	年份	地区	文件名称	制定机关
25	2020	江苏	《江苏省人民代表大会常务委员会关于加强检察公益诉讼工作的决定》	省人大常委会
26	2020	北京	《关于深入推进检察公益诉讼工作的意见》	市委市政府
27	2021	山西	《山西省人民代表大会常务委员会关于加强检察公益诉讼工作的决定》	省人大常委会
28	2021	四川	《四川省人民代表大会常务委员会关于加强检察机关生态环境公益诉讼工作的决定》	省人大常委会
29	2022	上海	《上海市人民代表大会常务委员会关于加强新时代检察机关法律监督工作的决定》	市人大常委会
30	2022	新疆	《新疆维吾尔自治区人民代表大会常务委员会关于加强新时代检察机关法律监督工作的决议》	自治区人大常委会
31	2022	江西	《江西省人民代表大会常务委员会关于加强检察公益诉讼工作的决定》	省人大常委会
32	2022	西藏	《西藏自治区人民代表大会常务委员会关于加强新时代检察公益诉讼工作的决定》	自治区人大常委会
33	2022	天津	《天津市人民代表大会常务委员会关于加强新时代检察机关法律监督工作的决定》	市人大常委会

2018 年是检察公益诉讼制度全面开展以来的元年，因此地方层面的规范性文件尚未大量出台。2018 年 7 月，贵州省委、省政府印发了《关于支持检察机关依法开展公益诉讼工作的实施意见》，作为全国第一个省级支持检察公益诉讼工作的规范性文件，该意见明确要求全省各级部门认识检察机关提起公益诉讼制度的意义并支持检察机关开展公益诉讼工作，具有重要的示范意义；同时，对全省各级党委、立法机关、行政机关、政协机关、纪检监察机关、审判机关、检察机关在各自职责范围内的相关工作提出了具体要求。尽管

贵州省没有省级立法机关制定的规范性文件，但是贵州省内部分设区的市人大常委会通过了加强检察公益诉讼工作的决议，如六盘水市人大常委会2021年12月就通过了《六盘水市人民代表大会常务委员会关于加强检察公益诉讼工作的决议》，该决议聚焦重点、难点、疏堵点、亮点，为检察公益诉讼工作向纵深发展提供了制度保障。除了贵州之外，辽宁省委省政府也于2018年8月印发了《关于支持检察机关提起公益诉讼工作的意见》，该意见从政治站位、领导支持、司法监督、全面履职提出了要求，为检察公益诉讼工作的顺利健康发展营造了良好环境。

2019年是检察公益诉讼制度全面推开的第二年，全国共有10个地区的立法机关相继出台了支持检察公益诉讼的地方性规范文件。2019年1月，黑龙江省人大常委会通过了《关于加强检察机关公益诉讼工作的决定》，这是2019年第一个省级规范性文件，该决定从检察机关的职权、工作重点、调查核实权的行使、行政机关配合、公益诉讼的程序问题、与有关机关配合衔接等方面进行了具体规定，为当地检察机关开展公益诉讼提供了服务保障。2019年7月，湖北省人大常委会通过了《关于加强检察公益诉讼工作的决定》，该决定全面阐释了检察公益诉讼制度的意义，并对全省各级人大常委会、各级政府部门、各级法院加强与支持检察公益诉讼工作提出了明确要求，同时对全省检察机关公益诉讼的工作重点、与相关机关的协作配合及加强公益诉讼宣传等方面作出了规定。2019年9月，共有吉林、内蒙古、山东、广西、河南、湖南、河北、云南8个地区相继出台了规定。《吉林省人民代表大会常务委员会关于加强检察机关公益诉讼工作的决定》对检察机关加强专业化建设，探索新领域公益司法保护，建立跨行政区划公益保护协作机制提出了要求；规定了行政机关自觉接受监督，配合检察机关共同做好公益诉讼工作；对审判机关完善审理程序，与检察机关凝聚公益保护合力提出了要求；该决定还对司法行政机关的司法鉴定服务保障工作，全省人大及其常委会的监督和公益诉讼宣传等方面进行了具体规定，对全省检察机关开展公益诉讼工作提供了坚实的政策依据，具有鲜明的吉林特色。《内蒙古自治区人民代表大会常务委员会关于加强检察公益诉讼工作的决定》共15条，对检察公益诉讼的办案重点、调查核实权、诉讼程序规则、专业化队伍建设等方面作出了规定，同时对审判机关的审理程序、纪检监察机关监督、政府部门协助配合、司法行政部门鉴定、公益诉讼宣传等方面提出了要求，为全区公益诉讼规范有序发展提供了工作遵循。《山东省人民代表大会常务委员会关于加强新时代检察机关法律监督工作的决议》对全省检察机关开展法律监督工作提出了明确要求，同时根据民事公益诉讼和行政公益诉讼两个方面的划分规定了检察机关开展公益诉讼工作的监督方式、案件范围、新领域探索，同时要求全省各级人民政府、监察机关、公安机关、司法行政机关、新闻媒体加强与检察机关的沟通联系，为检察机关开展法律监督工作提供必要支持和保障。

《广西壮族自治区人民代表大会常务委员会关于加强检察机关公益诉讼工作的决定》共 25 条，对党的领导、检察公益诉讼的办案范围及拓展、与东盟国家公益诉讼领域交流等方面作出了规定，对检察机关调查核实权、办案程序、跟进监督、相关单位的协助配合、经费保障、宣传教育等提出了要求，具有鲜明的地方特色。《河南省人民代表大会常务委员会关于加强检察公益诉讼工作的决定》明确了检察公益诉讼的办案领域，根据河南省的实际，规定了检察机关可以在生产安全、产品质量安全、公共交通安全、文物和文化遗产保护、不特定公民个人信息保护等领域探索开展公益诉讼工作。该决定明确了检察、审判、监察、行政等机关各自在检察公益诉讼中的职责和工作要求，同时强调相关部门建立协作机制，并且对检察公益诉讼的办案经费、鉴定服务、人大常委会监督等方面作了规定，推动了检察公益诉讼工作的顺利开展。《湖南省人民代表大会常务委员会关于加强新时代人民检察院法律监督工作的决议》对全省检察机关刑事检察、民事检察、行政检察、公益诉讼检察等法律监督业务提出了要求，对审判、监察、行政等机关各自在检察公益诉讼中的职责和工作要求及协作机制作出了规定，为全省检察机关开展法律监督工作营造了良好的氛围。《河北省人民代表大会常务委员会关于加强检察公益诉讼工作的决定》共 30 条，其内容主要包括检察公益诉讼工作的职责和范围，调查核实权，检察建议送达方式，政府、行政机关、审判机关的各自职责和协作机制建设，以及司法鉴定、经费保障、队伍建设、约束机制、人大监督、宣传教育等。在公益诉讼“等”

外领域、跨区域协作、军地协作、调查核实权保障、行政机关应诉、专家意见、司法裁判执行、鉴定费用、约束性规定以及经费保障等方面依据现有法律法规作出了创新性规定,体现了河北特色。《云南省人民代表大会常务委员会关于加强检察机关公益诉讼工作的决定》围绕全省工作中心和大局,及时回应社会关注和人民群众关切,对检察机关重点办理的公益诉讼案件范围进行了细化,明确了 8 类重点办理的案件范围。同时规定了检察机关与监察机关、公安机关以及其他行政机关的案件线索双向移送机制,并强化了检察建议落实的刚性,体现了鲜明的地方特色。

2020 年相关省份因地制宜密集出台了支持检察公益诉讼工作的地方规范性文件,从法律层面健全并完善了检察公益诉讼制度。2020 年 3 月共有三个地区出台了规范性文件,青海省人大常委会通过的《青海省人民代表大会常务委员会关于加强公益诉讼检察工作的决定》从重点领域公益诉讼、公益保护合力、提升公益诉讼质效和加强监督支持等方面作了较为全面的规定,同时明确了生态环境和资源保护、食药领域的办案重点及案件范围的拓展方向。陕西省人大常委会通过的《陕西省人民代表大会常务委员会关于加强检察公益诉讼工作的决定》共 16 条,其主要内容涵盖了党的领导、人大监督、检察公益诉讼办案方式、案件范围拓展、协调配合机制等方面,同时突出陕西特色,对秦岭生态环境保护、黄河流域生态环境保护、汾渭平原大气污染防治等领域公益诉讼工作提出了要求,体现了省人大常委会对检察公益诉讼工作的重视和支持。重庆市人大常委会通过的《重庆市人民代表大会常务委员会关于加强检察机关公益诉讼工作的决定》对检察机关围绕全市工作大局需要重点开展的公益诉讼案件范围、线索发现、经费支持与保障、协作配合、人大监督等方面作出了规定;并且从长江生态屏障、生态安全方面考虑,要求检察机关加强流域公益诉讼保护的协同配合,促进长江流域特别是三峡库区的生态环境和自然资源保护。2020 年 5 月,有两个地区颁布了加强检察公益诉讼的规范性文件,其中《新疆维吾尔自治区人民代表大会常务委员会关于加强检察公益诉讼工作的决定》共 18 条,明确了检察公益诉讼的办案方式、办案程序、公益诉讼调查权、行政机关的支持配合、检察机关与相关机关的工作衔接、经费保障等方面的具体内容，同时结合实际对丝绸之路经济带、雪山冰川、戈壁沙漠、绿洲草原、野生动植物等生态环境和资源保护的公益诉讼提出了要求，体现了鲜明的地方特色。浙江省人大常委会通过的《浙江省人民代表大会常务委员会关于加强检察公益诉讼工作的决定》对检察公益诉讼的案件范围、办案程序、调查核实权、制度机制建设等方面作出规定，同时对人大常委会、行政机关、监察机关、审判机关等单位支持配合检察公益诉讼工作的职责提出了要求，该决定还就构建长三角一体化公益诉讼协作机制，要求探索建立信息共享协作配合的跨区域办案机制，共同维护国家和社会公共利益。2020年6月，宁夏回族自治区和上海市的人大常委会分别通过了加强检察公益诉讼的规范性文件，其中《宁夏回族自治区人民代表大会常务委员会关于加强检察机关公益诉讼工作的决定》结合当地实际，从检察公益诉讼办案重点、公益保护合力、公益诉讼质效、相关部门支持配合等方面作出了规定。上海市人大常委会通过的《上海市人民代表大会常务委员会关于加强检察公益诉讼工作的决定》除了对检察公益诉讼的领域范围、办案程序、调查核实权、自身建设、相关机关配合与职责、公共法律服务等方面进行规定之外，还结合上海实际，创新规定了系列制度，例如，在案件领域探索方面，明确检察机关可以在城市公共安全、金融秩序、知识产权、个人信息安全、历史风貌区和历史建筑保护等领域探索开展公益诉讼。又如，在社会参与方面，文件对有关社会公益组织、公证机构、律师事务所、调解组织以及社会公众参与公益诉讼的途径、方式等进行了规定。2020年7月，广东省、海南省和甘肃省的人大常委会分别通过了加强检察公益诉讼的决定，其中《广东省人民代表大会常务委员会关于加强检察公益诉讼工作的决定》对重点领域公益诉讼工作、检察机关自身建设、有关国家机关的支持配合、检察公益诉讼的保障和监督、营造社会氛围等方面进行规定的同时，还结合广东实际，要求检察机关对安全生产、公共卫生安全、特殊群体合法权益保护、互联网个人信息保护等领域探索拓展公益诉讼案件范围，也对检察机关发挥公益诉讼职能服务保障粤港澳大湾区、深圳中国特色社会主义先行示范区区域发展格局等重大发展战略提出了要求，推动完善公益诉讼制度。《海南省人民代表大会常务委员会关于加强检察公益诉讼工作的决定》对检察公益诉讼调查核实权保障、提升诉前检察建议监督刚性、构建检察建议抄送制度、完善公益保护协作机制等方面进行了规定，同时明确要求检察机关围绕海南自由贸易港建设和海南经济社会发展，在旅游消费、公共卫生安全、金融安全等领域开展公益诉讼工作，形成了具有海南特色的公益保护体系。

2020 年 7 月，福建省人大常委会审议通过《福建省人民代表大会常务委员会关于加强新时代人民检察院法律监督工作的决定》，该决定涵盖了总体要求、监督理念、服务大局、监督重点等方面，为“四大检察”全面协调发展提供了立法支持和制度保障，其中在公益诉讼部分明确了检察机关的重点办案领域、案件范围的拓展及具有福建特色的诉前圆桌会议等，为检察机关履职营造了良好的氛围和优质法治环境。2020 年 11 月，安徽、江苏两省审议通过了加强检察公益诉讼的决定，其中《安徽省人民代表大会常务委员会关于加强检察公益诉讼工作的决定》强调检察机关办理公益诉讼案件的六大重点领域和四个“等”外探索领域，同时对惩罚性赔偿制度、鉴定保障、检察建议刚性、协作配合、人大监督等方面作出了规定。《江苏省人民代表大会常务委员会关于加强检察公益诉讼工作的决定》是江苏省首次为检察公益诉讼立法，该决定拓展了检察公益诉讼案件范围，对检察机关调查取证手段和方式、规范诉前程序、公益损害赔偿金管理使用、建立公益诉讼协作机制等方面作出了规定，体现了较强的针对性和可操作性。2020 年 12 月，北京市委办公厅、北京市人民政府办公厅印发了《关于深入推进检察公益诉讼工作的意见》，该意见结合京津冀跨区域生态环境司法保护、北京冬奥会、冬残奥会等重点工作对检察公益诉讼的重点任务，案件办理程序、质效，检察机关自身建设，审判机关、行政机关、纪检监察机关各自的工作职责及健全完善检察公益诉讼长效协调机制等方面提出了要求。

2019～2020 年是检察公益诉讼地方性立法密集出台的年份，2021～2022 年仅有个别省颁布了相应规范性文件。2021 年 3 月，山西省人大常委会通过了《山西省人民代表大会常务委员会关于加强检察公益诉讼工作的决定》，该决定要求检察机关充分运用支持起诉、检察建议、提起诉讼等方式依法履行公益诉讼职责，同时对行政机关支持配合、监察机关与检察机关衔接、审判机关依法审判、人大常委会监督及公益诉讼宣传等方面作出了规定。2021 年 9 月，四川省人大常委会审议通过了《四川省人民代表大会常务委员会关于加强检察机关生态环境公益诉讼工作的决定》，该决定是一部单独规定生态环境检察公益诉讼的地方规范性文件，为该省开展生态环境检察公益诉讼增加了法规依据，也是贯彻落实党中央生态文明建设的具体实践，有利于加强长江黄河上游生态保护，具有鲜明的地方特色和亮点。该决定从生态环境检察公益诉讼的办案重点、调查取证、联动协作、工作监督等方面作出规定，对于解决检察公益诉讼调查取证保障不足、损害赔偿资金管理不到位、协作配合不顺畅等问题具有重要意义和参考价值。

2022 年 5 月，上海市人大常委会表决通过《上海市人民代表大会常务委员会关于加强新时代检察机关法律监督工作的决定》，该决定明确了新时代检察机关法律监督的总体要求和工作定位，同时对刑事、民事、行政、公益诉讼“四大检察”职能提出了具体要求，在公益诉讼方面强调要拓展案件范围，建立检察机关介入重大公益事件调查机制，完善诉前磋商程序，探索惩罚性赔偿制度，完善公益诉讼资金专门账户等，对加强新时代法律监督工作，保障和支持检察机关依法履行法律监督职责具有重要意义。这也是上海市人大常委会审议通过的第二个支持检察机关工作的省级规范性文件。同月，新疆维吾尔自治区人大常委会审议通过了《新疆维吾尔自治区人民代表大会常务委员会关于加强新时代检察机关法律监督工作的决议》，支持新疆维吾尔自治区各级检察机关依法履行法律监督职责，在公益诉讼检察法律监督业务中，明确检察机关应当积极稳妥推进公益诉讼检察工作，要求各级相关机关加强与检察机关的联系、协调和配合，特别是检察机关在进行调查核实工作时有关单位和个人应依法支持，形成了“人大 + 检察”的法律监督合力。该决议也是新疆维吾尔自治区人大常委会制定出台的第二部加强检察机关工作的地方性法规文件。2022 年 7 月，江西省人大常委会通过了《江西省人民代表大会常务委员会关于加强检察公益诉讼工作的决定》，该决定结合江西实际明确了检察公益诉讼的重点办案领域和案件范围拓展的方向，要求各级机关、企事业单位、团队、其他组织和自然人支持和配合检察公益诉讼工作,对司法行政部门为检察公益诉讼办案工作提供鉴定服务提出了具体要求,是提升全省公益诉讼工作法治化水平的重要保障。2022 年 11 月,西藏自治区人大常委会通过了《西藏自治区人民代表大会常务委员会关于加强新时代检察公益诉讼工作的决定》,这是党的二十大之后通过的第一个加强检察公益诉讼工作的省级地方性法规,该决定既是推进检察公益诉讼工作深入发展的需要,又是贯彻落实党的二十大报告的具体举措。该决定明确了检察机关在公益诉讼工作中的职能和案件范围,对调查核实权、公益诉讼办案程序、相关机关与检察机关的衔接协作机制、检察机关自身建设、责任追究等方面进行了规定,有利于提升公益诉讼检察质效,推动全区公益诉讼检察工作向纵深发展。2022 年 12 月,天津市人大常委会审议通过《天津市人民代表大会常务委员会关于加强新时代检察机关法律监督工作的决定》,该决定是党的二十大后第二个有关检察机关法律监督工作的省级地方性法规,共 15 条,涵盖法律监督的总要求、重点任务、外部保障、检察机关自身建设和人大监督等内容,在公益诉讼检察方面,该决定强调了检察机关的办案重点及案件范围拓展方向,并对行政机关和检察机关的衔接配合提出了要求。

(三)检察公益诉讼立法实践的主要特点

从前述检察公益诉讼立法实践的梳理来看,党的十八届四中全会以来我国检察公益诉讼的规范体系建设取得了重要成就,初步形成了党内规范性文件、法律、法规、司法解释等多层级规范体系,规范性体系的完善为检察机关更好地履行公益保护职责提供了规范依据,规范体系日益科学完备,既体现出了自己独特鲜明的特征,又为检察公益诉讼专门立法创造了条件。

党内规范性文件为检察公益诉讼法律规范体系的发展完善提供了遵循和方向。党的十八届四中全会通过的《中共中央关于全面推进依法治国若干重大问题的决定》成为检察公益诉讼制度规范体系发展的逻辑起点,为了落实该决定关于检察公益诉讼制度的部署,关于检察公益诉讼试点的规范性文件接连出台,比如全国人大常委会颁布的《关于授权最高人民检察院在部分地区开展公益诉讼试点工作的决定》,最高人民检察院、最高人民法院先后印发的《检察机关提起公益诉讼改革试点方案》《人民检察院提起公益诉讼试点工作实施办法》《人民法院审理人民检察院提起公益诉讼案件试点工作实施办法》，为检察机关开展公益诉讼试点和审判机关审理公益诉讼案件提供了基本规范。党的十九届四中全会通过的《中共中央关于坚持和完善中国特色社会主义制度　推进国家治理体系和治理能力现代化若干重大问题的决定》要求“拓展公益诉讼案件范围”。中共中央印发的《关于加强新时代检察机关法律监督工作的意见》以及党的二十大报告分别提出了完善公益诉讼制度的要求，为检察公益诉讼法律规范体系的进一步发展指明了方向。因此，推动公益诉讼和检察公益诉讼专门立法成为理论界和实务界热议的课题，也成为检察机关贯彻落实党的二十大精神推动公益诉讼高质量发展的具体实践。

法律和司法解释搭建了检察公益诉讼规范体系的基本框架。2017 年《民事诉讼法》《行政诉讼法》以基本法的形式确立了检察公益诉讼制度，检察民事公益诉讼正式成为民事诉讼法中的一项重要诉讼制度，立法的确立为检察公益诉讼的发展奠定了制度基础。随着检察公益诉讼的全面推开、实践及司法改革的进行，全国人大常委会又修正了《人民检察院组织法》《检察官法》，分别对检察机关的公益诉讼职权作出了规定。《民事诉讼法》为检察民事公益诉讼制度案件范围的拓展预留了空间，为了解决相关领域公益治理的难题，全国人大常委会进一步通过了《中华人民共和国英雄烈士保护法》《中华人民共和国个人信息保护法》等单行法律，并在单行法中增设检察公益诉讼条款，为检察公益诉讼的适用扩充了法律依据。同时，最高人民检察院制定出台了公益诉讼司法解释，为办案实践提供了统一的规范依据，涵盖了基本法、单行法、司法解释的检察公益诉讼规范体系的基本框架初步形成。

省级人大常委会通过的地方性法规成为检察公益诉讼规范体系的有益补充。自 2018 年以来，全国大部分省份的人大常委会先后就加强检察机关法律监督工作或者公益诉讼工作作出专项决定，部分地区如上海、新疆还作出两个决定，进一步为地方检察机关开展公益诉讼提供了规范依据。省级人大常委会出台的加强公益诉讼决定大多是结合本地区实际根据有关法律法规制定的，主要是公益诉讼检察办案的程序性规则,如办案领域或者案件范围拓展均以列举方式予以体现。有些地区的决定具有鲜明的地方特色,比如陕西省就规定检察机关应结合本省实际拓展秦岭生态环境保护、黄河流域生态环境保护、汾渭平原大气污染防治等领域公益诉讼案件范围;新疆则要求检察机关依法办理雪山冰川、戈壁沙漠、绿洲草原、野生动植物等生态环境和资源保护方面的公益诉讼;黑龙江省则关注黑土地、湿地及土地资源、矿产资源、林业资源、草原资源等生态环境和资源保护领域的公益诉讼案件;海南省要求检察机关围绕海南自由贸易港建设开展公益诉讼工作。同时,尽管各省规范性文件的文本内容同质化严重,但有些规定也存在不明确的问题,例如,鉴定费的保障和承担问题,如广东、广西、安徽、江西、上海、四川、吉林等地都规定了先鉴定、检验后付费工作机制,那么鉴定费最终的承担主体不明确,只有吉林省规定未预先收取的鉴定费待人民法院判决后由败诉方承担;又如,公益诉讼赔偿金的管理和适用一直是检察机关司法实践中面临的问题,有些地方性法规尚未对此作出回应,有些地区则仅作了原则性规定,即"积极探索建立公益诉讼赔偿金管理使用办法",如广东、广西、河北、河南、湖北、陕西、上海、新疆、重庆等地均有相同或类似的表述,但缺乏可操作性。只有个别地区的地方性法规作了具有可操作性的规定,如江苏规定:"公益损害赔偿金属于非税收入的,纳入预算管理;不属于非税收入的,可以纳入财政代管资金专户管理。公益损害赔偿金应当用于公益修复、赔偿和保护等",浙江规定"公益诉讼赔偿金全额缴入国库,实行收支两条线管理"。司法权在本质上属于中央事权,关于司法机关的产生、组织和职权只能由法律规定。《立法法》第 11 条也规定诉讼和仲裁制度只能制定法律,检察机关提起公益诉讼属于诉讼制度范畴,应通过法律予以规范,因此关于检察公益诉讼省级地方性法规的大规模制定有一定的司法地方化倾向。司法地方化往往被认为是一种司法异化现象,不利于国家法治统一与法治建设。但目前全国人大尚未制定关于检察公益诉讼的统一立法,作为地方立法实验或者先行性地方立法的检察公益诉讼地方性法规,可以为国家统一立法的制定探索路径、奠定基础,通过发挥地方立法实验的作用为将来公益诉讼或者检察公益诉讼的单独立法提供条件。

二、检察公益诉讼制度专门立法的路径

党的二十大报告强调完善公益诉讼制度。立法完善是保障检察公益诉讼制度高质量发展的要求，也是贯彻落实党的二十大精神的具体实践，因此检察公益诉讼专门立法必将成为当前和今后一个时期理论和实践关注的重点问题。目前实践中已经形成了从基本法到单行法，再到司法解释和地方性法规的多层次全方位立体化的规范框架体系，为检察公益诉讼制度的完善发展提供了强有力的支持，也为检察公益诉讼专门立法提供了可能。本书将围绕检察公益诉讼专门立法的必要性展开，分析检察公益诉讼专门立法的模式与路径，为实践的需要提供借鉴和参考。

（一）检察公益诉讼专门立法的必要性与可能性

贯彻落实党的二十大精神的需要。党的二十大报告在"坚持全面依法治国，推进法治中国建设"中明确要求"完善公益诉讼制度"，报告作出完善公益诉讼制度的部署，既是对公益诉讼实践的充分肯定，也指明了下一步公益诉讼发展的方向。"完善公益诉讼制度"在报告的"严格公正司法"部分，虽然没有特指检察公益诉讼，但是基于公益诉讼的立法和司法实践，应该主要指向检察公益诉讼制度的完善。党中央始终高度重视检察公益诉讼在国家治理中的重要作用，十八届四中全会从顶层设计上提出探索建立检察机关提起公益诉讼制度。中共中央印发的《法治中国建设规划（2020－2025年）》《关于加强新时代检察机关法律监督工作的意见》等系列文件都对检察公益诉讼制度的发展和完善指明了方向，党的二十大再次作出完善公益诉讼制度的决策部署，是新时代新征程检察机关推动公益诉讼制度高质量发展的行动纲领。因此，加快检察公益诉讼专门立法，既可以为公益司法实践的长远发展提供法治保障，也是贯彻落实党的二十大精神的实际行动。

推动检察公益诉讼制度高质量发展的需要。自2015年以来，从检察公益诉讼的立法实践来看，几乎每年都有涉及公益诉讼的规范性文件出台，立法举措频繁。从立法过程来看，检察公益诉讼首先被纳入民事诉讼法或者行政诉讼法并作为原则性条款，但一个体系化的公益诉讼制度仅有一个诉讼条款难以支撑，此后检察公益诉

讼便像毛细血管一样作为宣示性规定嵌入相关单行法中，或者由各地方结合实际进行公益诉讼实施机制的探索并制定相应的地方性法规，[①]再辅之以一定的司法解释初步形成了检察公益诉讼的规范性框架体系。立法实践为检察公益诉讼的有效开展提供了有力的制度保障，在一定程度上克服了公益诉讼立法供给不足带来的困境，为将来检察公益诉讼的专门立法提供了有益参考和经验性佐证。[②] 但这种立法状况也存在一些问题，如条文数量少，立法内容比较原则，可操作性差，相关立法规定分散甚至存在冲突，在一定程度上无法满足检察公益诉讼实践对立法供给的需要。公益诉讼作为维护公共利益的特殊程序，其具体内容如原告资格、起诉条件、诉讼请求、证据规则、诉讼处分、责任方式、诉讼费用承担、判决执行等方面均与私益诉讼不同。鉴于公共利益的不特定性，上述程序性规则不能套用传统的民事诉讼规则，这些内容在实质上涉及公共利益的判断、界定及公共资源的分配等问题，应当由体现全民意志的法律规定相应程序，如果一味地采用私益诉讼的规则和程序救济公共利益则会形成一种逻辑错位现象。[③] 综上可知，立法不足仍然是制约我国检察公益诉讼实践的主要因素，当前规范性文件之间的不统一、不协调、不配套等问题逐渐显现并无法支持检察公益诉讼的发展完善，因此，加强公益诉讼立法特别是检察公益诉讼立法势在必行。

实现分散立法到专门立法发展趋势的需要。目前我国公益诉讼的立法实践，主要采取了“基本法 + 单行法 + 司法解释”的立法模式，在单行法中分散授权检察公益诉讼条款，借道民事诉讼法或行政诉讼法及司法解释的程序性规则办理公益诉讼案件，这种模式为检察公益诉讼的快速发展提供了基础。但是，随着检察公益诉讼制度的发展完善，其不足之处逐渐凸显，[④]主要体现在现有立法已经不能完全支撑检察公益诉讼的特殊性需要。检察公益诉讼是一项

---

① 参见汤维建：《公益诉讼实施机制的生成路径——公益诉讼地方立法述评》，载《人民检察》2021 年第 11 期。

② 同上。

③ 参见巩固：《公益诉讼的属性及立法完善》，载《国家检察官学院学报》2021 年第 6 期。

④ 参见段文龙：《加快推进检察公益诉讼专门立法》，载《检察日报》2022 年 11 月 11 日，第 3 版。

主动性很强的业务,从线索发现到立案到诉讼程序再到执行程序,检察机关要主动参与整个办案过程,全流程性的特点非常明显。但公益诉讼与传统私益诉讼存在很多不同,其最大区别在于公益诉讼属于客观诉讼,起诉主体多元化,受益主体具有不特定性,整个诉讼程序既涉及程序问题又涉及实体问题。[①] 检察公益诉讼在借道传统诉讼规则时体现出“私诉化”倾向,目前的《民事诉讼法》《行政诉讼法》及相关授权性单行法大都是原则性、分散性规定,缺少具体的操作性内容,即便有司法解释或者地方性法规予以补充,但法律位阶较低,难有大的突破,特别是不易获得其他部门的认可和遵从。[②] 因此,缺少专门立法保障的检察公益诉讼制度远不能满足实践需求。同时,国外公益诉讼的立法体现出从“分散立法”到“聚集立法”再到“专门立法”的发展历程,如德国制定了《反限制竞争法》《商标法》《折扣法》等与公益诉讼有关的单行法;法国则开始将分散式公益诉讼单行法进行规范汇编,体现出“聚集立法”的模式,其代表就是《消费者法典》,将分散的消费者保护立法汇编成典;除此之外,部分国家开始探索公益诉讼的专门立法,巴西制定的《公共民事诉讼法》确立了民事公益诉讼制度及相应程序机制,检察机关是提起公益诉讼最主要的诉权主体。[③] 综上所述,为了进一步弥补分散立法模式无法适应检察公益诉讼发展需要的不足,可以在参考域外国家公益诉讼立法的基础上推动分散立法走向专门立法。

检察公益诉讼专门立法的条件初步成熟。司法实践是立法的基础,立法要随着司法实践的发展而发展。检察公益诉讼制度自全面推开以来,已经办理了大量案件,为推进相应的立法工作提供了坚实的实践基础。立法实践及立法探索已经为检察公益诉讼专门立法积累了一定经验,目前检察公益诉讼的法律条款主要来自《民事诉讼法》《行政诉讼法》及一系列单行法,最高司法机关也颁布了

---

① 参见季美君:《推进专门立法强化公益诉讼检察制度供给》,载《检察日报》2022年12月30日,第3版。

② 参见巩固:《公益诉讼的属性及立法完善》,载《国家检察官学院学报》2021年第6期。

③ 参见崔玮:《深入推进检察公益诉讼专门立法》,载《检察日报》2022年9月5日,第3版。

关于程序性规则的司法解释，全国大部分省份均颁行了检察公益诉讼的地方性立法，检察公益诉讼制度的规范性体系初步建立，为检察公益诉讼的专门立法提供了借鉴、参考和支撑。同时，丰富深厚的理论研究成果为检察公益诉讼专门立法提供了智力支持。在检察公益诉讼制度确立之前，理论界已经在检察机关提起公益诉讼的理论基础、程序规则等方面进行了大量研究，为制度的确立提供了理论依据。在检察公益诉讼以法律形式正式确立之后，理论界围绕制度的程序规则、证据规则、案件范围、诉讼请求等重要问题进行了深入系统的研究，理论研究成果日益丰硕。在中国知网上以“公益诉讼”“检察”为关键词进行查询统计，并设定日期为 2017 ~ 2022 年，按照期刊查询范围，关于检察公益诉讼的研究成果已经超过 1 万篇，相关专著也大量出版。最高人民检察院先后在全国各地设立了多个公益诉讼检察理论研究基地，[①]该基地成为理论界和实务界无缝连接的重要节点，检察公益诉讼基础理论、办案领域和案件范围拓展、调查核实权、惩罚性赔偿、专门立法等问题在理论和实务的良性互动、深度融合中逐渐达成共识。可见，当前检察公益诉讼的理论研究已经积累了相当数量的成果，能够为推进诉讼专门立法提供理论依据和智力支持。

（二）检察公益诉讼专门立法的路径选择

检察公益诉讼专门立法是贯彻落实党的二十大精神的具体实践，有利于推动检察公益诉讼高质量发展，弥补分散性立法的弊端，且专门立法的条件已初步成熟，因此有必要围绕模式、原则对专门立法的路径进行构建。

1. 检察公益诉讼的立法模式。关于检察公益诉讼立法模式的选择问题目前在理论界和实务界已经有了一些研究，有学者提出了检察公益诉讼的三种立法模式，并分析了每种模式的利弊，认为目前应当制定“人民检察院提起公益诉讼法”，这种模式有利于解决检察机关提起公益诉讼面临的众多法律问题，但也存在逻辑上需要解决的问题。因为有权提起公益诉讼特别是民事公益诉讼的主体

---

① 参见胡立新、魏再金：《我国检察公益诉讼单独立法问题研究》，载《四川警察学院学报》2022 年第 2 期。

非唯一性，若仅制定“检察公益诉讼法”，那么针对其他公益诉权原告主体是否也需要制定专门的法律？所以，从长远来看还需制定涵盖所有公益诉讼主体的专门公益诉讼法。[①] 也有学者主张公益诉讼制度建设需要法律层面的立法，构建包括一般规定的“公益诉讼法”和若干针对具体领域的公益诉讼单行法，如“检察公益诉讼法”，立法顺序原则上从一般到具体，但也可以根据实际情况优先制定单行法。[②] 还有学者提出虽然推进公益诉讼专门立法已基本达成共识，但现阶段制定一部系统完备、规模宏大、囊括各类主体的公益诉讼法难度较大，应先制定“检察公益诉讼法”[③]。因此，关于检察公益诉讼的立法模式问题，已经成为理论界持续关注的重点并产生了很多有价值的研究成果。

关于立法模式还需要澄清如下问题：一是在三大诉讼法之外制定单独公益诉讼法的必要性。目前法学界已经习惯了传统的三大诉讼法结构，为此很多学者认为，在民事诉讼法或者行政诉讼法中设置公益诉讼的专章规定再辅之以相应的司法解释，没有必要浪费司法资源进行专门立法。尽管《民事诉讼法》或《行政诉讼法》对公益诉讼进行了规定，但都是一般性公益诉讼条款，是概括性、原则性规定，属于立法的权宜之计，不能从根本上解决检察机关办理案件的问题，即便有相应程序性规则的司法解释，但是法律位阶较低。如果检察机关办理公益诉讼案件大都依据国家政策、司法解释、地方性法规、办案指南等，则无法保障制度的长远发展。从公益诉讼的内在机理来看，其与私益诉讼有很大区别，如果完全将公益诉讼嵌入传统诉讼的程序框架，会产生两者不能兼容的问题。从法律体系的完善和发展来看，应该深化对诉讼制度的认识，有必要将公益诉讼从传统诉讼中分离出来，进行单独立法以保障公益诉讼的发展需要。二是全面立法还是局部立法的问题。既然明确了公益诉讼

---

① 参见张峰、张嘉军：《人民检察院提起公益诉讼的立法模式》，载《人民论坛·学术前沿》2018 年第 8 期。

② 参见巩固：《公益诉讼的属性及立法完善》，载《国家检察官学院学报》2021 年第 6 期。

③ 参见崔玮：《深入推进检察公益诉讼专门立法》，载《检察日报》2022 年 9 月 5 日，第 3 版。

应该走专门立法的方向，那么是制定有关整体性公益诉讼机制的“公益诉讼法”还是单独制定“检察公益诉讼法”。从公益诉讼实践来看，检察公益诉讼在我国公益诉讼格局中占据了举足轻重的地位，检察机关办理了大量公益诉讼案件，今天我国公益诉讼制度成绩的取得得益于检察机关提起公益诉讼制度的确立和发展。因此，理想的立法模式是制定一部涵盖相关公益诉讼机制的“公益诉讼法”，但是难度较大，历经大量司法实践后的检察公益诉讼规则已基本成型，迫切需要提升法律位阶。根据法典编纂规律和我国公益诉讼实践，先行制定“检察公益诉讼法”的条件相对成熟、难度小、立法周期短，待将来在总结并积累更多经验的基础上再行制定整体性的“公益诉讼法”，是当下更现实更优的模式选择。三是“检察公益诉讼法”是一部单纯的程序法还是一部实体与程序融合的单行法。通常来说，根据法律规定内容的不同可以分为实体法与程序法，但是实践中这种划分不是绝对的，现代立法往往在同一部法律中兼顾实体规则与程序规则，因此，现实法律体系中已经形成了实体法与程序法相互兼容的特点。在对检察公益诉讼专门立法时，其内容以程序为主还是将实体与程序一体化规定，在实践中还存有不同的观点。有学者认为，“检察公益诉讼法”应当是一部程序法，因为相应的实体规则在《民法典》等相关部门法中都已经明确规定，无须再浪费立法资源；也有学者认为，应当制定一部实体法与程序法相融合的检察公益诉讼法，防止出现程序空转，实现公益侵害问题的系统解决。诉讼法是有关司法程序的法律，主要规定司法机关和诉讼参与人进行诉讼活动的程序规范，检察公益诉讼虽然与传统诉讼有所区别，但诉讼的根本属性未变，因此“检察公益诉讼法”要以诉讼程序规则为主，只有相关实体法中未规定的内容且有必要在公益诉讼程序中体现时才考虑纳入“检察公益诉讼法”。

2. 检察公益诉讼专门立法的路径选择。在立法过程中，一般坚持宜细不宜粗的原则，但检察公益诉讼涉及行政诉讼法、民事诉讼法、实体法、法律监督等各方面内容，如果“检察公益诉讼法”规定的内容过粗，有可能导致立法不能发挥应有规范作用，还需要其他规范性文件予以补充的问题，但要想通过一部单行法融合所有诉讼法与实体法等内容显然不符合实际。在这种背景下，根据目前的实践需要，“检察公益诉讼法"应遵循宜粗不宜细的原则，主要制定大的框架，带有基本的工作指导手册性质，不宜将所有问题都进行规定，以便既能发挥立法引领作用，又能推动检察公益诉讼的发展完善。"检察公益诉讼法"作为三大诉讼法之外的关于检察机关提起公益诉讼的程序规则，如何协调与民事诉讼法、行政诉讼法的关系是立法时需要考虑的问题。如原诉讼法中的检察机关提起的公益诉讼法律条款是否还要保留，若保留，与"检察公益诉讼法"条款之间如何衔接。关于"检察公益诉讼法"的目的论问题，作为专门规范检察机关提起公益诉讼的法律，在立法时要站在国家治理、社会治理的角度充分体现检察公益诉讼的制度价值，立法目的不是构建单纯的诉讼形式，而是预防或者控制侵害国家利益和公共利益的风险、行为。立法过程中要处理好检察机关与其他国家机关、社会组织的关系，特别是诉讼程序肯定离不开法院的参与，应当以立法形式形成维护国家利益、社会公共利益的合力。

在"检察公益诉讼法"的立法路径选择方面，从立法实践来看，目前主要集中在《民事诉讼法》《行政诉讼法》《英雄烈士保护法》等法律，以及司法解释、检察公益诉讼办案指南等中。但是，随着检察机关办案数量的增多，仅依靠上述规范性文件不能满足检察公益诉讼制度的可持续发展需要，立法需要进行实践的探索，实践也需要通过立法完善不断发展，检察公益诉讼制度中的诉讼地位、案件范围、诉讼规则、程序机制完善等内容都需要有明确的立法规范方能更好地运行。为此，很多学者就检察公益诉讼制度的立法完善提出了不少建议，如有学者从应然角度，提出检察公益诉讼制度的三种立法模式，一是修改《民事诉讼法》对检察民事公益诉讼程序进行细化规定；二是全国人大常委会出台检察公益诉讼的立法解释；三是制定"人民检察院提起公益诉讼法"，并在分析三种模式的优劣后认为最为理想的模式是制定专门的"公益诉讼法"，将公益诉讼的实体和程序问题进行明确规定。[①] 有学者认为，应该综合考量我国立法传统、立法技术、立法内容的成熟度及立法时机等因素确立

---

① 参见张峰、张嘉军：《人民检察院提起公益诉讼的立法模式》，载《人民论坛·学术前沿》2018 年第 8 期。

近期和远期的立法模式，近期通过《民事诉讼法》进行特别规定，远期则是制定公益诉讼单行法。[①] 也有学者认为，从公益诉讼调整对象、诉讼原则和诉讼主体的特殊性考虑，对公益诉讼进行专门立法具有必要性；现阶段可以通过完善检察公益诉讼司法解释的方式对检察公益诉讼的诉讼主体、案件管辖、证明责任、诉讼衔接、创建紧急程序等方面进行完善。[②] 还有学者认为，最高人民检察院制定实施的《人民检察院公益诉讼办案规则》为检察公益诉讼专门立法提供了条件，奠定了坚实基础。[③] 上述学者从不同角度对检察公益诉讼的立法完善提出了建议和方法，立法供给不足成为制约检察公益诉讼发展的主要问题，《民事诉讼法》《行政诉讼法》仅仅作出了原则性规定，"两高"的司法解释也未对检察公益诉讼的所有程序问题进行明确，所以，立法的供给和完善是检察公益诉讼制度可持续发展的重要条件。

检察公益诉讼程序规则的构建需要依赖于传统的民事或者行政诉讼程序，但是基于公益诉讼程序的特殊性，在遵循传统诉讼制度和原则的同时，需要根据检察权的运行规律进行程序设计，程序规范的设计、成熟与完善最终通过立法方式进行固定。对于一些仅涉及检察机关自身的程序规范，最高人民检察院可以及时制定有关规则或者出台相应的司法解释。对于涉及检察和审判的程序规范，可以由最高人民法院和最高人民检察院联合出台司法解释。从私人化走向社会化是民事诉讼的发展趋势，社会化的民事诉讼除了保护私益之外也更注重对社会公共利益的维护。但是私益纠纷和公益纠纷是两种性质截然不同的纠纷，分别具有不同的特点，诉讼制度的一个基本原理是程序相称，也就是根据不同类型的纠纷设置相应的诉讼程序，不同的纠纷解决模式才能满足社会公共利益与私人利益不同利益形态的司法救济需要，因此未来的立法供给还是需要

---

① 参见张旭东：《环境民事公益诉讼特别程序研究》，法律出版社 2018 年版，第 76 页。

② 参见汤维建、刘艺、田凯：《检察公益诉讼：立法完善与程序机制保障》，载《检察日报》2019 年 5 月 20 日，第 3 版。

③ 参见段文龙：《加快推进检察公益诉讼专门立法》，载《检察日报》2022 年 11 月 11 日，第 3 版。

进行单独的检察公益诉讼立法。从总体上来看，“检察公益诉讼法”的文本结构可以参照《民事诉讼法》中总则、立案及诉前、提起诉讼程序、审判程序、执行程序、附则等内容。其中，总则部分主要包括检察公益诉讼的根本任务、基本原则、管辖规则、证据、期间及送达等规定；立案及诉前、提起诉讼程序部分规定了公益诉讼案件进入审判机关之前的办理程序规则，包括民事公益诉讼、行政公益诉讼和刑事附带民事公益诉讼；审判执行程序方面应根据检察权的运行规律和特点设置相应的一审、二审、再审和执行规则；附则对诉讼费用、施行日期等内容进行规定。以上就是“检察公益诉讼法”的总体框架设计，在此基础上根据《人民检察院公益诉讼办案规则》的相关规定对具体条款进行细化，发挥典型案例的规则生成作用，形成一部既符合我国实际，又能将行政机关、审判机关、检察机关等融为一体的专门立法，通过专门立法处理好相关主体之间的关系，推动检察公益诉讼的高质量可持续发展，更好地维护社会公共利益。

第五节　检察民事公益诉讼制度的未来面向

一、案件范围拓展的基本路径

从法律规定来看，立法机关在《民事诉讼法》中将检察机关提起民事公益诉讼的案件范围限定于生态环境和资源保护、食品药品安全等领域，从立法技术上来看理论界普遍认为该处的“等”应该是“等外等”。当下对社会公共利益的侵害最为严重、人民群众最为关心的问题集中于生态环境和资源保护、食品药品安全领域，所以立法机关对上述两类民事公益诉讼案件范围进行了明确规定，这也是检察机关办理民事公益诉讼案件的重点。同时，立法机关通过“等”字规定为检察民事公益诉讼案件范围的扩展预留了空间，这首先在 2018 年 5 月 1 日起施行的《英雄烈士保护法》中得到了体现，该法第 25 条明确规定，检察机关有权针对侵害英雄烈士姓名、肖像、名誉、荣誉等损害社会公共利益的行为向人民法院提起公益诉讼，为案件范围的扩展提供了参考。此后，相关单行法又将案件领域扩展到未成年人合法权益、军人权益、安全生产、个人信息保护、反垄断、电信网络诈骗、农产品质量、妇女权益保障等领域。立法机关以立法形式为检察公益诉讼提供明确的案件领域，通过单行法形式扩展公益诉讼案件等外领域，因此检察公益诉讼案件范围总体上呈现不断拓展趋势。立法机关如此频繁出台相关单行法，体现了检察公益诉讼已经在公益治理中发挥出了独特制度优势和价值，得到了社会的普遍认可。

尽管立法机关通过单行法形式推动了检察公益诉讼案件范围的拓展，但是相关规范性文件呈现出分散化特点，致使检察公益诉讼的案件领域体现出零碎、非体系化状态，为此理论界一直在探讨检察公益诉讼案件范围拓展的路径问题，特别对拓展原则、拓展领域等进行了广泛探讨。例如，有学者从检察机关公益诉讼的困境出发，认为案件范围过窄，应当适当扩大到侵害消费者权益、劳动者权益、行业不正当竞争、知识产权等领域；[①]有学者认为根据当前公共利益保护的实际，应将公平竞争保护、国有资产保护、互联网个人信息保护、证券市场投资者保护纳入检察民事公益诉讼的案件范围；[②]也有一些学者从其他角度对案件范围的拓展提出了建议，比如从文化遗产保护的角度，探索检察机关提起公益诉讼的路径；[③]还有学者提出检察公益诉讼案件范围应当扩展至专业性、技术性更强、影响范围更广，关乎国家持续性发展核心利益和重大社会公共利益，涵盖社会组织力量缺位、监管易于“失序”、政府“失灵”风险较高的关键场域。[④] 也有学者从行政公益诉讼范围的比较中对检察机关提起民事公益诉讼的制度空间进行了分析，认为行政机关是维护公共利益的第一责任主体，检察民事公益诉讼的制度空间存在于立法未对某个领域配置负有监管职责的行政机关或该机关未被授予有效监管权力的领域，现阶段表现为国有资产转让行为无效、宣告婚姻无

---

① 参见曹明德：《检察院提起公益诉讼面临的困境和推进方向》，载《法学评论》2020 年第 1 期。

② 参见赵吟：《检察民事公益诉讼的功能定位及实现路径》，载《法治研究》2019 年第 5 期。

③ 参见李响：《公众参与文化遗产保护的公益诉讼进路研究》，载《中国高校社会科学》2019 年第 6 期。

④ 参见潘剑锋、牛正浩：《检察公益诉讼案件范围拓展研究》，载《湘潭大学学报(哲学社会科学版)》2021 年第 4 期。

效、撤销监护未成年人的监护人资格三类案件。① 由此可见,学者们针对检察民事公益诉讼案件范围扩展的研究为实践提供了基本的理论支撑,也为未来检察民事公益诉讼案件范围的拓展提供了思路与路径参考,但拓展的方法论、拓展依据、拓展原则、拓展范围等问题仍然需要进一步深究。

案件范围是检察公益诉讼制度的基础,对案件范围的拓展有利于解决实践中的公益侵害问题。检察公益诉讼案件范围拓展是一个复杂的综合性问题,既需要方法论指导,也需要理论的深化。首先,案件范围的拓展既需要积极稳妥的方法论的指导,以能动检察为理念,积极办理人民群众反映强烈的公益侵害案件,又要稳妥推进,注重相关领域公益诉讼案件办理的质量和效果。其次,考量各种因素,既要考虑公共利益的实际需要,又要考虑司法权与行政权、公权与私权的合理边界。行政机关是公益维护的第一责任人,设立公益诉讼制度的目的是补充行政执法在公益治理方面的失效,因此检察权要尊重行政权,检察机关不能僭越司法权的边界。再次,围绕公共利益展开,公共利益的内涵与外延决定了公益诉讼案件范围的拓展方向,公共利益是一个模糊概念,其内涵与外延的确定一直是理论研究难点,目前通说认为公共利益是指不特定多数人的利益,其界定方式主要包括立法和司法两种方式,②立法安排是目前常用的公共利益确定方式。最后,案件范围拓展立法模式的具体选择。目前的模式主要有概括式、列举式和混合式三种,③概括式体现了开放性,但是不容易把握,列举式是有限的并滞后于社会生活,但为司法人员提供了明确标准。目前检察民事公益诉讼的案件范围采取的"《民事诉讼法》+单行法"并行的检察公益诉讼案件范围拓展模式虽然显得分散,但符合我国公益治理的迫切需要,需要在实践中进一步探索符合制度发展的案件范围拓展模式。

检察民事公益诉讼案件范围的扩展所涉及的最重要问题就是

---

① 参见林莉红:《检察机关提起民事公益诉讼之制度空间再探——兼与行政公益诉讼范围比较》,载《行政法学研究》2022 年第 2 期。

② 参见颜运秋:《中国特色公益诉讼案件范围拓展的理由与方法》,载《深圳社会科学》2021 年第 1 期。

③ 同上。

将社会公共利益纳入司法保护的范畴问题,也就是哪些社会公共利益需要由检察机关通过司法途径维护。本书在前文中提出纳入法律保护范围的社会公共利益必须是纯粹性社会公共利益,即不特定多数人的利益。从实践所审理案件的类型来看,对公共利益的判定标准主要有利益关联主体的不确定、实际损害、潜在损害等。[①] 因此纳入检察民事公益诉讼案件范围的社会公共利益必须具有一定的认定标准,本书认为这个标准主要涉及利益的公共性和利益的受损害性,利益的公共性是指社会公共利益关联主体的不特定性,必须是不特定多数人的利益,公共性是最重要的标准;利益的受损害性是指具有公共性的利益必须受到实际侵害或者具有受侵害的危险,受损害性是前提和基础。所以通过检察机关提起民事公益诉讼保护的社会公共利益必须符合受损害性和公共性两个标准,这是探讨检察民事公益诉讼案件范围拓展的基础性命题。

在明确了案件范围拓展的基础后,还需要对扩展的原则及路径进行探讨。在党的十九届四中全会明确提出拓展公益诉讼案件范围后,最高人民检察院提出了检察公益诉讼“等”外领域探索的原则是“积极、稳妥”,这为检察民事公益诉讼案件范围的拓展提供了总体指导思路。所谓积极原则,是指检察机关作为社会公共利益的代表,对人民群众反映强烈、最关心最迫切需要解决的侵害社会公共利益的问题在坚持合法性原则的前提下及时纳入司法审查范围,发挥好司法保护公共利益的职能作用;所谓稳妥性原则,是指检察机关在积极拓展案件范围的同时,应该审慎而行,做好案件的评估,处理好案件范围拓展与自身资源能力之间的矛盾冲突,对于难度大、风险大的新型公益诉讼案件充分运用先行先试方法,确保做实每一起拓展的公益诉讼案件,提高案件办理的质效。同时,还应该遵循必要性和量力而行原则,所谓必要性原则是指检察机关的谦抑性原则,[②]从理论上看,公益诉讼案件范围的拓展存在无限性的可能,但是作为国家司法机关,检察机关在公共利益保护体系中并非

---

① 参见顾向一:《受司法保护的公共利益界定标准及完善——基于环境民事公益诉讼判决的分析》,载《学海》2019 年第 6 期。

② 参见田凯:《拓展检察公益诉讼范围思考》,载《检察日报》2019 年 12 月 17 日,第 3 版。

主要机构，行政机关仍然承担着维护公共利益的首要责任，因此，检察民事公益诉讼案件范围的拓展既要积极又要谦抑，找准检察民事公益诉讼案件范围的边界，确保检察权的行使合法、合理、必要。所谓量力而行原则，是指尽管法律和政策都为案件范围拓展提供了依据，但检察机关在进行案件范围拓展时需要充分考虑侵害社会公共利益行为的发生概率、自身的办案资源、办案能力、专业知识、司法成本等，进行充分评估，确保"等"外领域案件的办理既能够在检察机关可承受的能力范围内，也具有维护社会公共利益的重要价值。

关于检察民事公益诉讼案件范围拓展的具体路径，首先，需要细化现有的案件范围，尽量在"等"内领域挖掘更多的公益诉讼案件。其次，对有明确单行法依据的领域，比如安全生产、互联网及公民个人信息保护、未成年人权益保护等领域可以积极开展实践；对其他侵害公益严重的问题通过先行先试进行个案探索。最后，关于拓展的范围问题，由于公共利益是一个变化中的动态概念，无法对其范围进行明确界定，因此有学者建议采取概括肯定加列举否定的立法模式。[①] 但是列举否定是否可以穷尽所有内容尚存疑问，因此也就无法对检察民事公益诉讼案件范围扩展的具体范畴进行准确概括，只能根据纳入司法保护范畴的公共利益认定标准，对相关法律进行修改赋予检察机关在有关领域公益诉讼诉权，或者由检察机关对严重侵害社会公共利益的相关领域进行先行先试，试点成熟后通过修改法律、出台司法解释予以立法确立，逐步完善不同领域公共利益保护的司法途径，探索形成类型化的公益诉讼保护体系。

二、社会公共利益保护体系的构建

构建公共利益保护体系是作为社会公共利益代表的检察机关在未来需要规划的问题，也是在国家治理中推动形成协同治理格局的关键。在构建公共利益保护体系的过程中，应该明确不同主体在维护社会公共利益中的定位、职责，检察机关行使检察权的边界和

---

① 参见颜运秋：《中国特色公益诉讼案件范围拓展的理由与方法》，载《深圳社会科学》2021 年第 1 期。

与行政机关的协同,检察机关、行政机关、社会组织和公民个人如何协同推进解决国家治理中侵害社会公共利益的难题是检察民事公益诉讼制度在未来面向中需要研究和探讨的课题。

检察民事公益诉讼的边界,涉及的是检察权与行政权的关系重构问题,从理论上讲,检察民事公益诉讼案件范围的拓展可以无穷尽,是否意味着检察机关可以在未来对各领域侵害社会公共利益的行为都可以越过行政机关直接诉诸法院,以司法手段实现对社会公共利益的维护？在维护社会公共利益问题上,西方国家司法权与行政权发展关系的演变规律具有一定的借鉴意义,进入"福利社会"后,西方国家基于行政机关的专业性、灵活性和效率性考虑,在处理实质性公共利益问题上普遍确立了行政权优先原则,司法机关充分尊重行政机关的行政执法权,司法权不能超越更不能代替行政权,两者始终处于动态平衡状态。① 因此,西方国家在解决实质性社会公共利益问题上所确立的行政权主导地位遵循了法治的基本原理和要求,对完善我国检察民事公益诉讼制度具有一定的参考价值。

检察民事公益诉讼在未来的发展中,除了有序拓展案件范围之外,也需要明确检察权的边界,准确界定行政权与司法权各自的职责,行政权优先是检察民事公益诉讼制度未来面向中必须确立和遵循的原则之一,如果检察机关在提起民事公益诉讼问题上过于积极主动,容易造成司法权与行政权的混淆,可能危及行政权和司法权的合理分工与权力平衡,引起两者在功能定位上的矛盾冲突。② 所以行政执法在处理社会公共利益问题上所具有的专业性、效率性、灵活性优势是检察机关无法比拟的,行政执法仍然是维护社会公共利益的第一和最佳选择。社会公共利益的维护主要依赖于行政机关,检察机关在民事公益诉讼中的定位是补充执法,而非替代性执法,更不是冲在前线先于行政机关执法,所以检察权应该遵循谦抑性和行政权优先原则,节省司法资源,发挥好最后一道防线的作用以弥补行政执法的不足。

---

① 参见王明远:《论我国环境公益诉讼的发展方向:基于行政权与司法权关系理论的分析》,载《中国法学》2016 年第 1 期。

② 同上。

检察民事公益诉讼制度的产生有其特定的背景和时代需要，尽管强调处理社会公共利益问题时行政权优先，但为了形成维护社会公共利益的协同治理格局，检察权与行政权在相互尊重各自权力分工的基础上理应在保护社会公共利益时有更多的衔接与配合。具体来说，首先，应当建立信息共享平台，检察机关或者行政机关发现侵害社会公共利益的行为或者线索时，应第一时间通过双方协作启动行政执法程序，体现维护社会公共利益时行政权优先的原则，行政机关需要将行政执法的有关信息及时共享到平台。其次，在行政执法结束或者行政手段穷尽后，社会公共利益未得到有效救济，仍处于受侵害状态的，行政机关应当将案件移送检察机关进行审查，履行完相关程序后由检察机关依法提起民事公益诉讼；在诉讼过程中，检察机关是主导机关，行政机关发挥辅助作用，体现其专业优势，完成行政执法的证据材料与司法程序证据的转换和衔接，双方协作配合完成对社会公共利益的救济和维护。最后，双方应互相通报各自的执法信息，检察机关定期向行政机关通报公益诉讼案件情况，行政机关共享行政执法信息，体现在处理社会公共利益问题上的协同性，形成保护社会公共利益的合力，实现检察机关与行政机关在国家治理格局中协同推进解决难题。

关于社会公共利益保护体系中充分发挥社会组织诉权积极性的问题。构建民事公益诉讼多元诉权主体符合立法本意，民事公益诉讼中法律规定的机关和社会组织是第一顺位的诉讼主体，检察机关处于补充主体的地位，发挥的是保护社会公共利益最后一道防线的作用。检察民事公益诉讼制度的确立将多元诉权主体联系在一起，对社会公共利益的有效保护产生重大而深远的影响。检察机关提起民事公益诉讼并未垄断公益诉讼的提起主体，相反能够更好地协助其他主体进行诉讼。在民事公益诉讼中通过诉前程序充分调动有关社会组织在公共利益保护方面的积极性，在法律规定机关和社会组织提起民事公益诉讼时，检察机关可以支持起诉。

通过行政手段不能有效保护社会公共利益时，应借助社会力量和司法力量加强保护力度。社会组织是社会力量的主要组成部分，在民事公益诉讼中发挥着权力监督制约、诉求表达、责任分担等重要作用,[①]社会组织是连接政府与个人的纽带,能够集中分散的个人力量,表现出超越国家力量和个人力量及维护社会公共利益的独特优势。[②] 从社会组织提起民事公益诉讼的实践情况来看,存在案件数量少、积极性不高的问题,主要是受制于各种困境的压制影响了社会组织行使诉权的意愿。具体来说,这些因素有自身的原因,比如人、财、物的紧缺,专业能力不足以应对诉讼带来的挑战,其中资金不足导致司法成本过高是重要影响因素;也有客观原因,体现在民事公益诉讼的复杂性上,民事公益诉讼作为现代型诉讼,主要涉及侵害社会公共利益的生态环境类、消费者类等案件,这类案件专业性强,诉讼能力要求比较高,加之存在一定的地方保护主义,使社会组织通过司法手段救济社会公共利益的积极性大大降低。[③] 民事公益诉讼作为国家治理的重要方式,其运行和实施需要一定的司法成本投入,如果缺少合理的成本分担机制,社会组织提起民事公益诉讼就会产生“慢作为”甚至“不作为”的现象。由于大部分社会公益组织都不是以营利为目的,经济激励机制的欠缺会给社会组织带来提起公益诉讼的成本负担,进而会产生公益诉讼的“利他性”定位和诉讼本身“利己性”功能之间的矛盾冲突。因此,为了更好地发挥社会组织的作用,探讨提升其诉权积极性的路径就显得尤为必要。

民事公益诉讼在原告资格方面构建了多元诉讼主体,特别是作为社会力量的社会组织理应在维护社会公共利益方面具有更大的动力,但目前来看存在行为动机缺乏的实际困难,从经济学角度来看,主要是由于“成本—收益”机制不合理,法律上的责任涉及与诉讼激励制度的缺位导致社会组织收益与总体损失的非对称性。因此,如何更有效地激发社会组织勇于参与到救济社会公共利益纠纷的冲突中,激励其利用司法系统完成社会公共利益维护的目标成为

---

① 参见陈杭平、周晗隽:《公益诉讼“国家化”的反思》,载《北方法学》2019 年第 6 期。

② 参见颜运秋、杨志华:《环境公益诉讼两造结构模式研究》,载《江西社会科学》2017 年第 2 期。

③ 参见黄娜、杜家明:《社会组织参与环境公益诉讼的优化路径》,载《河北法学》2018 年第 9 期;郭雪慧:《社会组织提起环境民事公益诉讼研究——以激励机制为视角》,载《浙江大学学报(人文社会科学版)》2019 年第 3 期。

民事公益诉讼制度运行的重要目的。[①] 首先,需要政府相关部门建立相应的专用诉讼基金制度,资金的来源主要包括政府资助、社会捐赠、部分损害赔偿金等,设立基金制度的目的是减轻社会组织提起民事公益诉讼的成本负担,可以为诉讼费用、诉讼支出等提供资金支持,同时该基金还可用于对社会组织提起民事公益诉讼的奖励,不断激发社会组织的内生活力。[②] 上述基金制度的建立需要检察机关发挥沟通协调作用,积极向有关政府部门提出建议,共同做好相关制度的建立和完善。其次,完善检察机关支持起诉制度,社会组织和检察机关分别居于民事公益诉讼多元诉权主体中的第一顺位和补充顺位,检察机关除了发挥好维护社会公共利益最后一道防线的作用之外,更关键的是在社会组织行使民事公益诉讼诉权时如何运用支持起诉制度。目前检察机关支持起诉的方式主要包括提供法律咨询、协助调查取证、提供法律意见书等,[③]但对于支持起诉的性质定位、支持起诉的具体内容和程序设计等仍缺乏明确规定,在一定程度上制约了检察机关运用该制度的积极性。支持起诉是提升社会组织行使民事公益诉讼诉权积极性的重要方式,符合民事公益诉讼鼓励社会组织提起诉讼的立法本意,但目前该制度在实践中尚未充分应用,根本原因在于制度具体设计的不足带来了困境。应结合办案实践,从程序定位、程序构建、检察机关与社会组织的关系、立法保障等方面进行研究,构建两者"支持+配合+监督"的良性互动关系,为检察机关支持起诉制度的完善提供路径参考。

社会公共利益保护体系中公民个人的作用。从我国目前公益诉讼制度原告资格来看,在民事公益诉讼中,法律规定的机关和社会组织及检察机关可以提起诉讼,在行政公益诉讼中只有检察机关有权提起诉讼,因此法律规定将公民个人排除在公益诉讼原告资格之外。原因如下,一是公民个人提起民事公益诉讼会带来滥诉的风

---

① 参见白彦:《民事公益诉讼理论问题研究》,北京大学出版社 2016 年版,第 84 页。

② 参见郭雪慧:《社会组织提起环境民事公益诉讼研究——以激励机制为视角》,载《浙江大学学报(人文社会科学版)》2019 年第 3 期。

③ 参见李劲、吴永科:《检察机关支持社会组织提起环境民事公益诉讼的法律问题研究——基于最高人民法院司法解释的思考》,载《辽宁大学学报(哲学社会科学版)》2015 年第 3 期。

险,赋予公民个人诉讼主体资格极有可能导致诉讼数量的急剧增多,进而不可避免地会出现滥诉;二是公民个人往往不提起纯粹性民事公益诉讼,即便提起诉讼,主要目的也在于维护个人私益,因此在公私益无法准确区分的情况下,允许公民个人为了私人利益提起民事公益诉讼有可能会带来损害公共利益的问题;三是诉讼能力欠缺,公民个人在专业素质、诉讼能力及经费保障等方面明显与其他诉讼主体具有相当的差距,社会公共利益的代表性不足,往往无法承担起维护社会公共利益的职责。① 因此,综合以上几个方面的因素未将公民个人纳入民事公益诉讼的主体范围。

法律上没有确立公民个人的民事公益诉讼主体资格,理论界也表达了不同意见,有学者认为,法律关于民事公益诉讼资格的规定是赋权性质的,并没有明确排除公民个人提起民事公益诉讼。② 也有学者认为,公民个人作为维护利益最为密切、最为积极的主体,不应该被排除在公益诉讼主体资格之外,缺少了公民个人的积极性,公众参与原则将成为无本之木、无源之水,势必影响该项制度的健康发展。③ 还有学者从社会关系的调整、公民自治路径等方面论证公民个人作为公益诉讼主体有利于培养公民意识,进而能够升华公共理性,更好地维护公共利益。④ 也有观点认为,公民个人被排除在公益诉讼原告范围之外会产生逻辑上的悖论,即权利受害者与权利诉讼者之间出现了断层。⑤ 还有观点认为,最大限度地依靠群众是发挥公益诉讼最大效果的保障,公民个人参与公益诉讼的范围决定了公益诉讼发展的上限。⑥ 可以看出,在理论界对公民个人是否能够纳入民事公益诉讼主体范围形成了观点对峙,这种观点的碰撞也

---

① 参见白彦:《民事公益诉讼理论问题研究》,北京大学出版社 2016 年版,第 195 页。

② 参见肖建国、刘东:《公民个人提起民事公益诉讼的原告资格辨析》,载《学习论坛》2014 年第 3 期。

③ 参见孙洪坤:《检察机关参与环境公益诉讼程序研究》,法律出版社 2013 年版,第 41 页。

④ 参见韩波:《公益诉讼制度的力量组合》,载《当代法学》2013 年第 1 期。

⑤ 参见胡印富、张霞:《公益诉讼的司法图式及其反思》,载《山东社会科学》2019 年第 12 期。

⑥ 参见李响:《公众参与文化遗产保护的公益诉讼进路研究》,载《中国高校社会科学》2019 年第 6 期。

为我们下一步继续探讨将公民个人纳入民事公益诉讼主体范畴的可能性带来了契机,从民事公益诉讼制度的未来发展来看,依靠群众乃至群众的广泛参与是不可或缺的重要保证。由于目前法律并未赋予公民个人在民事公益诉讼中的诉权主体资格,但社会公共利益与人民群众密切相关,民事公益诉讼的开展也离不开公民个人的广泛参与,应把公众参与检察民事公益诉讼作为践行全过程人民民主的重要方式。因此社会公众除了不能提起民事公益诉讼外,可以在公益损害的信息及证据提供、公益诉讼的监督宣传等方面发挥作用。① 目前有些地方检察机关设立公益诉讼线索举报中心的目的就是充分发挥人民群众提供公益受损线索的积极性,破解公益诉讼线索来源狭窄的问题,逐步吸引人民群众参与到公益诉讼中。

除此之外,公民个人诉讼主体资格的确立是一个值得继续探讨的课题,理论界很多学者建议将公民个人纳入民事公益诉讼主体范畴并进行了有力论述,其实世界上部分国家,特别是英美法系部分国家都确立了公民个人提起民事公益诉讼的相关模式,如美国通过设置严格的限制条件和配套制度于 1970 年将公民诉讼规定在《清洁空气法》中,其最终目的在于制止违法行为的扩张;②美国、英国、德国等国家建立的示范诉讼制度也是公民个人提起民事公益诉讼的一种,主要运用于证券投资等多数人纷争的领域。③ 因此,是否确立公民个人的民事公益诉讼主体资格成为未来民事公益诉讼发展规划中不得不考虑的问题,一方面,世界上很多国家已经通过立法赋予或者将要赋予公民个人起诉资格,通过放宽起诉资格,让公民个人逐步参与到民事公益诉讼中,更好地维护社会公共利益;另一方面,民事公益诉讼的原告资格模式更加倾向于多元主体共存,不同的主体提起民事公益诉讼都具有自身的优势和功能,社会公共利益受侵害时,公民个人作为最直接的受害人,本身会形成一种内心

---

① 参见汤维建:《在更大的格局下完善检察公益诉讼制度》,载人民政协网,http://www.rmzxb.com.cn/c/2019-11-28/2475281.shtml。

② 参见白彦:《民事公益诉讼理论问题研究》,北京大学出版社 2016 年版,第 198 页。

③ 参见肖建国、谢俊:《示范性诉讼及其类型化研究——以美国、英国、德国为对象的比较法考察》,载《法学杂志》2008 年第 1 期。

的抵抗力和诉讼激发力,①无疑更具有诉讼的积极性。因此,赋予我国公民个人民事公益诉讼起诉资格,对于监督制约侵害社会公共利益的行为构建多元诉讼主体模式,形成我国特色的“私人检察官”制度具有现实必要性。公民个人提起民事公益诉讼可能带来的滥诉、损害公共利益风险及诉讼能力不足问题,都可以通过建立相应的配套制度予以解决。未来的公民诉讼制度设计中,可以在生态环境和资源保护或者消费者权利保护等部分领域先行允许公民个人提起民事公益诉讼,同时辅之以相应的配套制度和程序设计,通过先行先试逐步放宽公民个人的起诉资格,形成多元主体共存的民事公益诉讼模式,构建多元主体参与的路径。

---

① 参见宁利昂:《提起公益诉讼的主体——本土可行性分析》,载《政治与法律》2012 年第 4 期。

结 语

检察民事公益诉讼制度的逻辑起点和根本目的是维护公共利益，因此分析公共利益的属性、与相关概念的界分和民事公共利益的基本形态是检察民事公益诉讼制度始终绕不开的话题。检察民事公益诉讼制度作为社会公共利益保护的年轻司法制度，产生的背景源于司法体制改革、国家监察体制改革，同时承接与传承民事公益诉讼。检察民事公益诉讼制度自试点以来在“双赢多赢共赢”和补充司法理念的指引下进行了丰富的实践，体现了应有的保护公共利益、形成公共政策、促进社会治理等制度功能。但检察民事公益诉讼制度仍然面临理论诘问、程序阻碍等方面的困境，因此在探讨该制度的政治、哲学诉讼理论和宪法依据的正当性基础上，有必要为制度的完善提供基本的路径指引。本书以检察民事公益诉讼制度的差异性为基础，将其定位为一种特殊程序，制度的完善从程序构建和立法完善两个方面入手，在遵循公共利益最大化、注重效率、程序公正、检察克制等程序构建原则的同时，对诉权、诉讼标的、诉讼攻击防御和既判力等方面进行了理论上的反思与构造，最终提出了制度立法完善的当前和未来目标。

检察民事公益诉讼制度作为一项年轻的制度，既需要解决未解决之问题，也需要规划创新发展之路。本书虽然对检察民事公益诉讼制度的完善进行了设计，但未对具体程序进行细化，目前需要从诉前、诉讼、执行和二审等方面对程序规则进行精细化构建,为检察民事公益诉讼制度的实践运行提供基本依据。检察机关在公益诉讼中的定位问题仍然是一个争辩不休的话题,自试点以来出现了公益诉讼人、公益诉讼起诉人等不同的身份称谓,检察机关与审判机关和理论界产生了观点分歧,检察机关更倾向于将自身定位为公诉人的身份,形成刑事公诉、民事公诉、行政公诉并列的公诉模式,但审判机关和部分理论界的观点更倾向于将检察机关定位为诉讼程序的原告。检察机关作为法律监督机关,提起公益诉讼是履行法律监督职能的具体方式,作为国家的代表在法律赋权后通过公益诉讼的方式维护公共利益,因此身份地位具有特殊性,对该问题的理论研究仍然需从检察权的规律、检察公益诉讼程序的特殊性、公益诉讼起诉人与原告之区别,以及当事人理论等方面进行反思,进而作出理论上令人信服的回答,才能消弭检察机关与审判机关和理论界的分歧。在检察民事公益诉讼的未来发展方面,首先面临的是案件范围扩展问题,目前检察民事公益诉讼的案件范围集中于生态环境和资源保护、食品药品安全和英雄烈士人格利益等方面,确实不能满足新时代人民群众对公平正义、法治等方面的要求。社会公共利益覆盖社会的方方面面,检察机关在办好"等内"公益诉讼案件的同时,根据实际情况可以稳妥进行"等外"探索,比如公共安全领域、互联网领域、公民个人信息安全领域等,理论研究的重点是围绕检察民事公益诉讼案件范围扩展的基本原则、扩展的领域、通过何种方式赋权等方面展开,才能更好地实现司法对社会的间接治理功能。在公益诉讼的模式方面,目前我国的公益诉讼模式形成了检察机关为主、社会组织为辅的方式,检察机关成为维护社会公共利益的主要力量,社会组织的作用未能充分显现。未来对于民事公益诉讼,检察机关应更多地运用支持起诉方式,而非直接提起民事公益诉讼,补充诉权的底线不能突破。理论界需要从检察权的谦抑性出发,对检察机关如何更好地运用支持起诉进行详细论证,防止检察机关沦为第二个行政机关,特别是对检察机关与行政机关在维护社会公共利益方面的关系及司法权不能僭越行政权方面进行深入的研究;同时对于如何更好地培育社会组织提升其行使诉权的积极性方面也需要有分量的学术成果,对于公民个人是否可以成为民事公益诉讼的诉讼主体仍然值得论证。本书仅进行了浅显的探讨，仍然需要从国内外的比较研究中进行理论上的深入思考，方能形成我国特色的“私人检察官”制度。检察民事公益诉讼制度的理论体系构建方面，是未来必须考虑的重点，特别是检察公益诉讼的基本原理需要进行系统研究，这是构建检察公益诉讼规则进行立法完善的依据。在构建公益保护体系方面，检察机关维护社会公共利益具有刑事公诉、民事和行政公益诉讼三种方式，三种程序如何进行体系性融合和协同发展是必须研究和梳理的问题，可以把程序之间的竞合作为研究的出发点，以此构建出完善的诉讼程序机制，实现公益保护体系的构建。

参考文献

一、著作及译著类

1. 孙洪坤:《检察机关参与环境公益诉讼的程序研究》,法律出版社 2013 年版。

2. 白彦:《民事公益诉讼理论问题研究》,北京大学出版社 2016 年版。

3. 吴应甲:《中国环境公益诉讼主体多元化研究》,中国检察出版社 2017 年版。

4. 陈小平、潘善斌、潘志成等:《环境民事公益诉讼的理论与实践探索》,法律出版社 2016 年版。

5. 崔永东:《司法改革与司法公正》,上海人民出版社 2016 年版。

6. 崔永东:《司法学论纲》,人民出版社 2014 年版。

7. 付子堂主编:《法理学进阶》(第 4 版),法律出版社 2013 年版。

8. 刘学在:《民事公益诉讼制度研究——以团体诉讼制度的构建为中心》,中国政法大学出版社 2015 年版。

9. [美]E. 博登海默:《法理学:法律哲学与法律方法》,邓正来译,中国政法大学出版社 2004 年版。

10. [美]罗·庞德:《通过法律的社会控制·法律的任务》,沈宗灵、董世忠译,商务印书馆 1984 年版。

11. 柯阳友:《民事公益诉讼重要疑难问题研究》,法律出版社 2017 年版。

12. 李卓:《公益诉讼的法社会学研究》,吉林人民出版社 2009 年版。

13. 颜运秋:《公益诉讼理念研究》,中国检察出版社 2002 年版。

14. [美]约翰·罗尔斯:《正义论》,何怀宏、何包钢、廖申白译,中国社会科学出版社 1988 年版。

15. 陶建国等:《消费者公益诉讼研究》,人民出版社 2013 年版。

16. 沈宗灵主编:《法理学研究》,上海人民出版社 1990 年版。

17. 徐卉:《通向社会正义之路——公益诉讼理论研究》,法律出版社 2009 年版。

18. 张艳蕊:《民事公益诉讼制度研究——兼论民事诉讼机能的扩大》,北京大学出版社 2007 年版。

19. 陈业宏、唐鸣:《中外司法制度比较》,商务印书馆 2015 年版。

20. 陈亮:《环境公益诉讼研究》,法律出版社 2015 年版。

21. 陈会林:《传统中国能动司法研究》,中国政法大学出版社 2020 年版。

22. 张榕:《中国法院能动司法机制研究》,中国政法大学出版社 2015 年版。

23. 刘政:《民事诉讼理论探讨与制度创新——基于能动司法的视角》,中国法制出版社 2015 年版。

24. 王国龙:《守法主义与能动司法——基于中国法律方法论研究视野的展开》,法律出版社 2013 年版。

25. 李辉:《论司法能动主义》,中国法制出版社 2012 年版。

26. 孔祥俊:《司法哲学》,中国法制出版社 2017 年版。

27. 王立胜:《中国式现代化道路与人类文明新形态》,江西高校出版社 2022 年版。

28. 田凯等:《人民检察院提起公益诉讼立法研究》,中国检察出版社 2017 年版。

29. 陈亮:《环境公益诉讼研究》,法律出版社 2015 年版。

30. 林煜:《环境公益诉讼目的论》,中国社会出版社 2021 年版。

31. 梅傲寒:《检察机关提起民事公益诉讼研究》,武汉大学出版社 2022 年版。

32. 刘清生:《作为新型社会权的环境权论:以整体主义为方法

论》,中国政法大学出版社 2022 年版。

33. 王广聪:《未成年人公益诉讼与少年司法国家责任的拓展》,中国检察出版社 2021 年版。

34. 者荣娜:《检察机关提起公益诉讼研究》,法律出版社 2021 年版。

35. 薛艳华:《中国环境公益诉讼制度构造研究》,中国社会科学出版社 2021 年版。

36. 李庆保:《环境民事诉讼证据制度研究》,法律出版社 2021 年版。

37. 沈红卫、沈泽钰:《新时代检察制度研究》,九州出版社 2021 年版。

38. 程啸:《个人信息保护法理解与适用》,中国法制出版社 2021 年版。

39. 秘明杰:《中国环保社会组织民事公益诉讼法律问题研究》,中国政法大学出版社 2020 年版。

40. 吴勇等:《检察公益诉讼发展的理论与实践》,湘潭大学出版社 2020 年版。

41. 杨雅妮:《检察民事公益诉讼制度研究》,社会科学文献出版社 2020 年版。

42. 范愉:《非诉讼程序(ADR)教程》,中国人民大学出版社 2002 年版。

43. 何兵:《现代社会的纠纷解决》,法律出版社 2003 年版。

44. 赵旭东:《纠纷与纠纷解决原论——从成因到理念的深度分析》,北京大学出版社 2009 年版。

45. [日]田中成明:《现代社会与审判——民事诉讼的地位和作用》,郝振江译,北京大学出版社 2016 年版。

46. [意]莫诺·卡佩莱蒂:《比较法视野中的司法程序》,徐昕、王奕译,清华大学出版社 2005 年版。

47. 陈国庆:《检察制度原理》,法律出版社 2009 年版。

48. 瞿同祖:《中国法律与中国社会》,中华书局 2003 年版。

49. [美]劳伦斯·M. 弗里德曼:《法律制度——从社会科学角度观察》,李琼英、林欣译,中国政法大学出版社 1994 年版。

50. 张智辉:《检察权研究》,中国检察出版社 2007 年版。

51. [日]高桥宏志:《民事诉讼法制度与理论的深层分析》,林剑锋译,法律出版社 2003 年版。

52. 张卫平:《民事诉讼法》(第 4 版),法律出版社 2016 年版。

53. 张旭东:《环境民事公益诉讼特别程序研究》,法律出版社 2018 年版。

54. 顾培东:《社会冲突和诉讼机制》(修订版),法律出版社 2004 年版。

55. [日]中村宗雄、中村英郎:《诉讼法学方法论——中村民事诉讼理论精要》,陈刚、段文波译,中国法制出版社 2009 年版。

56. 王亚新等:《中国民事诉讼法重点讲义》,高等教育出版社 2017 年版。

二、编著类

1. 吕忠梅、[美]王立德主编:《环境公益诉讼——中美之比较》,法律出版社 2009 年版。

2. 孙关宏等主编:《政治学概论》(第 2 版),复旦大学出版社 2008 年版。

3. 樊崇义主编:《诉讼原理》(第 2 版),法律出版社 2009 年版。

4. 范愉编著:《集团诉讼问题研究》,北京大学出版社 2005 年版。

5. 江伟主编:《中国民事诉讼法专论》,中国政法大学出版社 1998 年版。

6. 沈达明编著:《比较民事诉讼法初论》,中国法制出版社 2002 年版。

7. 汪劲、严厚福、孙晓璞编译:《环境正义:丧钟为谁而鸣——美国联邦法院环境诉讼经典判例选》,北京大学出版社 2006 年版。

8. 卢建平主编:《检察学的基本范畴》,中国检察出版社 2010 年版。

9. 别涛主编:《环境公益诉讼》,法律出版社 2007 年版。

10. 孙谦、刘立宪主编:《检察理论研究综述(1989－1999)》,中国检察出版社 2000 年版。

11. 孙谦、郑成良主编:《司法改革报告:中国的检察院、法院改革》,法律出版社 2004 年版。

12. 孙谦主编:《中国检察制度论纲》,人民出版社 2004 年版。

13. 曾宪义主编:《检察制度史略》,中国检察出版社 2008 年版。

14. 公丕祥主编:《近代中国的司法发展》,法律出版社 2014 年版。

15. 陈刚主编:《比较民事诉讼法(2001 年卷—2002 年卷)》,中国人民大学出版社 2002 年版。

16. 汤维建主编:《外国民事诉讼法学研究》,中国人民大学出版社 2007 年版。

17. 叶青、黄一超主编:《中国检察制度研究》,上海社会科学院出版社 2003 年版。

18. 王桂五主编:《中华人民共和国检察制度研究》,中国检察出版社 2008 年版。

19. 何家弘主编:《检察制度比较研究》,中国检察出版社 2008 年版。

20. 何勤华主编:《检察制度史》,中国检察出版社 2009 年版。

21. 孙谦主编:《人民检察制度的历史变迁》,中国检察出版社 2009 年版。

22. 王学成主编:《法律监督权研究新视野》,中国检察出版社 2010 年版。

23. 樊崇义主编:《检察制度原理》,法律出版社 2009 年版。

24. 韩大元主编:《中国检察制度宪法基础研究》,中国检察出版社 2007 年版。

三、杂志类

1. 检察机关参与公益诉讼研究课题组:《检察机关提起公益诉讼的法律地位和方式比较研究》,载《政治与法律》2004 年第 2 期。

2. 江伟、杨剑:《检察机关提起民事公益诉讼若干问题探讨》,载《国家检察官学院学报》2005 年第 5 期。

3. 汤维建:《论检察机关提起民事公益诉讼》,载《中国司法》2010 年第 1 期。

4. 蔡彦敏:《中国环境民事公益诉讼的检察担当》,载《中外法学》2011 年第 1 期。

5. 何燕:《检察机关提起民事公益诉讼之权力解析及程序构

建》,载《法学论坛》2012 年第 4 期。

6. 刘祥林等:《检察机关提起公益诉讼的价值分析与制度设计》,载《法学杂志》2010 年第 5 期。

7. 洪浩、邓晓静:《公益诉讼中检察权的配置》,载《法学》2013 年第 7 期。

8. 章礼明:《检察机关不宜作为环境公益诉讼的原告》,载《法学》2011 年第 6 期。

9. 杨解君、李俊宏:《公益诉讼试点的若干重大实践问题探讨》,载《行政法学研究》2016 年第 4 期。

10. 段厚省:《环境民事公益诉讼基本理论思考》,载《中外法学》2016 年第 4 期。

11. 白彦:《检察机关提起公益诉讼的现实困境与对策研究》,载《法学杂志》2016 年第 3 期。

12. 李艳芳、吴凯杰:《论检察机关在环境公益诉讼中的角色与定位——兼评最高人民检察院〈检察机关提起公益诉讼改革试点方案〉》,载《中国人民大学学报》2016 年第 2 期。

13. 王明远:《论我国环境公益诉讼的发展方向:基于行政权与司法权关系理论的分析》,载《中国法学》2016 年第 1 期。

14. 刘辉、姜昕:《检察机关提起民事公益诉讼试点情况实证研究》,载《国家检察官学院学报》2017 年第 2 期。

15. 刘华英:《检察机关提起民事公益诉讼的制度设计》,载《当代法学》2016 年第 5 期。

16. 刘艺:《检察公益诉讼的司法实践与理论探索》,载《国家检察官学院学报》2017 年第 2 期。

17. 黄忠顺:《中国民事公益诉讼年度观察报告(2016)》,载《当代法学》2017 年第 6 期。

18. 吴俊:《中国民事公益诉讼年度观察报告(2017)》,载《当代法学》2018 年第 5 期。

19. 刘加良:《检察院提起民事公益诉讼诉前程序研究》,载《政治与法律》2017 年第 5 期。

20. 李浩:《论检察机关在民事公益诉讼中的地位》,载《法学》2017 年第 11 期。

21. 余彦、马竞遥:《环境公益诉讼起诉主体二元序位新论——基于对起诉主体序位主流观点的评判》,载《社会科学家》2018 年第 4 期。

22. 邓辉、张满洋:《中国环境民事公益诉讼起诉权的冲突与重置》,载《江西财经大学学报》2018 年第 3 期。

23. 蔡辉:《论我国公益诉讼起诉主体制度的完善》,载《江西师范大学学报(哲学社会科学版)》2018 年第 5 期。

24. 张旭东:《环境民事公私益诉讼并行审理的困境与出路》,载《中国法学》2018 年第 5 期。

25. 巩固:《检察公益"两诉"衔接机制探析——以"检察公益诉讼解释"的完善为切入》,载《浙江工商大学学报》2018 年第 5 期。

26. 张林鸿、罗男:《检察机关在公益诉讼制度中的角色担当——以贵州省 51 个真实案例为样本》,载《贵州大学学报(社会科学版)》2018 年第 1 期。

27. 张方华:《公共利益观念:一个思想史的考察》,载《社会科学》2012 年第 5 期。

28. 胡建淼、邢益精:《公共利益概念透析》,载《法学》2004 年第 10 期。

29. 梁上上:《公共利益与利益衡量》,载《政法论坛》2016 年第 6 期。

30. 王景斌:《论公共利益之界定——一个公法学基石性范畴的法理学分析》,载《法制与社会发展》2005 年第 1 期。

31. 余少祥:《什么是公共利益——西方法哲学中公共利益概念解析》,载《江淮论坛》2010 年第 2 期。

32. 刘晓欣:《"公共利益"与"私人利益"的概念之辨》,载《湖北社会科学》2011 年第 5 期。

33. 余少祥:《论公共利益与个人权利的冲突与协调》,载《清华法学》2008 年第 2 期。

34. 王德新:《法哲学视野下"公共利益"概念之辨析》,载《中国农业大学学报(社会科学版)》2011 年第 3 期。

35. 胡锦光、王锴:《论公共利益概念的界定》,载《法学论坛》2005 年第 1 期。

36. 倪斐:《论公共利益的现代法律转向》,载《政治与法律》2009 年第 9 期。

37. 侯佳儒:《环境公益诉讼的美国蓝本与中国借鉴》,载《交大法学》2015 年第 4 期。

38. 林莉红:《公益诉讼的含义和范围》,载《法学研究》2006 年第 6 期。

39. 黄忠顺:《论公益诉讼与私益诉讼的融合——兼论中国特色团体诉讼制度的构建》,载《法学家》2015 年第 1 期。

40. 丁宝同:《民事公益之基本类型与程序路径》,载《法律科学(西北政法大学学报)》2014 年第 2 期。

41. 朱金高:《民事公益诉讼概念辨析》,载《法学论坛》2017 年第 3 期。

42. 胡云红:《比较法视野下的域外公益诉讼制度研究》,载《中国政法大学学报》2017 年第 4 期。

43. 廖奕:《国家治理现代化与司法改革顶层设计的均衡模型》,载《国家检察官学院学报》2015 年第 4 期。

44. 崔永东:《改革开放四十年来的司法改革实践与司法理论探索》,载《政法论丛》2018 年第 5 期。

45. 陈卫东:《改革开放四十年中国司法改革的回顾与展望》,载《中外法学》2018 年第 6 期。

46. 张文显:《全面推进法制改革,加快法治中国建设——十八届三中全会精神的法学解读》,载《法制与社会发展》2014 年第 1 期。

47. 陈卫东:《当前司法改革的特点与难点》,载《湖南社会科学》2016 年第 2 期。

48. 胡勇:《监察体制改革背景下检察机关的再定位与职能调整》,载《法治研究》2017 年第 3 期。

49. 李声高:《国家监察权运行机制研究——兼论检察机关改革的方向》,载《时代法学》2017 年第 6 期。

50. 朱孝清:《国家监察体制改革后检察制度的巩固与发展》,载《法学研究》2018 年第 4 期。

51. 何盼盼:《回归宪法本位:监察体制改革对检察工作的影响与应对》,载《太原理工大学学报(社会科学版)》2018 年第 2 期。

52. 袁博:《监察制度改革背景下检察机关的未来面向》,载《法学》2017 年第 8 期。

53. 姚建龙:《监察委员会的设置与检察制度改革》,载《求索》2018 年第 4 期。

54. 巩固:《2015 年中国环境民事公益诉讼的实证分析》,载《法学》2016 年第 9 期。

55. 孙茜:《我国环境公益诉讼制度的司法实践与反思》,载《法律适用》2016 年第 7 期。

56. 陈杭平、周晗隽:《公益诉讼"国家化"的反思》,载《北方法学》2019 年第 6 期。

57. 胡卫列、迟晓燕:《从试点情况看行政公益诉讼诉前程序》,载《国家检察官学院学报》2017 年第 2 期。

58. 刘加良:《检察院提起民事公益诉讼诉前程序研究》,载《政治与法律》2017 年第 5 期。

59. 沈开举、邢昕:《检察机关提起行政公益诉讼诉前程序实证研究》,载《行政法学研究》2017 年第 5 期。

60. 陈瑞华:《论检察机关的法律职能》,载《政法论坛》2018 年第 1 期。

61. 张雪樵:《检察公益诉讼比较研究》,载《国家检察官学院学报》2019 年第 1 期。

62. 巩固:《环境民事公益诉讼性质定位省思》,载《法学研究》2019 年第 3 期。

63. 江伟、苏文卿:《公益诉讼社会功能论》,载《政法学刊》2009 年第 1 期。

64. 袁曙宏:《正确认识和处理新形势下改革与法治的关系》,载《国家行政学院学报》2015 年第 5 期。

65. 史笑晓:《以双赢多赢共赢理念提升法律监督品质之路径探索》,载《人民检察》2019 年第 9 期。

66. 林莉红:《论检察机关提起民事公益诉讼的制度空间》,载《行政法学研究》2018 年第 6 期。

67. 秦前红:《检察机关参与行政公益诉讼理论与实践的若干问题探讨》,载《政治与法律》2016 年第 11 期。

68. 柯坚、吴隽雅:《检察机关环境公益诉讼原告资格探析——以诉权分析为视角》,载《吉首大学学报(社会科学版)》2016 年第 6 期。

69. 梁鸿飞:《检察公益诉讼:法理检视与改革前瞻》,载《法制与社会发展》2019 年第 5 期。

70. 王秀卫:《我国环境民事公益诉讼举证责任分配的反思与重构》,载《法学评论》2019 年第 2 期。

71. 杨秀清:《我国检察机关提起公益诉讼的正当性质疑》,载《南京师大学报(社会科学版)》2006 年第 6 期。

72. 刘艺:《检察公益诉讼的司法实践与理论探索》,载《国家检察官学院学报》2017 年第 2 期。

73. 付海莲、邱耕田:《习近平以人民为中心的发展思想的生成逻辑与内涵》,载《中共中央党校学报》2018 年第 4 期。

74. 姜强强、张晓东:《以人民为中心:习近平新时代中国特色社会主义思想的价值核心》,载《江西社会科学》2018 年第 12 期。

75. 陈华兴、孙婉君:《习近平关于"以人民为中心"重要论述的理论内涵与时代价值》,载《浙江学刊》2018 年第 6 期。

76. 郭娆锋:《现代福利国家的产生、矛盾及其危机》,载《海派经济学》2018 年第 3 期。

77. 王贤斌:《民生国家 vs 福利国家:中西方的比较与启示》,载《中共宁波市委党校学报》2018 年第 4 期。

78. 徐全兵:《检察机关提起公益诉讼有关问题》,载《国家检察官学院学报》2016 年第 3 期。

79. 杨立凡:《法律监督的内涵》,载《国家检察官学院学报》2009 年第 3 期。

80. 顾培东:《能动司法若干问题研究》,载《中国法学》2010 年第 4 期。

81. 周平:《能动检察的法理判断》,载《河南社会科学》2013 年第 5 期。

82. 李斌:《检察工作中"能动司法"的引入》,载《国家检察官学院学报》2012 年第 3 期。

83. 吴青山、李劲松:《公益诉讼检察能动性思辨》,载《湖南社会科学》2013 年第 5 期。

84. 朱孝清:《论能动检察》,载《人民检察》2022 年第 13 期。

85. 公丕祥:《习近平法治思想与中国式法治现代化》,载《法学家》2022 年第 5 期。

86. 刘艺:《论国家治理体系下的检察公益诉讼》,载《中国法学》2020 年第 2 期。

87. 王利、高晓璐:《黄河流域高质量发展的法治困境与对策分析》,载《湖北工程学院学报》2020 年第 2 期。

88. 程同顺、邢西敬:《从政治系统论认识国家治理现代化》,载《行政论坛》2017 年第 3 期。

89. 颜运秋:《习近平法治思想中有关公益诉讼的重要论述及其展开》,载《中国政法大学学报》2022 年第 1 期。

90. 易小斌:《检察公益诉讼参与国家治理的实践面向》,载《国家检察官学院学报》2020 年第 6 期。

91. 周新:《论我国检察权的新发展》,载《中国社会科学》2020 年第 8 期。

92. 颜运秋:《中国特色公益诉讼案件范围拓展的理由与方法》,载《深圳社会科学》2021 年第 1 期。

93. 巩固:《公益诉讼的属性及立法完善》,载《国家检察官学院学报》2021 年第 6 期。

94. 牟琦等:《检察机关对社会组织提起民事公益诉讼开展监督之思考》,载《中国检察官》2022 年第 22 期。

95. 胡卫列:《当前公益诉讼检察工作需要把握的若干重点问题》,载《人民检察》2021 年第 2 期。

96. 梁田:《检察公益诉讼办案质效提升的涵义与维度》,载《人民检察》2022 年第 14 期。

97. 黄民兴、马超:《论中国式现代化的世界历史意义》,载《西北大学学报(哲学社会科学版)》2023 年第 1 期。

98. 黄文艺:《推进中国式法治现代化构建人类法治文明新形态——对党的二十大报告的法治要义阐释》,载《中国法学》2022 年第 6 期。

99. 罗红杰:《中国式现代化的百年实践、超越逻辑及其世界意义》,载《经济学家》2021 年第 12 期。

100. 包心鉴:《中国式现代化:历史逻辑、理论逻辑、实践逻辑》,载《山东行政学院学报》2022 年第 6 期。

101. 宋才发:《中国式现代化的现实逻辑、丰富内涵与世界意义——学习贯彻党的二十大精神》,载《党政研究》2022 年第 6 期。

102. 胡鞍钢:《中国现代化之路(1949 - 2014)》,载《新疆师范大学学报(哲学社会科学版)》2015 年第 2 期。

103. 卢岚:《文明新形态的当代出场:中国式现代化演进逻辑》,载《中国矿业大学学报(社会科学版)》2022 年第 6 期。

104. 韩喜平、郝婧智:《人类文明形态变革与中国式现代化道路》,载《当代世界与社会主义》2021 年第 4 期。

105. 孙代尧:《论中国式现代化新道路与人类文明新形态》,载《北京大学学报(哲学社会科学版)》2021 年第 5 期。

106. 公丕祥:《党的十八大以来全面依法治国的历史性成就和主要经验》,载《南京师大学报(社会科学版)》2022 年第 4 期。

107. 张文显:《论中国式法治现代化新道路》,载《中国法学》2022 年第 1 期。

108. 汪习根:《论中国式法治现代化的理论体系》,载《政法论坛》2022 年第 6 期。

109. 汤维建:《公益诉讼实施机制的生成路径——公益诉讼地方立法述评》,载《人民检察》2021 年第 11 期。

110. 胡立新、魏再金:《我国检察公益诉讼单独立法问题研究》,载《四川警察学院学报》2022 年第 2 期。

111. 潘剑锋、牛正浩:《检察公益诉讼案件范围拓展研究》,载《湘潭大学学报(哲学社会科学版)》2021 年第 4 期。

112. 林莉红:《检察机关提起民事公益诉讼之制度空间再探——兼与行政公益诉讼范围比较》,载《行政法学研究》2022 年第 2 期。

113. 李龙:《民事诉权论纲》,载《现代法学》2003 年第 2 期。

114. 季卫东:《程序比较论》,载《比较法研究》1993 年第 1 期。

115. 张陈果:《论公益诉讼中处分原则的限制与修正——兼论〈新民诉法解释〉第 289、290 条的适用》,载《中外法学》2016 年第 4 期。

116. 吴俊:《环境民事公益诉讼的程序构造》,载《华东政法大学学报》2015 年第 6 期。

117. 徐淑琳、冷罗生:《反思环境公益诉讼中的举证责任倒置——以法定原告资格为视角》,载《中国地质大学学报(社会科学版)》2015 年第 1 期。

118. 洪浩、邓晓静:《公益诉讼中检察权的配置》,载《法学》2013 年第 7 期。

119. 樊华中:《检察公益诉讼的调查核实权研究——基于目的主义视角》,载《中国政法大学学报》2019 年第 3 期。

120. 张峰、张嘉军:《人民检察院提起公益诉讼的立法模式》,载《人民论坛・学术前沿》2018 年第 8 期。

121. 刘辉:《检察公益诉讼的目的与构造》,载《法学论坛》2019 年第 5 期。

122. 庄永廉等:《如何做好新时代公益诉讼检察工作》,载《人民检察》2019 年第 23 期。

123. 苗生明:《新时代检察权的定位、特征与发展趋向》,载《中国法学》2019 年第 6 期。

124. 丁志刚:《如何理解国家治理与国家治理体系》,载《学术界》2014 年第 2 期。

125. 王浦劬:《国家治理、政府治理和社会治理的含义及其相互关系》,载《国家行政学院学报》2014 年第 3 期。

126. 张文显:《法治与国家治理现代化》,载《中国法学》2014 年第 4 期。

127. 俞可平:《推进国家治理体系和治理能力现代化》,载《前线》2014 年第 1 期。

128. 曹明德:《检察院提起公益诉讼面临的困境和推进方向》,载《法学评论》2020 年第 1 期。

129. 赵吟:《检察民事公益诉讼的功能定位及实现路径》,载《法治研究》2019 年第 5 期。

130. 李响:《公众参与文化遗产保护的公益诉讼进路研究》,载《中国高校社会科学》2019 年第 6 期。

131. 丁莹、黄瑞宏:《互联网视域下未成年人公益诉讼路径研究》,载《预防青少年犯罪研究》2019 年第 5 期。

132. 宋庆阁:《论反垄断公益诉讼制度的完善》,载《现代商贸工业》2019 年第 32 期。

133. 傅启国、龚跃鹏、刘连政:《损害知识产权社会公共利益的救济途径探析》,载《中国发明与专利》2019 年第 12 期。

134. 顾向一:《受司法保护的公共利益界定标准及完善——基于环境民事公益诉讼判决的分析》,载《学海》2019 年第 6 期。

135. 颜运秋、杨志华:《环境公益诉讼两造结构模式研究》,载《江西社会科学》2017 年第 2 期。

136. 黄娜、杜家明:《社会组织参与环境公益诉讼的优化路径》,载《河北法学》2018 年第 9 期。

137. 郭雪慧:《社会组织提起环境民事公益诉讼研究——以激励机制为视角》,载《浙江大学学报(人文社会科学版)》2019 年第 3 期。

138. 李劲、吴永科:《检察机关支持社会组织提起环境民事公益诉讼的法律问题研究——基于最高人民法院司法解释的思考》,载《辽宁大学学报(哲学社会科学版)》2015 年第 3 期。

139. 肖建国、刘东:《公民个人提起民事公益诉讼的原告资格辨析》,载《学习论坛》2014 年第 3 期。

140. 韩波:《公益诉讼制度的力量组合》,载《当代法学》2013 年第 1 期。

141. 胡印富、张霞:《公益诉讼的司法图式及其反思》,载《山东社会科学》2019 年第 12 期。

142. 肖建国、谢俊:《示范性诉讼及其类型化研究——以美国、英国、德国为对象的比较法考察》,载《法学杂志》2008 年第 1 期。

143. 宁利昂:《提起公益诉讼的主体——本土可行性分析》,载《政治与法律》2012 年第 4 期。

144. 朱国华、谢华卫:《行业协会、公共利益与行政公益诉讼》,载《政法论坛》2008 年第 2 期。

四、学位论文类

1. 潘申明:《比较法视野下的民事公益诉讼——兼论我国民事公益诉讼制度的建构》,华东政法大学 2009 年博士学位论文。

2. 吴小隆:《公益诉讼研究——从比较民事诉讼法的角度》,中国政法大学 2003 年博士学位论文。

3. 张艳蕊:《民事公益诉讼制度研究——兼论民事诉讼机能的扩大》,中国政法大学 2005 年博士学位论文。

4. 李卓:《公益诉讼与社会公正》,吉林大学 2006 年博士学位论文。

5. 唐震:《检察机关参与行政公益诉讼的理论与实践问题研究》,吉林大学 2018 年博士学位论文。

6. 金石:《我国民事检察制度改革研究》,吉林大学 2019 年博士学位论文。

7. 梁春程:《司法改革背景下行政检察制度研究》,华东政法大学 2019 年博士学位论文。

8. 温军:《中国检察权在国家权力结构中的政治功能研究》,吉林大学 2018 年博士学位论文。

9. 罗珊:《中美环境公益诉讼比较研究》,湘潭大学 2017 年博士学位论文。

10. 孙洪坤:《环境公益诉讼立法研究》,山东大学 2015 年博士学位论文。

11. 骆绪刚:《检察权运行司法化研究》,华东政法大学 2015 年博士学位论文。

五、外文论著类

1. Davis, Angela J., *Arbitrary Justice: The Power of the American Prosecutor*, Oxford University Press, 2007.

2. S. Pedneault, Stephen, *Anatomy of a Fraud Investigation: From Detection to Prosecution*, John Wiley & Sons, 2010.

3. Peter Self, *Government by the Market? The Politics of Public Choice*, Westview Press, 1993.

4. John L. Worrall, M. Elaine Nugent-Borakove, *The Changing Role of the American Prosecutor*, State University of New York Press, 2008.

5. Erik Luna, Marianne L. Wade, *The Prosecutor in Transnational Perspective*, Oxford University Press, 2012.

六、外文论文类

1. Abram Chayes, *The Role of the Judge in Public Law Litigation*, 89 Harvard Law Review(1976).

2. Australian Conservation Foundation Inc v. Commonwealth, (1980) 146 CLR 493 at 547.

3. Surya Deva, *Pulic Interest Litigating in India: A Critical Review*, 28(1) Civil Justice Quarterly(2009).

4. Stephen M. King, *Reflections on Defining the Public Interest*, Administration and Society, SAGE Publications 2010.

5. Sara Rene Jordan, *The Public Interest in Public Administration: An Investigation of the Communicative Foundations of the Public Interest Standard*, Doctoral thesis of Texas A & M University 2007.

6. Jane Johnston, *The Public Interest*: *A New Way of Thinking for Public Relations*, Public Relations Inquiry, Vol. 6, 2017.

7. Seong Wook Heo, *The Concept of Public Interest Demonstrated in Korean Court Precedents*, Journal of Korean Law, Vol. 6, 2006.

8. Daniel A. Farber, *Environmentalism, Economics and the Public Interest*, Stanford Law Review, Vol. 41, 1989.

9. John Denvir, *Towards a Political Theory of Public Interest Litigation*, North Carolina Law Review, Vol. 54, 1976.

10. Hari Bansh Tripathir, *Public Interest Litigation in Comparative Perspective*, Stanford Law Review, NJA Law Journal 49, 2007.

11. Helen Hershkoff, *Public Law Litigation: Lessons and Questions*, Hum Rights Rev., Vol. 10, 2009.

12. James A. Goldston, *Public Interest Litigation in Central and Eastern Europe: Roots, Prospects and Challenges*, Human Rights

Quarterly, Vol. 28, 2006.

13. Christopher C. Osakwe, *The Public Interest and the Role of the Procurator in Soviet Civil Litigation: A Critical Analysis*, Texas International Law Journal, Vol. 18, 1983.

14. Andrea Theresa Bibee, *Litigating for Peace: The Impact of Public Interest Litigation in Divided Societies*, The Degree of Master of the Graduate School of the University of Oregon, 2013.

15. Conor McCormick, *Public Interest Litigation in the United Kingdom: Enemy of the State?* King's Inns Student Law Review, Vol. 3, 2014.

16. Goldston J. A., *Public Interest Litigation in Central and Eastern Europe: Roots, Prospects and Challenges*, Human Rights Quarterly 28(2), 2006.

17. Jacob Van Garderen, *Challenges to Public Interest Litigation in South Africa: External and Internal Challenges to Determining the Public Interest*, Afr. J. on Hum. Rts. 27, 2011.

18. David Feldman, *Public Interest Litigation and Constitutional Theory in Comparative Perspective*, The Modern Law Review, Vol. 55, 1992.

19. Scott L. Cummings, Deborah L. Rhode, *Public Interest Litigation: Insights from Theory and Practice*, Fordham Urb. L. J., Vol. 36, 2009.

20. P. N. Bhagwati, *Judicial Activism and Public Interest Litigation*, Columbia Journal of Transnational Law, Vol. 23, 1985.

七、外文网站类

Vinodh laichand, *Public Interest Litigation Strategies for Advancing Human Rights in Domestic Systems of Law*, Elecrtronic copy available at http://ssrn.com/absteact=1742350, last access 2018-10-30.

